体育地理学

林凤蕾 等 编著

ZHEJIANG UNIVERSITY PRESS
浙江大学出版社

图书在版编目(CIP)数据

体育地理学 / 林凤蕾等编著. —杭州：浙江大学
出版社，2017.1(2025.2重印)
ISBN 978-7-308-16388-0

Ⅰ.①体… Ⅱ.①林… Ⅲ.①体育科学－地理学－高
等职业教育－教材 Ⅳ.①G80-059

中国版本图书馆 CIP 数据核字(2016)第 266865 号

体育地理学

林凤蕾 等 编著

责任编辑	樊晓燕
文字编辑	张振华
封面设计	续设计
出版发行	浙江大学出版社
	（杭州市天目山路 148 号　邮政编码 310007）
	（网址：http://www.zjupress.com）
排　　版	杭州青翊图文设计有限公司
印　　刷	浙江新华数码印务有限公司
开　　本	787mm×1092mm　1/16
印　　张	10.75
字　　数	261 千
版 印 次	2017 年 1 月第 1 版　2025 年 2 月第 2 次印刷
书　　号	ISBN 978-7-308-16388-0
定　　价	27.00 元

版权所有　侵权必究　印装差错　负责调换

浙江大学出版社市场运营中心联系方式：0571－88925591；http://zjdxcbs.tmall.com

前　言

　　随着人们生活水平的不断提高和闲暇时间的增多,体育越来越成为人们日常生活的内容之一,在很大层面上满足了人们生理和心理的需求。而对体育的研究应该是多维度、多层面的,运用地理学的理论与方法研究体育相关问题是近年来体育学科理论研究的新动向。在这方面,美国学者约翰·贝勒进行了开创性的探索。

　　在中国,尽管体育事业在很多方面已经在利用地理学的相关理论和原理,但至今为止尚未形成一本系统论述体育地理学的专著。20世纪90年代初,我国学者田至美先生开始在国内介绍美国学者的研究成果,后来体育和地理学界的部分学者从不同的角度开始探索体育运动与地理环境的相互关系,但是体育地理学研究内容比较零散、杂乱,方法不尽统一,系统性相对较为欠缺。因此,笔者和周丽君、厉丽玉两位教授一起合作编著了《体育地理学》一书。

　　本书共包括八章内容:第一章为体育地理学的概述,分别对体育地理学的起源、研究对象、学科性质、研究方法以及其在中国的理论研究和实践等知识进行了概述;第二章为体育的空间布局,分别对体育运动空间扩散的方式、中心地理论及中心地理论在城市体育场馆空间布局中的应用等展开研究;第三章至第八章分别对体育与地理环境、体育文化、体育人口、体育旅游资源、体育旅游基础地理知识、区域民族传统体育等进行了研究。其中,林凤蕾负责第一章、第二章、第三章、第五章、第七章的撰写工作,厉丽玉负责第四章的撰写工作,周丽君负责第六章、第八章的撰写工作。

　　由于撰写时间仓促,加之作者水平有限,书中有的地方实乃一孔之见,可能会存在错误和疏漏,恳请广大读者在使用过程中多提宝贵意见,以便本书在再版时修改和完善。同时本书在撰写过程中参阅了大量相关的专著和论文,并引用了不少学者的观点,在此表示诚挚的谢意。

林凤蕾

2016 年 10 月 16 日

目　录

第一章 体育地理学概述

第一节 体育地理学的起源与发展

一、体育地理学的起源

体育地理学是研究各种体育运动的空间变化模式以及地理因素对体育活动影响的学科。运用地理学的理论与方法研究体育相关问题是近年来体育学科理论研究的新动向。在这方面,美国学者约翰·贝勒(John Bale)进行了开创性的探索。从20世纪50年代起,贝勒及部分学者研究了竞技运动与地理环境之间的关系问题,取得了一系列成果,但研究的范围不广。

虽然体育具有地理学的基本特征,但是人们一直没有从地理学角度严肃研究过体育学,地理学(当然还有许多别的学科)只是把体育作为一种附带的现象加以对待,使体育成为经济、文化和自然等研究的边缘范畴。但近20年来,种种迹象表明,作为分支学科的体育地理学已经产生。下面这些现象标志着这一学科的产生。

(1)一些描述性的文章开始涉及体育中的地理要素,并使人们形成了在体育场合中运用地理学的思维模式。这类论文在20世纪60年代中期就开始出现,典型的有《体育与棒球》和《体育地理的一种注解》等。

(2)从地理学的观点出发,对体育和体育相关课题进行经验性的考察。这类论著绝大多数由罗雷(John Rooney)及其学生在1969—1985年先后完成。

(3)在体育场合内更侧重于较为根本的地理学问题和理论性论文。典型的是瓦格纳(Wagner,1981)的关于"体育是文化和地理的混合体"的观点的文章。

(4)发表和出版了进一步探讨体育与地理相互关系的各类论文和著作。20世纪70年代中期(1976年)美国作家James Michener明确表示,其著作是体育地理学的作品,他的经典著作《美国体育》中对体育的学术研究是最能引起人们关注的内容。

(5)有关体育地理学特征讨论会的召开以及学术期刊的出版。20世纪70年代以来,美国每年都会召开一次有关体育地理的学术会议,美国的文化地理课本中也有体育地理的章节。进入20世纪80年代,美国出版了贝勒的两本堪称体育地理学里程碑式的著作,即《体育与地点》(1982年)和《体育地理学》(1989年)。1986年在美国开始发行由罗雷主编的刊物《体育场所:一本国际性的体育地理杂志》(*Sports Place:An International Journal of Sports Geography*),这一刊物的出版标志着体育地理学的正式诞生。

二、体育地理学在中国的实践

体育与地理的关系极为密切,竞技体育、学校体育、群众体育和体育产业都与地理学有着千丝万缕的联系,冷暖寒暑、春夏秋冬影响到运动项目的季节性,山川湖泊、平原旷野为体育活动提供了场所。近年来,随着体育文化的广泛传播和体育产业化进程的加速,地理学中的中心地理论、空间边际收益理论、区域多样化理论、距离衰减规律等原理在体育实践中的应用越来越广泛和普遍。

1. 地理环境在运动员选材、训练中的指导作用

做好运动员选材工作是提高竞技运动技术水平和成绩的关键环节,是对人力、物力、财力的最大节约。影响个体运动能力发展的因素很多,其中地理因素的作用不可忽视。地理环境对人的运动能力形成的作用有一个明显的演化过程——由最初的近乎决定性的作用,到后来的可能性的选择作用,这期间的时间跨度以万年、百万年计。随着人类社会的发展和科技的进步,环境对人的约束在逐渐减少,人的自由度在逐渐变大,但是地理环境对个体运动能力发展的基础作用并没有发生根本的改变。事实上,在运动员选材时,我国相关部门已经充分意识到竞技人才空间分布的差异性,并利用这一地理特点发现了很多优秀的运动员。

例如,我国云南高原地区中长跑运动水平较高,而肯尼亚等非洲中长跑运动比较发达的地区也是海拔 2800 米左右的高原。因为在运动过程中,如果呼吸的氧气充足,机体只进行有氧代谢,产生能量供机体运动,而在氧气不足的条件下,机体在进行有氧代谢的同时也在进行无氧代谢,代谢的终产物是乳酸,乳酸在体内大量积累对肌肉的收缩有一定抑制作用,而且乳酸过多会中毒。而生长在高海拔地区的个体,由于生活环境中常年氧气稀薄,其血红蛋白携氧能力较平原地区的个体强,所以其有氧呼吸的效率和机体抗乳酸能力自然就较强,中长跑的运动能力基础就比平原地区个体好很多。这就是我国在中长跑运动员选材的时候倾向于高海拔地区的原因。中长跑运动员经常要到高原进行训练也是因为这个原因。

2. 地理学中心地理论在体育设施空间布局中的应用

中心地理论在许多国家体育设施建设中发挥着理论指导作用,同时也为我国体育设施的空间布局所借鉴。根据地区的经济发展水平、人口数量及人口空间分布情况、交通通达度等条件,利用中心地理论合理布局体育设施,保障每一位居民都有公平地使用体育设施的机会同时又不会造成体育设施的闲置,提高其利用率。

在实践中,体育中心地的等级分布是非常实用的,尤其是对于大型城市体育设施的规划更是如此。在城市中,任何体育娱乐设施都有其服务的目标群体,不同等级的影响范围不一。体育中心地的规划应该呈等级分布,每一等级的体育中心地对应着不同规模的消费人群。例如,低级体育中心地的影响范围的半径大概是 800 米,可能是为大众提供非正式体育活动的。中级体育中心地可能就是一个运动场,提供室内外活动场地,其服务范围的半径能够达到 2 公里。高级体育中心地可能就是大型的体育中心,内设大型比赛用的体育馆、游泳池,这样的体育设施是为整个城市居民而设计的。

3. GIS 在体育事业上的应用

地理信息系统(Geographic Information System,简称 GIS)是一种特定的十分重要的空间信息系统。地理信息系统是在计算机硬件、软件系统的支持下,对整个或部分地理表层空

间的有关地理分布数据进行采集、储存、管理、运算、分析、显示和描述的技术系统。我国引入体育地理学信息系统,将体育信息和地理环境相结合,实现了对区域内各类体育信息的精确描述,使研究者能方便地建立起各类统计数据与体育发展之间的相互关系,大大节约了研究时间,提高了研究效率,为区域体育决策提供了科学的依据。而且还可以利用地理信息系统的数据管理功能,按照体育事业和产业分类进行数据管理,将各类体育数据按照行政、文化、自然地理区域进行整理,从而将数据落实在一定的地域范围内,为区域性体育数据分析、决策提供基本的数据平台。

例如,2008 年北京奥运期间,我国把北京奥运相关体育场馆的数据输入系统并利用地理信息系统建立其与地理环境、交通运输等相关数据的空间联系。当观众需要查找一个体育场馆时,只要进入网络查询系统输入相应的查询条件,便可得到符合条件的体育场馆以及周边的环境、交通和餐饮等各种信息,极大地提高了奥运期间外地游客的旅游效率。

三、滞后的中国体育地理学理论研究

尽管中国的体育事业在很多方面已经事实上利用了地理学的相关理论和原理,但是至今为止在中国尚未形成一本系统地论述体育地理学的专著。20 世纪 90 年代初开始我国学者田至美开始在国内介绍美国学者的研究成果,后来体育和地理学界的部分学者从不同的角度开始探索体育运动与地理环境的相互关系,但是体育地理学的研究内容比较零散、杂乱,方法不尽统一,学科研究对象不够清晰,缺乏系统性和科学性。多数学者也只是在研究相关体育问题时涉及地理学的一些领域,而且更多的是以实例去解释体育中所包含的地理要素,如何利用地理学的系统知识体系阐释体育理论和实践还是一个尚待研究的新领域。

四、中国体育地理学研究的潜力和优势

目前,虽然国内外体育地理学研究都还处在一个缓慢发展期,但是我国独特的国情为我国体育地理学研究提供了得天独厚的条件,这正是我国体育地理学研究的潜力和优势所在。从地理学角度开展体育研究,至少在以下方面大有用武之地。

1.博大的中华体育文化需要我们从地理学的角度追根求源

中国传统体育文化是在一定的区域内不同自然和社会条件下形成的,具有明显的区域性,所以必须从地理学的角度去认识体育文化的分布规律和特性,才能从本质上理解体育文化的起源。

2.我国多民族的人口结构需要对民族传统体育的起源和扩散规律进行研究

我国是个多民族且人口众多的国家,民族传统体育运动在时空上都有其起源和原型,其中大部分运动从起源地向各处扩散,甚至在世界范围内传播。一项体育运动起源的地理因素分析、传播的方向和路径的寻求,以及该项体育运动影响的地域范围的探讨,都是颇具意义的体育地理学研究范畴。许多民族体育的历史研究,既具有大众性,也具有学术性,这其中隐含有地理学的成分,尤其早期具有明显地方性的体育运动更是如此。

3.我国辽阔的地域空间为体育景观的研究提供了丰富的内容

体育景观是由纯自然的地理环境演化而来的,当体育运动在一定地理空间发展到一定

程度,这一空间就可能出现或自然形成或人工促成的体育标志物(如水上运动基地或室内田径场),而成为一种暂时(或永久)的体育景观。体育场所就是我们常见的体育景观的一种。在许多国家都出现了"体育绿色革命"——以草地为运动场所,如马术、足球运动的场地。随着人类驾驭地理环境能力的增强,相继出现了以海洋和湖泊为运动场所的"蓝色体育",如冲浪、帆板、赛艇等,以及以雪山冰面为运动场所的"白色体育",如冬奥会项目。

4.体育的职业化和产业化需要从经济地理学的角度研究体育资源的优化配置

目前体育运动商业化日盛,体育作为康乐产业的重要组成部分,它区别于传统的第三产业,而被称为第四产业。体育的产业化或经济化,客观上要求我们在确定体育活动的区位时,也应与农业、工业、商业等产业一样,必须考虑利益最大化原则。如何选择最佳的体育活动区位,而使投入最小、产出最大,也是市场环境下体育地理学研究的主要内容。如体育场馆的空间布局,是采取北京亚运会场馆的分散式布局,还是采取广州天河体育中心的集中式布局,既要考虑运动员村、城市居民区分布与场馆的交通便捷性,还要考虑城市土地的征用、城市各功能区的协调等一系列问题,这些问题都与城市地理学的内容息息相关。

第二节　体育地理学的学科内涵和外延

体育地理学是从体育学和地理学两大学科中孕育发展起来的、交叉形成的综合型新兴学科。体育学和地理学的学科体系必然要制约甚至规定体育地理学的研究对象、性质、内容与任务,在此基础上形成的体育地理学理论体系也具有鲜明的特征。

一、体育地理学的研究对象

从研究生培养的角度出发,体育科学被划分为 4 个二级学科,即体育教育训练学、体育人文社会学、运动人体科学和民族传统体育学。根据研究对象的进一步细分,以上四个学科又可以细分为若干分支学科。这些体育学的研究对象都是构成体育地理学研究对象的基础材料。

地理学的研究对象历来存在争论,并产生了区域、景观、环境生态、空间等不同的学派。现代地理学越来越显示出跨学科和大科学性质。根据研究对象的不同,可以将地理学分为自然地理学和人文地理学两部分,或分为自然地理学、经济地理学和人文地理学三部分。人文地理学有狭义和广义之分。狭义的人文地理学,有学者称其为社会文化地理学,可分为文化地理学、政治地理学、行为地理学、聚落地理学等。经济地理学涵盖农业地理学、工业地理学、交通地理学等。

体育学和地理学的研究对象共同制约着体育地理学的研究对象。体育属于一种社会文化生活,从学科而言,体育地理学是一个分支学科,该学科的研究还涉及自然地理学和人文地理学中的聚落地理学、行为地理学等学科领域。因此,体育地理学的研究对象是体育与地理环境的相互关系。这种相互关系首先表现为地理环境(包括自然和人文地理环境)对体育产生、演变、发展的制约作用,也表现为体育对地理环境的反作用。地理环境在很大程度上影响了体育的形式、结构和方法,尤其是在人类社会的初期,自然地理环境对体育的影响更直接,即使在现代社会,自然地理环境仍然是影响体育发展演变的重要方面。人文地理环境对体育发展演变的影响不如自然地理环境来得直接,但是,其作用更持久、深入。在不同文化氛围中成长起来的社会人群对差异性的体育运动有着不同的认识和态度。

不同的地理条件孕育了各具特色的体育文化,体育的发展也受到地理环境的制约,适宜的地理环境为体育传播创造了条件。人类社会活动不同于其他生物的只能被动适应地理环境。随着人类的不断进步,人在一定程度上和范围内具有改造自然环境的能力,社会活动并不总是被地理环境所限制,相同的地理环境(这种相同只是在一定程度上成立的)下,依然存在极为明显的思想文化差异。在人与地理环境的关系中,人是具有主动权的,但是这种有利地位不能成为肆意破坏自然界的理由。体育运动也是如此,尤其是在现代社会,为了进行体育运动,人类可以创造适宜的人工环境,包括各种综合性、专用的体育场馆和各种用途的体育器材、服装,极大地提高了人类进行各种体育运动的能力。体育人工环境的快速、大规模扩张也给地理环境带来了诸多问题,比如环境污染、土地利用效率低下、成本居高不下、体育文化地域趋同(即各地域的体育运动差异性消失)等。这些问题迫使人类必须正视体育人工环境扩张的各种后果,从可持续发展的角度思考体育与环境的关系。为此,人们开始关心体育与地理环境的相互关系,并有意识地进行了探索。

二、体育地理学的性质

体育地理学是从体育学、地理学中演变发展而来的一门新兴学科,具有显著的跨学科性质。体育地理学在研究过程中使用了体育学和地理学的理论和研究方法。由于体育学和地理学这两门学科都横跨了自然科学和社会科学两大领域,使得该学科既包含了社会科学的内容,又包含了自然科学的内容。体育地理学是一门综合性学科,它既有自然科学的特性,又有社会科学的特性。综合起来,体育地理学的根本特性是区域性、综合性。

1.体育地理学的区域性

区域性,又称地域性,是地理学的根本特性。德国地理学家赫特纳(Hettner)认为,"地理学的考察完全只能是区域的。它具有一定的面积、形状、范围或界限,其内部的特定性质或功能相对一致而有别于外部邻区"。体育地理学无论是自然科学部分还是社会科学部分的研究工作,都必须落实到一定的地表空间,即落实到地域上。这也是体育地理学与其他体育科学区别的根本点。地理学主要是从自然和区划两个方面进行区域划分的,任何一项地理要素都可以成为划分区域的依据。从地形的角度,可以划分为平原区、高原区、山系区。人文区划则较复杂,如行政区、民族区、语言文化区等。体育地理学的区域工作范畴是要进行体育运动的区划,也就是说要建立起体育文化区。在民族传统体育研究过程中,也有许多学者从分区的角度进行了卓有成效的探索。

2.体育地理学的综合性

按照钱学森的学科划分方法,地理学是独立的学科体系,是大学科门类。地理学的研究内容横跨自然科学和人文社会科学两大领域,涵盖的内容极为丰富。虽然有学者认为存在泛地理化的倾向,但是,地理学作为基础学科已不可避免地深入到其他学科之中。体育地理学也是综合性学科,起源于地理学和体育学的体育地理学从诞生之时就具有学科综合性特征。

三、体育地理学的研究方法

1.地图法

地图是地理思想的表现手段,不但可以表示地理事物的空间性质(位置、距离、高度、坡度、面积、体积等),还可以表现出地理事物的空间联系和动态过程。地图从不同角度可以进行多种分类。就内容而言,可以分为普通地图和专业地图。普通地图是被社会各种行业所共同使用的,包括地形高程、河流水网、土壤植被、居民点、交通网、地理名称等要素;专业地图则主要为某一特定使用目的、专为表述某一地理思想而绘制的。

由于遥感技术的发展,能提供的地表空间信息越来越丰富,以卫星照片、航空照片为基本素材制作不同比例尺的地图已经成为当代地图制作的普通手段。

强大的计算机功能为计算机制图提供了基本保证。计算机制图逐渐取代普通的手工制图方式,成为地图制作的主要手段。尤其是近年来,出现了电子地图和地图信息系统这种新型的地图制作方式。它可以完成地图制作,通过计算机贮存、显示,可以实现快速检索、动态显示、自动分析、过程模拟、趋势预测、规划设计等多种功能。实现地理信息的多维可视化,为预测预报、决策咨询提供新的技术手段,是极有发展前途的地理学和地图学新技术。景观制图和综合制图是近年来发展起来的一种专题制图方式,主要反映景观单元和景观结构,反映地理综合体的整体面貌。这些都已经成为城市建设、农林规划、国家公园建设等方面的重要基础图件。

然而,我国目前没有专业的体育地图,体育信息也缺乏统一的分类标准,这是今后需要大力加强的。

2.地理调查

地理调查主要包括田野调查、意向调查、史籍调查、统计调查等。

田野调查,也称为田野工作,是在人文地理学、历史学、社会学、民族学等学科研究中比较常用的一种方法。它是指学者深入到一个具体的社会群体之中,长期与其成员生活在一起,使用他们的语言,参与并观察当地人的生活,与他们建立良好的社会关系,研究其社会结构,尽全力了解当地人的观念,以期达到研究该社会群体文化结构的目的。目前,田野调查已经引起了体育学科学者的重视,出现了一些以此方法为主的研究成果。不过,就整体而言,此类方法的使用还存在面积小、应用不规范等问题。

意向调查是对人及不同社会集团的行为心理进行的调查。这是现代地理学研究中比较重视和普遍采用的方法。意向调查的重点是社会集团,需要解决社会集团的分类问题。社会集团可以按照经济实力、区域、民族等进行分类。意向调查已经成为政府进行区域政策决策、环境建设、区域开发计划、城市发展规划、旅游规划行为的基础工作。政府重视民众,特别是重视当地民众的意见,体现了政府执政理念的变化,也体现了现代地理学重视人的因素的趋势。使用意向调查重要的是保证调查的真实性和代表性,同时,要考虑民众意向的滞后性,多采用无记名、听证等方式进行。在体育场(馆)建设中,意向调查应成为一种主要的论证方法。充分考虑民众需求,根据不同区域民众的实际需要建设体育场(馆)是保证体育场(馆)正常运行的重要保障。

史籍调查是历史地理学常用的调查方法。通过地方志和其他历史材料了解、调查地理情况的发展变化。我国有着悠久的地方志编纂历史,目前已知的地方志有近万种。这些资料对了解地方的自然环境变迁以及人类改造自然的过程都具有重要作用。古代文献中地理学专著为数众多,报刊、档案材料等也有许多相关记录。此类方法在体育史学研究中比较多见。体育地理学研究内容中的体育文化区域研究需要重视这类研究方法。我国地方志编辑体例中有风俗志,其中记载了大量具有鲜明地域特征的体育文化活动。对其进行深入挖掘,将能够全面认识中国传统体育文化的脉络。

3. 实验研究法

地理实验有两种方式:一是通过各种探测手段,追踪了解地理过程的规律;二是将地理过程人为地以不同方式再现,通过实验对比分析,找出其地理规律。后者又称地理模拟。

体育科学研究中已经出现了自觉应用地理实验的很好先例,如运动训练中的低压氧舱实验、高原训练实验等。今后应加强研究的规范性,例如,加强垂直带的分层,建立系统的垂直地带性训练理论体系和实践操作规范。

此外,文物考古法、遥感、地理工程法等也是体育地理学可以采用的研究方法。

四、体育地理学与相关学科的关系

1. 体育地理学与体育学的关系

体育学现有的 4 个分支学科并不是一成不变的,4 个学科之间也存在新的分化与综合。体育地理学就处于这种交叉学科之间。体育地理学不仅可以为属于自然科学领域的运动人体科学服务,也可以为其他 3 个分支学科的研究提供新的视角。由于其涉及的范围比较广泛,很难将体育地理学归入体育学的任何一个分支学科之中。从体育作为一种社会文化现象出发,体育地理学可以归入体育人文社会科学类,而且这样的分类并不限制体育地理学对其他体育学科研究的作用。

2. 体育地理学与地理学的关系

地理学的发展过程,是一个不断分化而又不断综合的进化过程。体育地理学就其研究对象来说,是人文地理学的一个分支,从早期的一些研究中也可以看出,从事体育地理学研究工作的主要是人文地理学者。这种情况一方面说明,体育地理学是专业性较强的学科;另一方面也表明,其研究对象与人文地理学结合紧密,已经引起人文地理学者的重视。《中国图书资料分类法》将体育地理学划归为人文地理学中的文化地理学。但是,这种分类并不能全面地反映体育地理学在地理学中的地位。体育地理学不仅涉及文化地理学的领域,而且与人口地理学、聚落地理学、行为地理学等人文地理学科之间有直接关系。体育地理学属于人文地理学中的一个学科分支。此外,体育地理学的研究工作必然要涉及自然地理学的有关内容。因此,体育地理学在地理学中的地位也比较特殊。体育地理学是一门综合性学科,其研究对象涉及的学科领域众多,与社会学、经济学、环境科学、人体科学、人类学、文化学等学科之间既有联系又有显著的区别。

思考练习

1. 谈谈你对体育与地理关系的看法。
2. 如何理解体育地理学的区域性？
3. 简述体育地理学的研究方法。
4. 联系生活实际谈谈你所知道的体育中的地理知识。

第二章 体育的空间布局

第一节 体育运动的空间扩散

从 19 世纪初开始,近代体育逐渐开始从欧洲传播到世界其他地区,并得到发展。其传播路线是由欧洲向北美洲,又由欧美传向亚洲、非洲、拉丁美洲和大洋洲。在这个传播过程中体育运动项目也得到了空间上的扩散和流传。

一、体育运动空间扩散的普遍性

所谓体育运动空间扩散是指某一运动项目由体育源地向外辐射或由某一流行区向另一接受区传播的过程。随着人类社会的发展,体育(指广义的体育)总是不断地发展变化,新运动游戏及项目的发现和发明总是不断地涌现,这些发现和发明所产生的地方,可称为体育源地。体育运动总是有一定的源地,并从其源地向外扩散,所以体育运动的扩散传播从某种层面上分析也是人类的一种社会活动过程。由于各地的自然条件不同,历史发展过程不同,以及体育背景的不同,世界各地的人民形成了不同的社会群体,因而开展不同的体育活动。

每个民族均有各自的体育特质,在相互交往中不可避免地要进行体育交流,同时也必然受到外来体育的影响,进而促进了本民族体育的发展,因而体育运动空间扩散的普遍性是客观存在的事实。

二、体育运动空间扩散的方式

体育运动的空间扩散是个复杂的演变过程,但是时下相关的系统材料却非常有限。体育运动的空间扩散是体育学与地理学的共轭领域,其类型与地理学上的扩散理论基本一致,所以地理学的空间扩散理论实质上就是体育运动空间扩散的理论基础。

体育运动的空间扩散有扩展型扩散(expansion diffusion)和迁移型扩散(relocation diffusion)两种方式。

1. 扩展型扩散

扩展型扩散也称膨胀型扩散。它是指某种体育运动项目在核心地(核心地一般指发源地,但是有时核心地并不在发源地,而是在发源地以外,发展较快并成为当地的主要体育文化生活的地区)而得到发展,在保持兴旺的同时还在向外扩散。扩展型扩散又可分为传染型(又称接触型)扩散、等级型扩散、刺激型扩散。

（1）传染型扩散

传染型扩散是指某种体育运动比较容易为接触者接受，几乎接触过的人如同接触到易于传染的病菌一样，自然地接受了该运动项目，从而实现了其扩散。

传染型扩散最为典型的就是蹴鞠，即古代足球。有关蹴鞠的记载始见于战国。苏秦到齐国游说齐宣王联合抗秦时，说："临淄甚富而实，其民无不吹竽、鼓瑟、弹琴、击筑、斗鸡、走犬、六博、蹴鞠者。"（《战国策·齐策一》）这里把蹴鞠与六博、斗鸡、弹琴等并提，说明蹴鞠在当时就是临淄市民喜欢的娱乐。汉代是蹴鞠发展的高潮时期，蹴鞠不仅是达官贵人、平民百姓的休闲娱乐活动，还是大型宴会的表演项目，同时还被作为军事训练的重要手段，受到统治者的重视。西晋时还有女子蹴鞠的记载："突厥之先，平凉胡也。男子好樗蒲，女子蹴鞠，饮马酪，取醉歌呼相对。"（《隋书·突厥传》）以后，不论在唐代、宋代、元代，还是明代，蹴鞠都得到了空前的发展，无论在人口数量上还是在人群分布上（元代时，蹴鞠开始走向青楼）都超过了其他体育运动项目。蹴鞠的扩散是传染型的，凡是接触过它的人都会迅速地喜欢上它。这不仅仅是因为它具有很强的娱乐性，更重要的是，它简单易学、方便经济，无论是什么阶层的人，也无论是什么年龄的人都会很欣然地接受。但是，到了清朝由于统治者提倡草原文化而冷落中原文化，蹴鞠的发展与传播受到了极大的限制，直至消亡。传染型扩散的体育项目大多比较简单易行，有利变通，人们可以根据本地区的实际情况进行一定的改造，而这些改造一般不会影响项目的基本运动方式。在体育运动的地理传播方式中，传染型扩散最具广泛性。

（2）等级型扩散

等级型扩散是指某种体育运动的扩散在空间上或在社会人群方面有一种等级现象，也就是说，有些体育运动只在一定的区域和人群中传播。这种现象的产生主要与该运动的运动技术、规则变迁、地方经济基础、地理环境、传统文化等有密切的关系。某些体育运动对地理环境有一定的要求，因此适宜的地理环境成为体育运动扩散的重要物质基础。

有些体育运动对物质条件要求较高，人们的经济基础成为这些项目传播的重要条件。例如被欧洲人称为"游戏之王，王之游戏"的马球运动。史学家向达、罗香林曾对马球的起源做过考证："波罗球，为一种马上打球的游戏，发源于波斯，其后由土耳其斯坦传入中国。日本、高丽亦有此戏，此又得自中国者也。"（向达《长安打球小考》）唐人蔡孚在《打球篇序》中说："打球者，往之蹴鞠古戏也。"宋人程大昌在《演繁露·鞠》中说："军中打球之戏，尚存鞠域之法。"这些都说明击鞠（即马球）是由蹴鞠演变而来的。近代阴法鲁先生在《唐代西藏马球戏传入长安》一文中认为，马球始兴于吐蕃（现在的西藏），由吐蕃传入唐代的长安城。这样，击鞠的起源便有了三种说法：自波斯传入、由蹴鞠演变、自西藏传入，但证据都尚不够充分，有待进一步论证。不过马球运动在唐代长安城盛极一时，却是不争的事实。太宗皇帝首开风气，自此马球运动在历代帝王间不断传承，尤其是玄宗。礼泉县尉阎宽在《温汤御球赋》中就记录了玄宗与禁军球手的角逐。宋朝画家李公麟将玄宗喜爱马球的事迹画成图画。诗人晁说之还写了《题明皇打球图》诗："阊阖千门万户开，三郎沉醉打球回。九龄已老韩休死，无复明朝谏疏来。"虽然诗中把李隆基荒废朝政造成"安史之乱"的原因归结为沉溺于打马球有些言之过甚，然而这却从另一个方面说明马球是唐代皇室贵族最喜爱的一种娱乐。由于马球运动必须依靠强有力的物质作保障，因此，该项运动主要在王公大臣和军队里开展。普通百姓只有观看马球的份，参加马球运动实际上是一种奢望。之后，随着中国政治和经济中心的东移,长安城逐渐失去了中心地位,其经济条件不足以支撑马球运动所需的物质条件,这项运动在该地区便很快消失了。等级型扩散的项目大多对物质条件有较高要求,或者是已经形成了较为固定的文化传统,一般只为某一阶层所接受。

(3)刺激型扩散

刺激型扩散是指一地的体育运动受某些原因影响而无法在另一地存在,不得不将原有运动项目作某种程度的改变,使其得以在当地存在并得到流传。

这种扩散形式不仅使许多体育运动得以广泛传播,还创造了很多新兴的运动项目,太极拳的扩散就是其中的典型代表。关于太极拳起源的问题一直存有争议。杨氏太极拳认为其起源于张三丰,唐豪认为其起源于河南温县陈家沟陈氏族人,顾留馨认为起源于王宗岳等,说法不一。但是,可以肯定的是,太极拳绝非一蹴而就,必然有一个萌生、发展、壮大、成型的过程,是经过数代人的努力而形成的。现在所见到的太极拳基本源自陈氏太极拳。时至今日,陈家沟仍然是陈氏太极拳的核心地域。部分武术家在起源地学习太极拳后开始在全国进行传播。为了适应不同传播地域的现实需要,武术家对陈氏太极拳进行了改造,形成了现代各种流派的太极拳运动,主要有陈氏太极拳、杨氏太极拳、孙氏太极拳、吴氏太极拳和武氏太极拳。这些太极拳流派与陈氏太极拳有着极深的渊源,其运动形式和内涵均与陈氏存在内在联系,但又各有特点,甚至一种流派之中还存在有不同的形式。其中,杨氏太极拳是主要流派之一,由杨氏太极拳奠基人杨福魁所创,经过杨氏祖孙三代人的努力,在陈长兴的太极拳基础上逐渐演变为杨氏太极拳。杨式太极拳拳架舒展简洁,结构严谨,身法中正,动作和顺,轻松自然,轻灵沉着,且练法简易,姿势开展,平正朴实,由松入柔,积柔成刚,刚柔相济。杨氏太极拳这诸多特点就是在漫长的传播过程中逐渐形成的,它深受广大群众的喜爱,开展得最为广泛。

2.迁移型扩散

迁移型扩散是指具有某种体育运动特长或爱好的个体或团体从一地迁移到另一地,将该运动向外扩散。这种情况多见于移民。同时,经商者、官员、留学人员、流浪艺人、脚夫等人群也是迁移型扩散的主体构成。迁移型扩散可以分为占据式、蔓延式、墨渍式三种类型。

(1)占据式扩散

占据式扩散的运动项目被移民从原居地带到新居地后至今仍与原居地的运动项目基本相似。

占据式扩散可以再划分为两个小类。

第一类为大一致型扩散,即移民迁移的人数较多,在一定范围内形成了大面积同源体育运动的扩散。这种类型在历史时期大规模移民之后比较常见。如在魏晋南北朝时期,中原地区连年征战,大量的中原民众迁移至江南地区,在一定范围内形成了中原运动项目同源区。在这些区域之中由于中原移民较多,在一定地区形成集团优势,最终导致了嵌入的运动项目成为主流。在这个过程中,原来在中原地区流行的一些运动项目也同移民一起来到了江南,并在此发展起来,如投壶、蹴鞠、六博等。

六博,又作陆博,是中国古代一种掷采行棋的博戏类游戏,因使用六根博箸故称六博,以吃子为胜。其中的古玩法大博,是很早期的兵种棋戏。由于大博与象棋一样以杀掉特定棋子为获胜,有推论说象棋类游戏可能是从大博演变而来的。后来随着汉代"丝绸之路"的发展,六博也传到了外域。东晋十六国时大博已传入印度。据后秦释道朗《大般涅槃经·现病品第六》记载："樗蒲围棋,波罗塞戏,狮子象斗,弹棋六博,拍鞠掷石,投壶率道,一切戏笑,悉不观作。"《大般涅槃经》是一部记述佛国印度的宗教制度和文化历史的佛经,这证明六博曾传入印度并得到流传。

第二类为小一致型扩散,即移民从自己的原居地迁移到与之并不相邻的新居地,新居地有多种新的运动项目,但移民在新居地仍延续其旧居地的运动项目。我国少数民族体育运动的传承主要就是这种方式。在历史时期,许多少数民族历经数次较大的地域迁移,但是每到异地,这些民族总能保持其特有的民族体育特色,并不为原住民的体育传统所同化。

例如,在伊斯兰教地区的传统体育运动——叼羊的传承。叼羊是西北牧区少数民族传统体育活动,当地有句谚语:"摔跤见力气,叼羊见勇气。"可见叼羊在当地又被认为是一项勇敢者的运动。常年在大草原上放牧的游牧民族,尤其是在转场的时候,为了保护畜群,经常要同恶劣的天气、凶猛的禽兽顽强搏斗。叼羊运动则是最好的锻炼,它既是力量的较量,又是智慧的竞赛,既比勇敢,又赛骑术。叼羊的优胜者多是放牧的能手,在暴风雪中寻找失散的牲畜时,他们能把百十斤重的羊只俯身提上马来,驮回畜群。优秀的叼羊手是受人尊敬的,被誉为"草原上的雄鹰"。现在在我国新疆少数民族叼羊运动仍很流行,成了传统的游乐活动。叼羊时分两队人马争夺,一方得到羊后,随即快马将羊扔在自己中意的毡房门前,按习惯这家要宰羊款待大伙。另一种是场地叼羊。在一个大草场上,两边设两个投羊圈架,两队人马去草场中央争夺山羊,夺到后往自己的圈架里投,投中次数多的为优胜队。现在叼羊比赛规则更为完善,已逐渐演变成了一种马上体育竞技项目。

(2)蔓延式扩散

蔓延式扩散是指移民并不占领成片的广大地区,而只是选择一定的地点居住下来,处在原住民的包围之下,其体育运动项目慢慢地被原住民所接受,但在传播过程中也根据当地的具体环境作了适应性的改变。这种体育运动的扩散方式属于混合型,新居地的体育运动并不完全等同于旧居地的。中国武术的国内扩散就是典型一例。

我国北方文化核心的黄河中下游,气温寒冷而干燥。特别是隆冬季节,人在室外练武,难以抵抗凛冽的寒风,因此必须不停地、快速地甚至是激烈地跑跳,以激烈强劲的动作,增加人体的热量,这几乎是北方拳派的普遍特点。黄河以北是广阔无垠的蒙古大草原,草原游牧民族需要谷物、纺织品、金属制品,当他们不能用和平手段换取这些物品时,便常常采用掠夺的手段,冲突在所难免。在这样的生存环境中形成的北方文化具有坚韧朴实、粗犷豪放的特点。在这样的文化背景和民俗习性潜移默化的影响下,北方拳种形成了自己独特的技术风格和审美情趣。从对查拳、华拳、通背拳、形意拳、八卦掌等北方拳种的分析来看,北方拳种普遍存在朴实简练、舒展大方、形健劲遒、动静分明、发力顺达、协调完整等与北方文化和民俗习性相吻合的特点。

南方武术源于北方,但在南方的地理环境影响下形成了不同于北方的拳种风格。南方的气候、地理条件与北方迥别。南方的年平均降雨量超过黄河流域一倍,加上江河纵横、湖泊星罗棋布,为喜暖需水的作物生长和水生物的繁殖提供了优越的自然条件。在这一带生活的民族,相对北方而言,无生活之忧,使他们能够安于现状,而浩渺的江湖和瞬息万变的天气又容易引发他们的遐想。在这样的环境中形成的南方文化难免会有轻灵活泼、富于幻想的特点。就民风而言,南方人一般敏慧、劲悍、轻飘、工巧。另一方面,南方人口密集,地少人多,这就大大压缩了人的活动空间(也直接影响了武术套路的活动空间)。南方拳派历史悠久,其发源可追溯到 400 多年前。与潇洒、豪迈、大线条、大幅度的北方拳派相比,南方拳派动作空间小,且集中在人体的上部,即人体的头、颈、胸、腰、上肢等区域,技术特点更是别具风格。其步法稳固,手法灵活多变,拳势劲悍,刚劲有力,常以发声吐气助长发力。

（3）墨渍式扩散

墨渍式扩散即移民首先占据式地迁移到区域内的若干小区内,之后进行蔓延式的体育运动扩散,但是这几个小地域并未连成一片,只是散落其中若干个地点,中间尚被别的主流体育运动所隔开。这种扩散是由占据式扩散和蔓延式扩散两部分组成。该类型在体育运动扩散的早期较为常见。就移民来说,大规模占据某一地域的情况并不多见。小规模的移民往往只能占据某一特定的区域。另外,体育运动的扩散还受到经济、地理、传统文化、个人判断力、宗教信仰等各种情况的制约。但是,随着传播媒介的多样化、传播主体的广泛化以及思想文化的开放化,新的体育运动项目越来越容易被大众所接受,墨渍式体育运动扩散模式在现代社会也不多见了。

体育运动的空间扩散类型是体育运动空间传播的基础理论。从体育运动扩散的历史脉络来看,在不同历史时期,空间扩散的类型有较大差异。体育运动扩散类型的选择既存在偶然因素,更存在历史的必然性。自然环境、人文环境、社会经济发展水平、科学技术水平、交通发达程度等因素制约着体育运动空间扩散类型的选择。在早期,由于交通问题的制约,地理环境成为人类体育运动扩散的主要制约因素,体育运动只能在较小的区域内进行传播。近代,随着交通条件的改善、科学技术水平的提高以及人们视野的逐渐扩大,地域间的隔绝逐渐消除,人类的交往形式已大为改观,各种新的交往形式为体育运动的扩散创造了更加宽松的条件,体育运动扩散类型也将趋于多样化。

第二节　中心地理论

进入 21 世纪,人们在享受物质财富的繁荣和生活水平的提高所带来幸福的同时,也在追求健康、享受健康,在这种新的理念和形势下,社会体育显得尤为重要。人们将会在未来的社会发展中对健身娱乐有很大的需求。体育活动参加者将不仅是老龄人口、在职人员、学生和其他人员也会加入到社会体育活动中来。社会体育活动人口的增加,更需要有充足并且布局合理的活动场地和体育设施。体育场馆布局合理化也成为当前和今后社会体育发展要关注的主要问题之一。

一、中心地理论产生的背景

社会经济的发展,加速了经济活动集聚的进程。城市在整个社会生活中逐渐占据了主导地位,它成为工业、交通的集中点,商业和服务行业的聚集点。许多学科把研究的视野投向了城市形态、功能、空间分布和规模等级的研究上,中心地理论正是在这种社会、经济背景下产生的。

中心地理论也称作中心地方论,是由德国地理学家克里斯塔勒（W. Christaller）提出的。在他的重要著作《德国南部中心地原理》一书中,他系统地建立起了这一对地理学尤其是聚落地理学具有重大影响的理论。该理论的目的在于探索决定城市的数量、规模以及分布的规律是否存在,如果存在又是怎样的规律。他从经济学观点来研究城市地理,认为经济活动是城市形成、发展的主要因素。他不仅注意每个具体城市的位置、形成条件,而且对一个区域的城市总体数量、区位、发展和空间结构更加关注。该理论对城市建设的指导作用较为明显,在许多国家的国土开发与整治中都得到了广泛的应用。大型娱乐场所的建设、商业中心的选址以及职业体育俱乐部比赛场馆的建设,都使这一理论得到了实践上的验证。我国自改革开放以来,经济增长较快,近年来各地又加速了城市化进程,越来越多的体育场馆将会兴建起来,从而成为城市建筑的亮点。中心地理论应该能够为城市体育设施的规划提供相应的理论支撑。

二、中心地理论的基本概念与思想

1. 中心地

中心地可以表述为向居住在它周围地域的居民提供各种货物和服务的地方。中心性是指就中心地的周围地区而言中心地的相对重要性,也可理解为中心地发挥中心职能的程度。由于中心性的程度不同,中心地又可分为高级中心地、中级中心地和低级中心地。低级中心地数量多,分布广,服务范围小,提供的商品和服务档次低,种类也少。而高级中心地数量少,服务范围广,提供的商品和服务种类也多。在两者之间存在着一些中级中心地,其供应的商品和服务范围介于两者之间。

2. 门槛人口

门槛人口是能使某项城市商业服务活动正常开业并获得基本盈利的最小服务地域范围内的居民数。不同行业的"门槛人口"不同,同一行业内部又因其活动和规模的差异使"门槛人口"也不同。若某一中心地的消费者数量超过门槛人口,则该中心地就能顺利运营下去,否则便不能盈利。

3. 服务范围

克里斯塔勒认为,中心地提供的每一种货物和服务都有其可变的服务范围。范围的上限是消费者愿意去一个中心地得到货物或服务的最远距离,超过这一距离他便可能去另一个较近的中心地。中心地的服务范围就表示中心地的最大腹地。

4. 六边形中心地网络

克里斯塔勒提出了构成市场原则的两个限制因素:一是各级供应点必须达到最低数量以使商人的利润最大化;二是一个地区的所有人口都应得到每一种货物的提供或服务。为了满足第一个条件,模式的概括中就必须采用货物的最大销售距离,因为这可以使供应点的数量达到最少化。于是,作为第一步,克里斯塔勒假设在理想地表上均匀分布着一系列的同级中心地,它们的最高级别货物的最大销售距离定为 r,这样,两个中心地之间的距离为 $2r$(见图 2-1)。

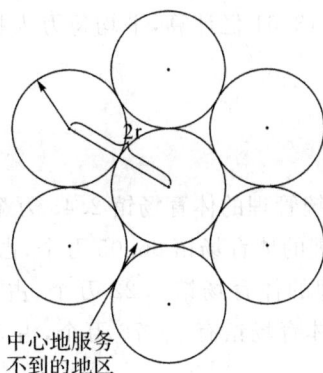

中心地服务
不到的地区

图 2-1　圆形市场区域最有效的排列

但是,这样的一个系统将不能满足第二个限制因素。因为市场区都是圆形的,居住在三个圆形相切所形成的空白区域里的消费者将得不到供应。因此必须对图 2-1 作一些修改,这就是将所有的圆形市场区重叠起来,再将重叠区进行平分。这样圆形的市场区被六边形的市场区所替代,其理由是消费者应按"最近中心地购物"的假设,选择距离自己最近的中心地去得到货物或服务(图 2-2)。

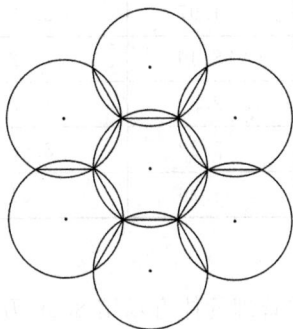

图 2-2　圆形市场区的重叠和六边形网络的形成

第三节　中心地理论在城市体育场馆空间布局中的应用

一、全国体育场馆布局现状[①]

1.全国体育场馆的基本情况

截至 2013 年 12 月 31 日,全国共有体育场馆 169.46 万个,用地面积 39.82 亿平方米,建筑面积 2.59 亿平方米,场地面积 19.92 亿平方米。其中,室内体育场馆 16.91 万个,场地面积 0.62 亿平方米;室外体育场馆 152.55 万个,场地面积 19.30 亿平方米。

---

①　本节数据均来自第六次全国体育场馆普查数据公报。
　　本节除表 2-1、表 2-8 外,其余表中的体育场馆分布数据均不包括军队系统所属的各类体育场馆。

以 2013 年年末全国总人口 13.61 亿计算,平均每万人拥有体育场馆 12.45 个,人均体育场地面积 1.46 平方米。

2. 全国体育场馆分布情况

(1)体育场馆按系统分布

在全国体育场馆中,体育系统管理的体育场馆 2.43 万个,占 1.43%,场地面积 0.95 亿平方米,占 4.77%;教育系统管理的体育场馆 66.05 万个,占 38.98%,场地面积 10.56 亿平方米,占 53.01%;军队系统管理的体育场馆 5.22 万个,占 3.08%,场地面积 0.43 亿平方米,占 2.16%;其他系统管理的体育场馆有 95.76 万个,占 56.51%,场地面积 7.98 亿平方米,占 40.06%(见表 2-1)。

表 2-1 各系统体育场馆数量及面积情况

系统类型	场馆数量 (万个)	数量占比 (%)	场地面积 (亿平方米)	面积占比 (%)
合　计	169.46	100.00	19.92	100.00
体育系统	2.43	1.43	0.95	4.77
教育系统	66.05	38.98	10.56	53.01
其中:高等院校	4.97	2.93	0.82	4.15
中小学	58.49	34.52	9.29	46.61
其他教育系统单位	2.59	1.53	0.45	2.25
军队系统	5.22	3.08	0.43	2.16
其他系统	95.76	56.51	7.98	40.06

(2)体育场馆按单位分布

在全国体育场馆中,行政机关管理的体育场馆 8.39 万个,占 5.11%,场地面积 0.86 亿平方米,占 4.41%;事业单位管理的体育场馆 68.66 万个,占 41.80%,场地面积 11.45 亿平方米,占 58.75%;企业管理的体育场馆 13.77 万个,占 8.39%,场地面积 4.11 亿平方米,占 21.09%;其他单位管理的体育场馆 73.42 万个,占 44.70%,场地面积 3.07 亿平方米,占 15.75%(见表 2-2)。

表 2-2 各单位体育场馆数量及面积情况

单位类型	场馆数量 (万个)	数量占比 (%)	场地面积 (亿平方米)	面积占比 (%)
合　计	164.24	100.00	19.49	100.00
行政机关	8.39	5.11	0.86	4.41
事业单位	68.66	41.80	11.45	58.75
企业单位	13.77	8.39	4.11	21.09
其中:内资企业	12.94	7.88	3.40	17.45
港、澳、台商投资企业	0.46	0.28	0.39	2.00
外商投资企业	0.37	0.23	0.32	1.64
其他单位	73.42	44.70	3.07	15.75

（3）体育场馆按类型分布

根据此次普查标准，全国普查到 82 种主要体育场馆类型，场馆数量 154.01 万个，占 93.77%，场地面积 17.92 亿平方米，占 91.94%；其他类体育场馆 10.23 万个，占 6.23%，场地面积 1.57 亿平方米，占 8.06%（见表 2-3）。

表 2-3 各类型体育场馆数量及面积情况

场馆类型	场馆数量（万个）	数量占比（%）	场地面积（亿平方米）	面积占比（%）
合　计	164.24	100.00	19.49	100.00
82 种主要体育场馆类型	154.01	93.77	17.92	91.94
其他类体育场馆	10.23	6.23	1.57	8.06

在 82 种主要体育场馆类型中，数量排名靠前的体育场馆分别是篮球场、全民健身路径、乒乓球场、小运动场和乒乓球房（馆），共计 124.80 万个，占 75.99%（见表 2-4）。

表 2-4 场馆数量排名靠前的场馆类型情况

场馆类型	场馆数量（万个）	数量占比（%）
合　计	124.80	75.99
篮球场	59.64	36.32
全民健身路径	36.81	22.41
乒乓球场	14.57	8.87
小运动场	8.91	5.42
乒乓球房（馆）	4.87	2.97

场地面积排名靠前的体育场馆分别是小运动场、篮球场、田径场、体育场和城市健身步道，共计 11.33 亿平方米，占 58.14%（见表 2-5）。

表 2-5 场地面积排名靠前的场馆类型情况

场馆类型	场地面积（亿平方米）	面积占比（%）
合　计	11.33	58.14
小运动场	4.42	22.68
篮球场	3.58	18.37
田径场	1.69	8.67
体育场	1.05	5.39
城市健身步道	0.59	3.03

（4）体育场馆按城乡分布

全国体育场馆中，分布在城镇的体育场馆 96.27 万个，占 58.62%；场地面积 13.37 亿平方米，占 68.60%。其中，室内体育场馆 12.87 万个，场地面积 0.54 亿平方米；室外体育场馆 83.40 万个，场地面积 12.83 亿平方米。分布在乡村的体育场馆 67.97 万个，占 41.38%；场地面积 6.12 亿平方米，占 31.40%。其中，室内体育场馆 2.73 万个，场地面积

0.05 亿平方米;室外体育场馆 65.24 万个,场地面积 6.07 亿平方米(见表 2-6)。

表 2-6　室内外体育场馆城乡分布情况

室内外体育场馆	城镇体育场馆		乡村体育场馆	
	数量 (万个)	场地面积 (亿平方米)	数量 (万个)	场地面积 (亿平方米)
合　计	96.27	13.37	67.97	6.12
室内体育场馆	12.87	0.54	2.73	0.05
室外体育场馆	83.40	12.83	65.24	6.07

(5)体育场馆按地区分布

全国体育场馆中,分布在东部地区的体育场馆 71.10 万个,占 43.29%,场地面积 9.38 亿平方米,占 48.13%;分布在中部地区的体育场馆 40.39 万个,占 24.59%,场地面积 4.18 亿平方米,占 21.45%;分布在西部地区的体育场馆 42.63 万个,占 25.96%,场地面积 4.28 亿平方米,占 21.96%;分布在东北地区的体育场馆 10.12 万个,占 6.16%,场地面积 1.65 亿平方米,占 8.46%(见表 2-7)。

表 2-7　东、中、西部和东北地区体育场馆分布情况

地　区	场馆数量(万个)	场地面积(亿平方米)
合　计	164.24	19.49
东　部	71.10	9.38
中　部	40.39	4.18
西　部	42.63	4.28
东　北	10.12	1.65

3.我国体育场馆十年发展变化

对比第五次全国体育场馆普查(截至 2003 年 12 月 31 日),全国体育场馆数量增加 84.45 万个,用地面积增加 17.32 亿平方米,建筑面积增加 1.84 亿平方米,场地面积增加 6.62 亿平方米,人均体育场地面积增加 0.43 平方米,每万人拥有体育场馆数增加 5.87 个(见表 2-8)。

表 2-8　体育场馆主要指标十年发展变化情况

指　标	单位	2003 年	2013 年	增长%
全国体育场馆总数量	万个	85.01	169.46	99.34
全国体育场馆总用地面积	亿平方米	22.50	39.82	76.98
全国体育场馆总建筑面积	亿平方米	0.75	2.59	245.33
全国体育场馆总场地面积	亿平方米	13.30	19.92	49.77
人均体育场地面积	平方米	1.03	1.46	41.75
每万人拥有体育场馆数量	个	6.58	12.45	89.21

在全国新建三大球场地中,足球类场地 0.71 万个,场地面积 2136.99 万平方米;篮球类

场馆 47.69 万个,场地面积 28179.67 万平方米;排球类场馆 3.07 万个,场地面积 960.62 万平方米(见表 2-9)。

表 2-9 三大球新建场馆数量和面积情况

三大球场馆	数量(万个)	场地面积(万平方米)
足球类场馆	0.71	2136.99
篮球类场馆	47.69	28179.67
排球类场馆	3.07	960.62

全国新建全民健身路径器械 330.03 万件、登山步道 0.12 万条、城市健身步道 0.97 万条和户外活动营地 0.09 万个,场地面积共计 0.87 亿平方米。

随着改革开放和体育事业的发展,大型体育赛事和群众体育得到了广泛的发展,使城市的体育场馆建设得到了长足的发展,其中沿海地区和大城市的体育场馆相对比较完善,中小城市和内陆地区的体育场馆相对不足。但大中城市的体育场馆也存在区位布局不合理、利用率低等问题。因此,研究城市体育场馆空间布局对体育产业和国家国民经济建设具有重要意义。

二、城市体育场馆空间布局的一般原则

运用中心地理论讨论城市体育场馆(以下简称体育中心地)的空间布局时,首先要用到中心地模型。这个模型具有以下一些前提假设:

(1)体育中心地的主要功能是为周围地区提供体育服务,因此必须建在市场区域的中心;

(2)所提供的体育服务项目越多,体育中心地的等级越高;

(3)低级体育中心地为小范围区域提供体育设施,维持其市场生存的门槛的人口较少;

(4)高级体育中心地数量少,占地面积大,辐射范围广;

(5)城市体育中心地的等级分布,既可以满足希望就近得到体育服务机会的人群的需要,也可以使经营者维持最低的门槛人口从而能够获得一定的商业利益。

体育中心地的理想空间模型见图 2-3。以城市二级行政区居民为服务对象的体育中心地比以街道居民为潜在顾客的体育中心地相隔要远,而后者相对于为小区居民体育活动而建起的体育设施来说间隔又要大一些。每一个等级的体育中心地都有其需求曲线,如果以其影响距离作为半径旋转 360°就可得到其服务区域,我们用六边形(而不是圆)来表示这个区域,这样服务就不会留下盲点。这个模型是根据市场需求对城市体育设施进行布局,贯彻的是市场原则。

公共财政支付的体育中心地的建设需要考虑场馆的可达性,也就是说要方便居民便捷地到达体育中心地,减少交通成本。这里应用的是交通原则。根据英国的惯例,一个 9 洞高尔夫球场,其最低服务人口为 18000 人;而一个 6 英亩的操场应该为 1000 人提供健身服务。在美国,棒球场和网球场的门槛人口分别为 6000 人和 2000 人。

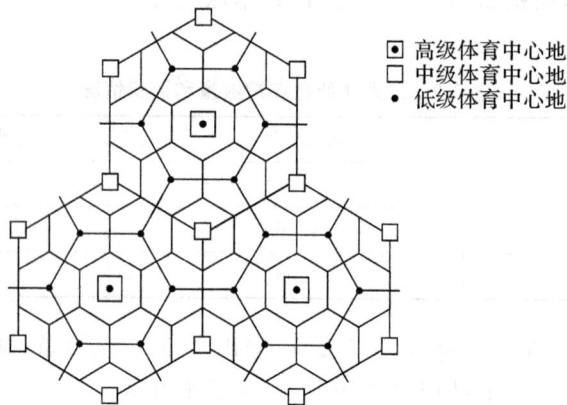

图 2-3　体育中心地空间布局模式

三、体育场馆的空间需求曲线

对职业体育的研究表明,经营性体育场馆的观众人数与场馆空间分布有高度相关。在美国,职业棒球俱乐部特许区域的门槛人口为 100 万人,但这一人口规模在许多大城市都难以达到。对于职业体育俱乐部来说,观众的上座率是至关重要的,而体育比赛的地点在很大程度上能够影响上座率。图 2-4 所示是观众上座率与体育场馆空间分布关系的曲线图。由图可知,随着距离的增加,潜在观众人数在减少,因为到比赛场地的交通费用和时间与之增加。曲线的斜率取决于多方面的因素,在地处图 2-4 上 Y 点处的观众会觉得没有必要去消费在 O 点

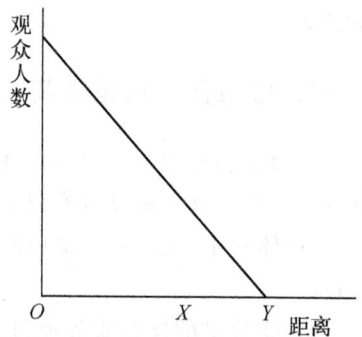

图 2-4　体育场馆的距离衰减效应

举办的赛事,这就使在 X 点附近修建体育场馆显得很有必要。然而,在决定在 X 点处建设体育场馆的同时,需要考虑到该场馆对 O 点观众分流的影响。例如,在 X 处建设新的体育场馆会导致对 O 点体育服务需求的下降。对于职业体育运动队来说,在其服务特许区域建立新的场馆会导致俱乐部经营收益下降。在这种情况下,空间上的竞争与俱乐部的经营业绩息息相关。在美国各大职业体育联盟里,这种竞争是不允许的,而每个俱乐部都有相应的经营区域,其他俱乐部不得擅自进入,其目的是防止俱乐部之间的恶性竞争,从而拉大俱乐部之间财政收入上的差距,并进而导致球队之间竞技水平参差不齐,影响到观众的上座率,使每一个俱乐部的最终利益受损。因为体育比赛之所以对观众有极大的吸引力,就在于比赛的不确定性,如果比赛缺少应有的悬念,观众就会远离运动场。

四、中心地理论对我国城市体育场馆空间布局的启示

中心地理论自诞生以来,在许多国家的城市规划与建设中得到了应用,并且成为城市体育场馆规划的主导理论。我国在过去的几十年里,主要是由政府出资兴建体育设施,并且在计划经济体制下体育被看成纯福利型的事业,因此,对体育设施的规划与兴建很少考虑其布

局的效益问题,而是主要考虑类似于中心地理论中的行政原则。这就造成了城市体育场馆使用率极其低下的局面,并且由于规划不尽合理,在当前进行的体育场馆由事业型向经营型转变的过程中面临许多困难。

现阶段,随着经济的发展、城市化进程的加快,特别是近年来众多大型赛事已经或即将在我国举办,我国许多城市必将投入更多的资金用于体育场馆建设。为了保证投资收益,特别是为了更好地为广大居民提供体育健身娱乐服务,我国城市体育场馆的布局应更加体现出科学性、合理性。根据中心地理论的基本思想,结合我国的具体国情,我国城市体育场馆的空间布局应注意以下几个问题:

首先,要考虑行政原则,合理布局城市体育场馆,保障每一位居民都有公平地使用体育场馆的机会。同时兼顾市场原则,使体育场馆在开放的同时能够获取一定的经济收益,减少对地方财政的依赖。

其次,交通原则的贯彻应体现出一定的前瞻性。很长一段时间以来,我国城市交通主要借助于公共交通系统,使我国的体育设场馆空间布局受到很多限制。在今后一段时间内,随着城市经济的增长,公共交通系统将会更加发达,并且会有更多的私人汽车,体育场馆的服务半径会大大增加,这就使体育场馆的建设有了更大的选址余地。因此,体育场馆的布局应具有战略眼光,充分考虑交通原则。

最后,要考虑到城市规模、体育传统以及经济发展水平,量力而行,以满足居民的体育需求为基本指导思想,而不应盲目地跟风,一味地追求城市形象。否则,漂亮的体育场馆缺乏足够的使用率,将导致投资失误,浪费公共财政资金。

中心地理论在许多国家的城市体育场馆建设中发挥着理论指导作用,也应为我国城市体育场馆的空间布局所借鉴。城市体育场馆的布局应充分考虑市场原则、交通原则和行政原则。对于正在经历经济高速发展的我国来说,城市体育场馆的建设更要有长远的战略眼光,要充分考虑我国经济发展过程中居民对城市体育场馆的需求变化情况,从而使城市体育场馆在未来的体育事业发展中发挥更大的作用。

思考练习

1. 简述体育运动的空间扩散类型及其典型代表。
2. 简述门槛人口的概念。
3. 简述城市体育场馆空间布局的一般原则。
4. 尝试分析空间需求曲线在体育场馆布局上的应用。
5. 根据所学内容评价你所在城市体育中心分布的合理性。
6. 绘制你所在城市羽毛球场馆的空间分布图。

![阅读材料]

阅读材料

北京奥运会场馆规划

一、北京奥运会场馆的总体布局

北京奥运会场馆呈"一个中心加三个区域"的分布格局。"奥林匹克公园"是举办奥运会的"主中心区",内有 14 个场馆;"西部社区"有 8 个场馆,其中五棵松文化体育中心为新建的;"大学区"安排首都体育馆等 4 个场馆;"北部风景旅游区",安排北京乡村赛马场等 2 个场馆。从区位上看,主要分布于西、北四环和五环沿线。此外,在其他地区改扩建工人体育场等 4 个场馆,为相邻地区群众开展文化体育活动创造条件(见表 2-10)。

表 2-10　2008 年奥运会申办城市体育场馆规划对比

项　目	城　市				
	北京	巴黎	大阪	多伦多	巴塞罗那
现有场馆(个)	10	14	5	14	—
需改造场馆(个)	5	9	22	12	—
需新建场馆(个)	22	16	14	9	—
总数(个)	37	39	41	35	42
场馆总投资(亿美元)	20.62	9.8	27.38	4.93	30.75
机场建设(亿美元)	0.85	0	156.00	30	2.8
公路建设(亿美元)	36.73	10.54	75.00	13.77	24.49
改善环境(亿美元)	86.27	0	0	0.6	0
其他	—	—	—	49.74	15.85
预算总计	144.47	20.38	258.38	99.04	73.89

二、北京奥运会场馆选址方案的比较

1.场馆总体布局

从北郊方案来看,主中心场馆集中程度较高,由奥运村到各比赛、训练场馆的距离近,利于奥运会各项活动的组织。但由于当时北京市长安街以南的体育设施较少,主中心选址于北郊,将拉大体育设施的南北差距,不利于城市的均衡发展。

从东南四环方案来看,主中心场馆集中程度也很高,并可大大提高南城的体育设施水平,促进城市的均衡发展。但存在的问题是其他场馆较为分散,从奥运村到奥体中心、顺义赛区和集中于东北部的训练场馆距离较远,个别场馆不能在 30 分钟之内到达。

2.城市发展方向

北京城市总体化从区域发展的战略出发,确定东南部为主要发展方向,所以,东南四环方案、亦庄方案有利于该战略的实现,且发展余地较大。而北郊近 10 年的发展较快,可建设

用地较少,发展余地不大。

3.城市结构

北京在发展的过程中,"摊大饼"现象严重,要想改变这种状况,就需要调整城市结构,即实现绿化隔离带,发展边缘集团和远郊卫星城,吸引城区人口外迁。北郊方案在北京市中心大团内,不利于城区人口向外疏散,有继续"摊大饼"的趋势;东南四环、亦庄方案却能促进垡头集团和亦庄卫星城的建设,吸引人口外迁。

4.城市基础设施的发展

从主会场的选址对城市基础设施的促进作用看,东南四环方案更有利于促进新的基础设施建设,对南城的发展大有益处。而北郊目前的基础设施较好,带动作用不明显。

5.环境保护

根据北京市环保规划,工业区的污染治理问题已纳入 2003—2007 年的工作日程。至 2007 年,北京的环保状况将有根本变化,工业区的污染治理将得到有效的治理和控制。也就是说,奥运中心无论选在北部还是南部,都将具备良好的环境条件。但从促进 2003—2007 年环保规划实现的力度看,南部方案更有利。

6.赛后利用

由于北部地区人口密集,配套设施完备,赛后利用有优势。今后北京市将加快南城的发展速度,必然会吸引大量人口迁入。因此,东南四环方案的赛后使用问题也不大。而亦庄方案选址在公路一环以外,距城区较远,人口较少,不利于赛后利用。

三、北京奥运会场馆北郊方案的确定

由上述分析可以看出,东南四环和亦庄方案更有利于城市的均衡发展和城市总体规划的实现,但经过研究后,还是将中心区定在了北郊。这里的一个根本原因是:选址应有利于申办成功,否则一切将无从谈起。

北郊是北京发展较快的地区之一,现有的基础设施和配套设施完善,社区发展成熟。奥体中心、中华民族博物馆等文化体育设施及多样的绿化设施为该地区树立了良好的城市形象。而东南四环方案靠近垡头工业区和大型热电厂,城市形象欠佳。虽然到 2008 年前该地区的工业将全部搬迁,城市环境将得到彻底改变,但北京很难在 2001 年 2 月国际奥委会评估团来京考察时向他们解释这一变化,况且北京的对手巴黎、多伦多等都有着优美的城市环境,北京不能用自己的弱点和别人的优点比拼。从为了申办成功这一原则来看,选择北郊方案是有利的。

根据确定的选址规划,北京的奥运会中心区位于奥体中心北部,占地 405 公顷,并与北部洼里 705 公顷的森林公园和南部 50 公顷的中华民族园共同形成了 1215 公顷的奥林匹克公园。中心区包括奥运会主要场馆、展览中心、超高层的多功能大厦、购物中心等。赛后该中心区成为北京市规模最大的集展览、办公、健身、休闲娱乐于一体的多功能区。

四、北京奥运会场馆规划布局的特点

根据比赛项目和所需场馆情况,北京奥运会场馆规划布局突出了以下特点:

1.场馆布局采取相对集中与适当分散相结合的方式,以便于赛时统一组织管理和赛后使用

北京的奥运会场馆主要集中在城市的北部和西部,分为4个区域(一个中心区和3个分区)。中心区位于奥林匹克公园内,3个分区分别是大学区、西部社区、北部风景旅游区。中心区安排14个比赛场馆、15个比赛项目;大学区安排4个比赛场馆、4个比赛项目;西部社区安排8个比赛场馆、4个比赛项目;北部风景旅游区安排2个比赛场地、3个比赛项目。另外,还有北京工人体育场、北京工人体育馆、紫禁城铁人三项比赛区、沙滩排球场等4个比赛场馆,安排4个比赛项目。

2.奥运村与场馆距离近,且交通便捷

运动员是奥运会的中心,为了减少运动员的时间和体力的消耗,从奥运村到比赛场馆的距离不宜过远,一般以不超过30分钟车程为宜。北京的奥运村,由于离比赛和训练场馆很近,从奥运村到所有比赛、训练场馆均在30分钟车程之内,其中还有53%的比赛场馆可在10分钟内到达,而在中心区比赛的运动员甚至可以步行到达比赛场馆。比较其他几个申办城市,北京"所有的场馆均可在30分钟内到达"的布局是有优势的。

另外,北京2008年奥运会85%的比赛场馆在城市快速路两侧,这些快速路大多是城市北部和西部的外围路,对城市的正常交通影响较小,便于大会的交通组织。

3.赛时使用和赛后利用相结合

国际奥委会十分注重奥运设施的会后利用,他们不希望奥运会给城市带来过重的经济负担,也不愿奥运设施会后得不到有效利用而受到谴责,从而影响奥林匹克的声望。所以,注重奥运设施的赛后利用也是布局规划的重要依据。

北京奥运中心区作为场馆和设施最集中的区域,奥运会后成为一个集展览、体育、休闲、商业等活动于一体的大型高品质区域。

大学区的场馆除首都体育馆外,其他都坐落于校园内,赛后主要为学生的教学、训练、比赛、文艺活动等使用。

西部社区的场馆分为两种:一种是专业性较强的场馆,如自行车馆、射击馆、棒球场等,赛后成为专业队的训练基地;另一种是一般性的场馆,如五棵松体育中心,赛后为周边社区的居民服务,以缓解城市西部公共体育设施的紧张状况。

北部风景旅游区的顺义水上中心和乡村赛马场,位于风景优美的潮白河畔,周围有怡生园国际会议中心等星级饭店。由于水上、马术项目是旅游者十分喜爱的运动项目,因此,奥运会后该区域将成为很有特色的旅游场所。

(资料来源:百度文库)

第三章 体育与地理环境

古希腊著名的哲学家赫拉克里特曾经说过：人不能两次踏入同一条河流。不论是自然界还是人类社会随着时间的推移都在不停地发生着变化。那么，自然环境和人类社会对体育的发展产生了哪些影响作用？作为人类社会文化现象的体育又是如何在自然环境和人类社会的变化发展中不断发展以至于形成今天的体育的？

第一节 体育环境概述

自从体育这一人类行为或社会活动的特有形式出现以后，人们就逐渐关注起体育活动发生的环境了。比如有了跑跳形式的体育运动之后，人们自然会关注跑跳运动场地的路面是否平坦开阔，天气条件如何，等等；有了冰雪运动项目之后，人们自然还会在意雪层是否适宜，冰面是否坚固。反之，也正是因为有了这一系列可能的环境，人们才逐渐发明了跑跳、滑雪、溜冰等体育运动。由于各地不同的经济水平、社会文化等人为环境的影响，世界体育的发展出现了区域差异。

一、体育环境的概念

体育是人体运动的一种形式，是以人体运动形式为核心所组成的特有的社会活动，它既有自然属性又有社会属性。体育的这种两重性特征就决定了它不是孤立地存在的，而是和自然界和人类社会有着必然的、本质的联系。

体育环境是指在自然环境和社会环境基础上产生的，以人类体育运动为中心而创设的体育活动空间领域以及与体育运动有相互关联性的事物境况。它是由自然、社会、体育等多重因素组合而成的，包括体育自然环境和体育人为环境。其中体育人为环境又可以细分为体育经济环境、体育政治环境、体育人口环境、体育人际环境等几个方面。用一句话概括就是："体育环境指能直接或间接影响人们参加体育活动并对体育产生直接或间接的正、负面影响的一切物质、能量和信息的总和。"

体育是人的社会实践活动，是人类社会特有的文化现象。因此，体育环境是从"人本主义"出发，只环绕在体育这一组织活动的外部条件，是体育赖以存在和发展的自然条件和社会条件，以及它们之间的相互关系。其中：自然环境包括山川、河流、大气、土壤、生物等；人为环境是指人类的物质生活条件、政治生活条件和文化生活条件的统一体，如政治制度、法规体系、经济状况、生产力水平、学习条件、社会风气等。

二、体育环境的特征

体育环境是由各种要素有机地组成的。一方面,这些要素各司其职,各有不同,具有自己的特殊性;另一方面,体育环境的各要素又相互联系、相互依存,在功能与特性方面存在着许多相似之处,具有环境因素的共性。概括起来,体育环境表现为以下八大特征。

1. 自然特征

与体育相关的自然环境为体育的运行和发展提供了气候、位置、场所、设备和设施等,是体育产生和发展的物质保障。体育发展过程中所需的物质资料都是从自然环境中直接或间接获得的。例如,寒冷多雪的天气为冰雪运动的广泛开展创造了可行的环境条件,所以冬季运动项目的冠军多出自寒冷区域的地区或国家。

2. 文化特征

体育的文化特征指与体育相关的历史背景、思想观念和文化传统习惯等的总和。不同地域因其自然环境、风俗习惯、经济发展水平的不同,呈现出不同的体育文化特征。

例如,西方体育环境中注重个人奋斗,奥林匹克运动中"更高、更快、更强"的口号就充分表达了不断进取、永不满足的奋斗精神和不畏艰险、敢攀高峰的拼搏精神。而我们的国粹武术,在中国传统文化中的儒家思想影响下,崇尚非竞技性,于是重意境、重套路、具有观赏性的武术成为人们热爱的体育活动。

3. 技术特征

科学技术的迅速发展,促进了健身理念、训练理论、运动技术、体育设备、体育器材的发展,现代体育的技术特征越来越明显。

例如,新式游泳衣的出现就是一个典型的例子。由于新式游泳衣的不断出现,极大地提高了游泳的运动技术水平。2008年的北京奥运会创造了许多奇迹,美国游泳选手菲尔普斯就是奇迹之一。在那届奥运会上,他一举夺得了8枚金牌,超越了美国游泳运动员施皮茨在上一届奥运会上夺得7枚金牌的纪录,为奥林匹克运动史写下辉煌的一笔。菲尔普斯能取得如此骄人的成绩,除了他的天赋与勤奋,他身上穿的高科技产品——"鲨鱼皮"泳衣也是功不可没的。

4. 教育特征

体育与教育从产生时起就有着紧密的联系,体育作为培养和教育人的一种重要手段,历来都是教育的重要组成部分。在现代社会中,体育从人们身心健康的角度教育人们要爱护自身的生存环境,优化自身的生活方式,达到健康、幸福人生的目标。教育界早就有"活到老,学到老"的箴言,同样对于人的健康而言,也要活到老,动到老。

5. 政治特征

政治特征是体育环境的重要的特征之一。这是因为在体育与政治的互动关系中,政治始终影响和控制着体育的发展。随着社会的进步,体育与政治的关系呈现出更加理性的特点。近年来,体育在我国社会主义事业中发挥了巨大的政治功能,在改善同其他国家的关系、增进同世界各国人民的友谊、提高我国的国际地位、显示我国国家制度的优越、振奋民族精神、提高民族凝聚力、培养国家需要的人才、创造安定的社会环境等方面所起的作用得到了社会的广泛认可。

6．人口特征

体育运动是人类所特有的一种文化活动，所以体育运动当然离不开人的参与。体育环境中人口的数量、分布以及年龄、性别的构成情况组成了体育环境的特点。

7．社会特征

体育环境的社会特征主要表现在体育人口社会阶层及其变动情况、体育组织的社会性质以及体育制度的发展状况等方面。人的社会化程度及生活水平越高，体育运动的开展就越广泛和深入，人们参与体育的积极性就越高。

8．经济特征

体育的发展水平受到区域经济发展状况的制约和影响。在不同的经济发展状况下，必然要根据经济发展模式和经济发展水平来确立体育发展的规模和速度。经济的发展为体育发展提供了物质基础和一定的技术保障。

具体而言，体育环境的经济特征主要表现在以下三个方面：（1）经济发展水平决定了体育的发展规模和程度；（2）经济发展水平制约着体育的结构和手段；（3）经济发展水平也会在一定程度上影响并决定体育的社会性质。

三、体育与地理环境的关系

纵观体育的产生和发展过程，不难发现其都是在一定的环境下进行和完成的，同时也受到环境的影响和制约。人类是自然的产物，自然环境是人类生存和发展的物质基础，它对体育的产生和发展有一定的作用和影响，但这些影响不是决定性的。而人为环境是一定社会系统内外文化变量的函数。文化变量包括社会共同体的态度、观念、信仰、认知等。人为环境是社会本体中隐藏的无形环境，是一种潜移默化的民族灵魂，它对体育的发展起着主导性的影响作用，是体育可持续发展的主要因素。

体育与环境有着对立统一的辩证关系。一方面，地理环境创造了体育，并在体育的发展过程中影响着体育的内容、方法和效果；另一方面，体育对地理环境又有着强大的反作用，能通过其自身的发展不断地改造地理环境。通过对体育设施的建设和改造，对人的意志品质的影响和强化，对文化的传播和融合，可以能动地影响和改造自然环境和人为环境。

1．环境创造了体育

体育作为一种特殊的社会现象，是随着人类社会的产生、发展而萌芽和演进的。任何一种社会现象，其生命力都离不开社会的需要，即人的需要，所以可以说人的本能需要是体育产生的源泉和动因。

体育产生多源论者认为，体育主要产生于人类社会的两种需要：一种是社会生产活动的需要；另一种是人类生理、心理活动的需要。原始体育在生活和劳动过程中萌生，是原始社会生活、劳动的主要手段和内容。原始人类为了获取小动物作为食物，就要有快跑的能力；为了抵御和擒获大猛兽，就要有使用器械和投掷的力量；为了捞取水中的鱼虾作食物，就要学会游泳技术；为了采摘高树上的果实充饥，就要掌握攀登的技巧。当人类在劳动中认识到这些能力和技术的重要性，并有意识地去学习和锻炼这些技能时，就已经开始有了体育。《诗·大序》中有这样的记载："言之不足，故嗟叹之。嗟叹之不足，故咏歌之。咏歌之不足，不知手之舞之足之蹈之也。"从这段文字中可以看出,当古代人类的情感达到某一程度时,内心情感用语言乃至歌曲都难以充分表达的时候,会情不自禁地通过手舞足蹈等身体活动来抒发。人类的这种身体运动并非生产劳动的需要,而是心理情感宣泄的需要。

其实,就人类的生物本能而言,对体育也有一定的需要。人类尽管早已经进化成为高等生物,但仍保留了部分动物的生物本能,人类对运动的需求就是一种生物本能的延续。当然这种需求是无目的、无意识的,与有意识的人类体育活动不能相提并论,但是人类的体育活动其实也是人类生物本能需要的一种发展和升华。

体育的产生除了与社会生产活动、人类的生理和心理活动有着密切的关系外,还有战争防卫、宗教祭祀、健身娱乐等原因。在战争中,为了提高战斗技能,体育成为人们进行军事训练和身体训练的主要手段。公元前8世纪左右,希腊氏族社会逐步瓦解,城邦制的奴隶社会逐渐形成,建立了200多个城邦。城邦各自为政,彼此战争不断。为了应付战争,各城邦都积极训练士兵。战争促进了希腊体育运动的开展,因此源于希腊的古奥运会比赛项目也带有明显的军事烙印。宗教活动中的巫术和法术孕育了原始体育活动的萌芽和雏形,人们幻想以特定的身份来控制、影响自然现象。这些经常性的大运动负荷的舞蹈和活动,客观上实践着体育的行为,发挥着原始体育的功能。原始人类的生活条件非常严酷,自然灾害的频发和各个部落之间的相互骚扰,使人们的健康和生命都没有保障。阴康氏的"消肿舞"、《黄帝内经》中的"导引按跷"等都是为治疗由于环境、气候所造成的身体疾病而进行的活动。这些既是医疗手段,又是健身活动,以后逐渐发展成各套保健操,健身的目的更加明确,体育的因素也进一步得到加强。

体育作为人类有目的、有意识的一种社会活动,正是为了适应自然、社会环境需求,满足自身生理、心理需求而产生的。

2. 环境促进了体育的发展

最初的体育和劳动技术教育是相一致的,很难划清两者之间的界线。只有随着社会不断发展,劳动方式逐步改变,才能区分开劳动技术学习和身体锻炼的差别。最早的许多体育项目是从劳动的过程中产生的跑、跳、掷、游泳和攀登,还有部分体育项目是人类生产能力提高、生活资料丰富以后,为了寻求休闲而创造出来的娱乐活动,如杂技技巧、舞蹈、秋千、拔河和球类游戏等。当然,人类对体育的教育、娱乐、健身、经济等功能的认识和自觉利用,经历了一个相当漫长的时间。

原始社会是体育的萌芽时期,当时生活条件恶劣,生产工具简陋,原始人类的劳动基本上都是依靠身体活动。而原始人类的这些活动虽然也有健身、娱乐等作用,但其本质是为了生存,所以严格而言还不能算作体育。也有学者将原始人类的这种生活劳动称为"自在的体育"。后来私有制出现、原始社会瓦解,社会生产力的发展使得部分人可以脱离生产劳动而专门从事教育活动。自从教育成为独立的形态之后,体育始终是教育的重要内容,而此时的体育已经不再是单纯地为生存服务了。例如:我国西周时期实施礼、乐、射、御、书、数的"六艺"教育,其中的射和御就是以体育为主的教育内容。在古希腊,斯巴达教育体系和雅典教育体系都将体育操练作为其教育的一个主要内容。这个时期的体育较萌芽期而言,体现了较强的教育性和阶级性,但始终从属于教育的范畴。有学者称之为"自为的体育"。工业革命之后,英国经济发展迅速,兴起了娱乐、竞技性较强的橄榄球、足球、游泳、滑雪等户外运动,并随着其殖民扩张而传播。而工业革命之后的战争也让人们意识到强国强民的重要性,加强了对体育的重视。特别是 19 世纪末 20 世纪初现代奥林匹克运动的兴起,促使体育超越了教育的范畴。二战后,随着社会经济的巨大发展,参加体育活动逐渐成为人们日常生活的重要内容,休闲体育、终身体育逐渐成为社会潮流,参加体育活动逐渐成为人们的自身需要。这时的体育已不再是教育的分支了,而是一个独立发展的社会文化现象,有学者称之为"自觉的体育"。

3.体育改造了环境

地理环境制约着体育的产生和发展,而体育作为人类的一种社会实践活动同样也反作用于地理环境。体育不仅能改造人类赖以生存的社会环境,同时也能改造人为环境。如女排夺冠,全国人民为之振奋,举国上下扬眉吐气,激发了中国人民勇于进取的意志。特别是改革开放以来,体育为中国人树立了积极参与国际竞争的意识,由体育掀动的竞争观念、金牌意识以及由此焕发出的民族自信心和爱国主义热情,有力地促进了我国对外改革开放的进程。

特别是 2001 年 7 月 13 日中国古都北京戴上了"奥运"的王冠,奥运会选择了中国北京,经历了一轮又一轮的春夏秋冬,北京三千年的容颜也发生了巨大的变化。

(1)城市道路建设快速发展,路网体系逐步完善

筹办 2008 年奥运会是首都城市道路发展的一个良机。自 2002 年道路建设全面铺开后,首都已经形成立体化的交通运转模式和网络化的运营格局,城乡路网结构得以优化,路网通行能力得到有效提高。

轨道建设大提速,一年迈上一个大台阶。2002 年地铁八通线已开始试运行,贯通城市北郊的轻轨铁路 2003 年全线贯通。2004 年地铁 4、5、10 号线(含奥运支线)全面开工;2005 年机场线、京津城际轨道交通工程开工,全市轨道交通在建规模达到 115 公里,超过新中国成立以来轨道交通建设的总和。到 2006 年,地铁 5 号线土建工程已经全部完成,2007 年轨道交通营运里程达到 142 公里,地铁 6 号线一期、8 号线二期、9 号线、10 号线二期及轨道交通亦庄线、大兴线陆续开工。无论是总里程还是建设结构,轨道交通均呈现突飞猛进的势头。

城市快速路、主干路和城区路网加密工程快速实施,市区地上道路体系不断健全并开通。2002 年包括德外大街、五环路三期、六环路一期的全年新建、改扩建城市道路 50 公里,五环路 2003 年全线贯通;2004 年新开工建设城市主干路 100 公里,新建 53 条城区微循环道路;2005 年中心城区道路里程和面积分别增长 6.9% 和 5.8%,全国首条大容量快速公交线路建成全线通车,市区快速路通车里程达到 320 公里,奥运场馆周边道路建成 6 条;2007 年展西路、蓝靛厂南路等一批道路陆续建成通车。

首都周边高速路网逐渐完善,极大方便了北京与周边省市的交流。2002 年京承高速路一期等工程陆续建成通车,当年新建高速公路 128 公里。2006 年京承高速二期、机场北线等建成通车,京平高速路全面开工建设。2007 年 110 国道、机场南线 T3 航站楼到机场高速段建成通车,新建成高速公路通车里程超过 80 公里。七年的交通道路建设为北京形成立体四通八达网状交通打下了坚实的基础,也为建立宜居便捷的城市提供了可靠的保障。

(2)城市公用事业不断取得进展,环境质量得到改善

提升城市公用事业主要包括供水、供气、供电、供热、园林绿化、环境卫生等。为了满足举办奥运会的爆发性需求及城市长期需求,首都多渠道确保供水安全。2004 年应急水源工程投入使用,启动南水北调北京段工程;2005 年完成了 60 个乡镇、500 个村集中供水设施建设;2007 年南水北调北京段主体工程基本完工。2003 年陕北天然气进京市内管线及扩建工

程基本竣工,当年全市天然气年供气总量达到23.7亿立方米;2005年天然气管线已经延伸到顺义、通州、大兴、昌平、房山等郊区县;2007年六环路天然气一期工程全线完工,较2006年新增14亿立方米输气能力。2007年电力、热力供应保障能力进一步增强,相比2006年电网供电能力提升33%。

申奥成功以来,首都以"办绿色奥运,建生态城市"为目标,树立"大园林、大绿化、大产业"发展理念,全面推进"生态、产业、安全、文化和服务"五大体系,实施了一系列绿化重点工程,取得了显著成果。2002年至2008年首都第一、二道绿化隔离带与京津风沙源头治理工程得到有效推进。2007年万亩环城郊野公园基本建成。全市林木覆盖率由2002年的45.5%、2004年的49.5%,一直到2007年达到51.6%。

为了满足举办奥运会对空气质量的要求,从2002年开始首都花大力气开展大气污染防治、治理工程,2007年大气污染控制已经实施到第十三阶段。2002年至2007年,空气质量二级和优于二级天数的比重从55.6%上升到67.4%,2007年比2002年提高11.8%。2007年基本实现了化学需氧量、二氧化硫排放总量分别比2006年下降3%、下降10%的目标。2002年城市污水处理率仅为45%,2007年城八区和郊区污水处理率分别提高到92%和47%;2007年通过积极开发利用再生水,城八区再生水利用率达到50%。2002年城八区生活垃圾无害化处理率已经达到86.5%,2007年利用新建的9座生活垃圾处理站,城八区生活垃圾无害化处理率达到99%,郊区达到76%。在"绿色奥运"和"科技奥运"理念的指引下,城市生态环境极大改善,能源与资源节约机制已经形成,为城市的可持续发展奠定了基础。

(3)城市市容得到有效整治,古都风貌受到有效保护与恢复

近几十年,北京一些极有价值的内、外城墙和城门建筑已基本拆除,一批旧城街坊和胡同也被高密度中、高层住宅所取代,几千年的历史、文化特色正逐步失去。

在奥运契机下首都下大力气进行市容整治,最主要就是对"城中村"的整治。2005年首都启动南城建设工程,整治69个"城中村";2006年实施80项"城中村"整治项目,完成了450万平方米的拆违任务;2007年全面实施22项"城中村"、60项城市边角地、五环路内102个行政村整治任务,完成了332万平方米拆违任务。

2002年至2008年市容整治的过程中,北京连续实施"文物保护工程"和"人文奥运"保护计划,从根本上扭转了长期以来文物保护经费不足、文物建筑年久失修的局面。元土城遗址、明城墙遗址、十三陵德陵、历代帝王庙、永定门城楼、长椿寺、普度寺大殿等一大批重点工程已经完成修缮并对社会开放;周口店北京猿人遗址得到抢险加固,故宫午门和武英殿、天坛祈年殿建筑群、黄花城和古北口段长城、颐和园佛香阁古建筑群得到修缮,十三陵康陵、庆陵修缮工程相继完工。这一系列措施的实施,妥善处理了旧城改造与古都风貌保护的关系,展示了历史文化名城的传统风貌,使现代化建设和古都风貌相得益彰,为将2008年奥运会办成真正体现中国风格、人文风采、时代风貌的高水平世界体育盛会打下了坚实的基础。

(4)奥运会专项工程进展顺利,成果丰硕

2006年、2007年大量和奥运会相关的比赛、训练场馆、交通通信设施相继完工。2006年12个新建比赛场馆和5项相关设施完成主体结构工程,2007年26个比赛场馆和44个训练场馆完工,场馆周边58条道路和4座桥梁建成。"科技奥运"理念推动了首都信息化步伐的加速。2008年,包括智能网络、新一代无线局域网、宽带接入在内的一系列新技术打造出的"宽带奥运"可发挥巨大作用,为北京奥运会信息互通提供强有力的支撑。奥运会期间,

以宽带技术为核心的通信服务系统,可提供基于多种应用的语音、宽带接入、即插即用、多媒体信息服务终端和视频会议等综合的、个性化的通信服务,还可提供志愿者招募、票务查询和订购、奥运文化活动以及包括赛程、交通、旅游、住宿等一系列内容的奥运信息综合服务。奥运史上首次实现 IC 卡存储技术与互联网技术结合并应用到宽带接入领域。

四、研究体育环境的必要性

体育既是人体的机械运动,同时也是人类的社会活动,因此,体育的发展必然离不开一定的自然环境,也必然受到一定的人为环境的影响和制约。比如气候的异变会影响竞技体育训练场地的选择、运动员医务监督指标的确定以及竞赛组织和成绩的评定等;人口增加导致的空地减少、污染加重会对群众体育的开展造成负面影响;而学业负担重、升学压力大会给学校体育的推行带来诸多阻碍。

从清朝政府收到第一届奥运会邀请信时不知奥运为何物到今天的体育大国,得益于我国稳定的政治环境、厚实的经济环境和先进的科学环境,正是这些环境保障了我国体育的不断发展。但是,我们也不得不承认我们和体育强国还有一定的差距,自然生态环境的恶化、社会人文环境的不佳影响了我国体育的可持续发展,制约了体育价值和功能的发挥。中国体育的良性发展需要健康的体育环境支撑,这也是我们研究体育环境必要性之所在。

第二节　体育与自然环境

人类社会是自然界长期发展的产物,自然环境是人类赖以生存和发展的物质基础。自然环境为体育运动提供了一定的空间场所和物质保障,是体育产生和发展的前提条件。体育运动过程中所需要的物质资料都是直接或间接地从自然环境中获取的。自然环境影响和制约着体育的运行和发展,对体育运动的运行和发展起着加速或减缓的作用。在不同的地理区域,因其自然环境的不同,体育活动的内容、发展速度、发展规模等也有所不同。

自然地理环境是由生命物质和非生命物质组成的,其组成要素包括地貌、气候、水文、土壤和生物等。它们是自然地理环境物质组成成分在能量的支配下相互联系、相互作用而产生的各种自然地理动态物质体系,它们既是物质的,又是动态的。体育自然环境指体育运动产生和发展所依赖的所有自然条件的总和,仅指与体育这一主体产生相关性的因素,而不是整个广阔无垠的自然界。[①] 本节主要讨论地理自然环境中的地貌、气候、水文因素与体育运动的关系。

一、地形地势因素

体育运动离不开平原、山地、丘陵、盆地、高原等地形条件,而体育相关的人工建筑和运动场所的特点、功能、规模也是由陆地的地形、地势等因素决定的。我国国土面积辽阔,地形类型多样,高原、山地、丘陵、平原、盆地这五种基本地形类型在我国均有分布,这为我国体育

---

① 熊茂湘. 体育环境导论[M]. 北京:北京体育大学出版社,2003.

运动的发展提供了多种多样的地形条件。

地形对体育运动的产生和发展影响很大。北欧(挪威、芬兰等)多峡湾型海岸,陡峻的岩壁和缺失海滩的海岸地形,使得世界跳水运动早先在这里诞生;非洲平坦的高原地形使非洲人在赛跑运动上独占优势,特别是位于东非高原上的肯尼亚和埃塞俄比亚,是闻名于世的"黑非洲长跑之乡"。

在山区、高原等海拔较高的地区,由于氧气稀薄,机体有氧代谢供能比例减弱,运动能力下降,则会影响运动成绩。但在高海拔地区的低气压下进行运动,可使体内的血红细胞数量剧增,促使体内输氧成分迅速增加,因而有利于跳跃、投掷和短跑等体育项目成绩的提高。鉴于地形与体育运动的密切关系,近些年来一些体育发达国家已陆续利用高原环境或模拟高原环境来强化体育训练,其效果非常显著。例如,我国的昆明海埂体育训练基地位于中国云南省昆明市南郊,海拔 1888 米,较零米海拔缺氧 17%,已成为以足球训练为龙头,以游泳、网球、篮球、排球、垒球、壁球、橄榄球、沙滩排球、跳水、田径为主体的综合型多功能高原训练基地。随着海拔的上升,气压降低导致空气密度和阻力都会减小,又有利于提高运动成绩。例如美国著名跳远运动员比蒙 1968 年创造并保持了 23 年的 8.90 米的男子跳远世界纪录,就是在海拔 4000 多米的墨西哥城奥运会上取得的。这主要是因为高原地区海拔高,距离地心远,地心引力小,空气分子容易挣脱束缚而逃逸,空气密度减少,空气阻力和大气压大为降低。据分析,在海拔 4000 米高原上大气压力仅为海平面的四分之三。

中国地形的地域差异巨大。平坦的地形有利于需要宽阔运动场地的体育运动。我国的华北平原及陕西关中平原、东北平原和内蒙古草原地区,由于地形平坦,加上气候少雨、风向稳定、阳光充足,是进行野外体育运动的最佳环境。我国的赛马运动、古代的蹴鞠运动、放风筝等就是典型的平原地区运动。长期生活在高原的人心肺功能强,适宜中长跑项目。我国高原地区运动员中长跑的表现异常突出,如 1984 年在男女长跑 13 项全国纪录中有 11 项被云南、青海运动员获得。少数民族聚居的山区地形复杂、森林茂密,荡秋千就源于此环境中。它是利用森林中古树上垂下的藤来摆荡的,这一运动很可能是从原始人类为采集果实抓住枝藤摆荡发展而来的。

同样,体育健身、娱乐也离不开一定的地形条件做保障,像登山、探险、狩猎等体育活动,都离不开险峻、高低起伏不定的高山、峡谷、峭壁等地势条件。以滑雪运动为例,从所处地形条件来说可分为越野滑雪和高山滑雪两大类。越野滑雪主要是在平原或地形起伏不大的丘陵地带开展,是主要的代步工具;而高山滑雪则主要是在地形起伏较大的山区开展。就娱乐性、刺激性、挑战性而言,高山滑雪对人们的吸引力最大,从事高山滑雪运动的人数也最多。

体育运动在地域传播过程中也在不停地适应新的地形条件,因而其具体形式也在不断地改变,中国的武术就是典型一例。北方武术擅长力量和腾空跳跃,活动范围大,尤其是腿部动作多且幅度大,而南方武术虽然源于北方,但为了适应"地无三尺平"的环境,减少了腿部动作,以手势变化多、身体灵巧、反应敏捷为特色。南方众多少数民族居住在山区,沟深岭高,林密草茂,水流湍急,在这种地形条件下的武术运动大多是以短兵为主的个人打斗。

二、气象气候因素

体育运动是在一定的气象、气候环境条件下进行的,体育运动与气象、气候因素有着密切的关系。气象、气候环境的变化会影响体育运动的条件,同时也会干扰运动员的身体机制和情绪从而影响运动能力。早在 1983 年,德国的 T.沃博热维奇在其所著的《气象学与体育运动》一书中,就着重从物理学的角度讨论了气候条件对运动成绩的影响。影响体育运动的气象、气候因素主要包括气压、气温、风、日照、湿度、季节差异等,气象、气候因素的这些变化,构成了不同性质的大气环境。

1.对运动形式和内容的影响

纵观世界体育文化形成和发展的历史,我们不难发现:希腊半岛上盛行的古奥林匹克竞技、英伦海岛上兴起的近代户外运动、澳洲的水上运动以及斯堪的纳维亚半岛上的冰雪运动等,都无不与当地的气候有着密切的关系。冬季、夏季奥运会,以及室内外田径赛和滑冰、滑雪、冲浪等项目,正是根据自然环境中气候因素的变化而设置的。

就滑雪运动的起源而言,最初由于寒冷的冬天给人们的生活带来不便,为了在这种恶劣的自然环境下求得生存,人们用皮带把大片兽骨绑在皮靴上,作为滑雪的工具,使得人们可以在浩瀚的林海雪原中任意驰骋、追寻猎物,从事生产生活活动。据有些史料记载,滑雪起源于北欧的挪威,距今约 4000 年,随着时代的推移,滑雪的实用价值已逐渐降低,由于它更贴近自然,贴近生活,被人们广泛接受,逐渐演变成现代的竞技运动和旅游项目。

2.对运动训练和比赛的影响

在体育运动中,天气的突然变化常常会导致运动训练和比赛的中断,甚至还可能会引起运动员的心理和生理变化,从而影响比赛的成败。因此,为了确保体育运动训练和比赛的顺利进行,防止因气象和气候的突然变化带来的各种不便,体育部门应及时掌握气象和气候情报,并根据其变化采取相应的措施。

比如,滑翔伞运动与气象条件密切相关,气象条件的优劣是滑翔比赛的成败和成绩好坏的关键,因此滑翔比赛必须选择适宜的气象条件。首先是风向、风速条件。滑翔伞是迎风起飞的,而在高空则为顺风滑行。因此不仅要根据场地选择适宜的风向,而且要选择适宜的风速,没有合适的风向和风速滑翔伞不能起飞。风速过小,没有足够的张力支撑,滑翔伞难以起飞;风速过大,则起飞时不易控制,易发生事故。其次是天气条件。有利于滑翔伞运动的天气条件为晴朗少云,且以高云为宜,云量不大于 30%,能见度不小于 3 公里。如果有成层的中云,说明大气层结比较稳定,无热力对流运动,滑翔时上升的高度不够,不易创造好成绩;低云(对流云)较多,表明上升气流较强,其边缘下沉气流也较强,运动员处在气流切变处时,易造成滑翔伞折叠,导致事故发生,危及运动员生命。

3.气象、气候条件对运动成绩的影响

气象、气候条件变化是影响人体健康的重要因素。在不同的季节人们身体机能会相应发生变化,从而影响运动能力的发挥,直接或间接地影响运动成绩。生物气象学家认为,由于人体内的化学反应是随天气的变化而变化的,所以教练员在指导运动训练时,必须考虑到气象、气候因素,并根据气象、气候变化来安排运动训练。

运动员在空气湿度相对较低(空气湿度低于 30%)的条件下运动,其呼吸道的防御功能会降低,会感到咽喉干燥,甚至口腔和皮肤干裂。在空气相对湿度较高时(空气湿度达 80% 以上)运动,身体的热蒸发受阻,出汗少,皮肤调节体温的功能失常,会致使运动员热病产生,同时会导致运动员烦躁、疲劳和食欲不振。在冷空气环境中运动,则可导致运动员的每秒呼吸量下降,且容易患运动性哮喘。在温暖、湿度适宜的大气环境中训练,通过鼻子缓慢呼吸,

有助于抑制运动性哮喘的发生。

风是具有一定流动方向和流动速度的气流。风的作用有积极的一面也有消极的一面，其影响包括风速和风向两个方面。首先，风影响体育项目的运动过程和成绩；另外，风通过对人的呼吸过程、能量消耗、精神状态及新陈代谢等产生影响，进而影响运动员的体能发挥。众所周知，阳光中的紫外线和红外线的适量辐射对人体有很好的作用，可引起积极影响（如精神振奋，体内维生素含量升高），但过强的紫外线会引起某种生理或病理后果，如照射性皮炎甚至皮肤癌、白内障。另外，阳光长时间直照头部，会使人昏迷，染上"日射病"。因此，运动员应避免长期曝晒于室外，特别是处于高原训练的运动员更要注意避免在太阳光强烈辐射下进行运动。在高原训练的运动员必要时可戴遮阳帽和太阳镜，穿宽大轻薄的衣服，多喝一些清凉饮料。

4.气象、气候条件在体育运动中的利用

(1)气象、气候条件的利用

近年来，随着体育科学的发展，人们越来越重视利用气象、气候条件来为训练和比赛服务。1991年在东京举行的第3届世界田径锦标赛上，27岁的美国名将迈克·鲍威尔以8.95米的优异成绩刷新了比蒙保持了23年之久的跳远世界纪录。鲍威尔能创造这一成绩，是因为在他比赛的时候也具备了当年比蒙创造世界纪录时类似的气象条件。而同年8月，为了鼓励运动员能够打破比蒙创造的世界纪录，在意大利海拔2033米的滑雪场地赛斯特里尔举行的世界比赛，大会还专门安排了挡风设备，以便运动员在飞快助跑时不受风力干扰。然而由于天气骤变，当时卡尔、刘易斯等均未如愿以偿。由此可见，及时了解气象、气候的变化并加以利用，将有助于体育运动训练及比赛的进行。

运动竞赛不仅可以在适宜的气象、气候条件下进行，也要能在天气恶劣的条件下进行。因此，教练员应有意识地利用大自然独特的气象、气候条件(风、雨、冷、热等)对运动员进行训练。通过各种适应性的训练，既可增强运动员的体质，又可提高运动员适应天气突变的能力。

(2)赛前气象、气候适应性的训练

由于世界各地的自然地理环境存在区域差异，各地区的气象、气候条件也不同。运动员到自己不熟悉的地区比赛时，往往会因对赛场环境、气象、气候等条件不了解或不适应而影响运动状态。改变这种情况的有效方法是进行赛前气象、气候适应性训练。赛前气候适应性训练是在对比赛赛场环境和气候进行详细分析的基础上，将运动员的训练安排在与比赛条件相似的环境下进行，使之对比赛中可能遇到的气候条件刺激习以为常。具体的做法是到与比赛地点的气候相近的地方训练，或在本地人工制造相近的气候以开展训练，或提前到达竞赛地进行赛前训练。

(3)气象、气候情报在运动训练比赛中的利用

按照国际惯例，奥运会及其他国际大型运动会都由主办国提供气象保障。大型运动会的主要气象保障服务工作，就是主办国要向参赛国提供比赛地点的气候背景资料。大型运动会的气象保障工作最主要的还是赛期的天气预报服务，因为赛期天气预报可为参赛队制定具体的比赛战术提供重要参考。因此，科学地预测并提供运动训练和比赛中的气象、气候情报，可以有效地控制运动训练的全过程并制定行之有效的战略对策。分析并考虑运动训练与比赛中的气象、气候等因素，对比赛时间和运动员各种运动装备的选择、拟定训练周期和比赛计划、按专项划分运动训练区域等都具有重要作用。

由于 1996 年是现代奥林匹克运动创办 100 周年，也是第 26 届奥运年的举办年。因此，"气象为体育服务"成为 1996 年 3 月 23 日世界气象日的主题。随着体育气象学的不断发展和完善，越来越多的体育界和气象界专家投入有关体育与气象关系的研究中，为各项体育运动和广大人民群众的健身活动做好气象服务工作。

三、水文因素

水文指自然界中水的变化、运动等的各种现象。现在一般指研究自然界水的时空分布、变化规律的一门边缘学科。水文的主要特征包括径流量、含沙量、汛期、水位及结冰期等诸多因素。我国的水资源总体东多西少，南多北少，因此南方水上运动项目、水上体育健身活动较多。

游泳作为中国古老的传统体育项目，与地理环境是密不可分的。我国第一部诗歌总集《诗经》就有"就其深矣，方之舟之。就其浅矣，泳之游之"的记载。这说明早在 2500 年前，我国先民就已掌握了游泳技术。中国南方水多，不仅游泳水平而且几乎所有水上运动水平都很高。苏轼对南方游泳运动做了详细描述："南方多没人，日与水居也。七岁而能涉，十岁而能浮，十五岁而能没矣。夫没者岂苟然哉，必将有得于水之道者。日与水居，则十五而得其适。生不识水，则身壮见舟而畏之。"显然南方人多善泳是因为南方人身居水多的地理环境。同样，除游泳外的水上运动多源于南方，如水球、水秋千、赛龙舟等。然而在水中进行体育健身活动要考虑许多因素，如水质、水温、水有无毒性、水中的生物、水的深浅度、江河湖泊的宽窄、有无危险障碍物等。每年的夏季是游泳的高峰季节，一些学校和水上游乐场对外开放游泳场馆，由于人多、疏于管理、卫生保健意识较差和安全设施跟不上等多方面原因，甚至由于为了节省开支长期不换水，出现了水质发绿、混浊，出现不同程度的水污染，严重损害了游泳者身体健康的事件。另外，一些人群的游泳技能和安全意识较差，在河中、游泳池中随意跳水，因为不熟悉水性、水情而导致伤亡事件的发生。因此，无论是体育竞赛、训练，还是体育教学、健身和体育娱乐，都应考虑水中的各种情况，了解和掌握在水中进行体育运动的基本常识与技能。

因为我国东南沿海地区优越的水文条件，使这里成为我国水上运动基地集中区。例如，为了备战 2008 年奥运会帆船帆板项目的比赛，国家体育总局水上运动管理中心根据项目特点，对我国一些沿海水域进行了考察，认为三亚西瑁洲岛的水文气象与承担 2008 年奥运会任务的青岛场地较接近。2003 年，三亚西瑁洲岛建水上运动基地主要用于我国帆船帆板项目训练。位于浙江省杭州市淳安县境内的千岛湖，则因其水域面积大、水位稳定（千岛湖为拦坝蓄水形成的人工湖）且水面较为静态而被选为国家水上运动训练基地，主要用于我国赛艇和静水皮划艇项目的训练。而冲浪这个新兴运动却要以浪为动力，要在有风浪的海滨进行。海浪的高度要在 1 米左右，最低不小于 30 厘米。夏威夷群岛常年有适合于冲浪运动的海浪，特别是冬天或春天，有从北太平洋涌来的海浪，浪高达 4 米，可以使运动员滑行 800 米以上，因此夏威夷群岛一直是世界冲浪运动中心。

中国的北方因纬度较高，冬季河流会结冰，因此也产生了很多冰上运动项目。以黑龙江省为例，河流结冰期长达五六个月，结冰厚度 0.8～1.5 米，仅哈尔滨市就有 60 余个免费的滑冰场，为满足百万青少年冰上运动的需求提供了必要的场所，因此也培养出了一批优秀的冰上运动员，如申雪、赵宏博、庞清、佟健等。因为有这样的自然条件，中国在参加国际和国内比赛的同时也积极承办国际和国内的冰上运动比赛,如速度滑冰世界杯、短道速滑世界杯、花样滑冰大奖赛等。

第三节　体育与人为环境

与体育自然环境相对应的是体育人为环境。所谓体育人为环境是指与体育主体相互联系、相互制约、相互作用的一切社会条件和社会现象,是经济条件、政治条件和人文条件的统一体,如政治需要、政治制度、政策法规、政治思想意识、经济模式、经济状况、生产方式、教育、科学及社会风气等。本节主要涉及社会经济环境和政治环境与体育的关系。

一、经济环境与体育

经济是整个社会发展的基础。体育根植于社会大环境之中,它的发展与社会的发展有着同步的基本节奏,与人类的经济活动有着一定的因果关系。只有当经济发达、综合国力强盛时,国家才能为兴办、发展体育事业提供基本的物质保障。社会经济环境与体育的关系,不仅体现在经济对体育的决定作用,而且是相互联系、相互制约、共同发展、共同繁荣的双边关系。经济是发展现代体育的物质基础,因此国家的经济发展模式与经济发展水平对体育产生了深远的影响,同时,体育也对经济的发展起到了推动和支持的作用。

1. 经济发展模式决定体育的发展模式和运行机制

邓小平曾说过:改革是全面的改革,包括经济体制改革、政治体制改革和相应的其他各个领域的改革。和其他领域一样,体育受经济体制改革的影响,也必然面临着改革。世界各国的体育发展模式和运行机制,无不打上了经济发展模式的烙印。

所谓经济发展模式,指在一定地区、一定历史条件下形成的独具特色的经济发展方式,主要包括所有制形式、产业结构和经济发展思路、分配方式等。当今世界具有鲜明特点的经济发展模式主要有西欧模式、东欧模式、东亚模式和中国道路。

(1)西欧经济模式下的体育发展模式

西欧经济模式是以当今西方发达的资本主义国家为代表、以市场化为基础的社会运转和管理模式。尽管各国采取的方式不尽相同,但均以市场经济为基础,以商品交换为前提。在社会体育的发展和运转中,则多以俱乐部为基础,以等级联赛为杠杆,以社会化、商业化为支柱的自我协调管理形式。在这种模式下,竞技体育、群众体育都可以得到很大的普及并且发展水平较高。

西欧经济模式下形成的体育发展模式,以美国、德国为典型代表。这两个国家的体育人口多,竞技水平高;体育俱乐部体制完善,体育产业基础扎实;体育竞赛市场活跃,体育法规健全。在市场经济的引领下,美国和德国的体育发展模式形成了如下的鲜明特征:

1)在体育管理体制方面,采取民办官助,主张体育自治。

2)在社会体育运转机制方面,以体育协会、体育俱乐部、学校体育、社区体育等为基本活动单位,开展各种形式的娱乐、健身和体育竞赛。

3)在社会体育运行调控方面,以法律为准绳,以竞赛规则为依据,以等级联赛为杠杆,实施调节和控制。

4）在体育资源配置方面，以体育市场的大小为依据，根据体育商品的价值和体育服务的性质来确定和配置。

5）在国家体育的职能、目标、战略、政策和手段方面也奉行宏观控制下的社会自我协调。

（2）东亚经济模式下的体育发展模式

东亚经济模式是指日本、亚洲"四小龙"（韩国、我国香港地区、新加坡和我国台湾地区）和"四小虎"（泰国、马来西亚、印尼和菲律宾）经过二战后半个世纪的发展而形成的一种不同于西方资本主义发展模式的一种经济发展模式。东亚经济模式有三大特征：政府主导、出口主导、儒家伦理精神支柱，当然美国的巨大影响和东亚起飞时的特殊条件也不可忽视。东亚经济模式使东亚国家用三四十年的时间就走完了欧美资本主义国家两三百年的发展历程，堪称"东亚奇迹"。这里尤其值得一提的是日本和韩国竞技体育的先盛后衰以及大众体育的迅猛发展，其无疑为我国体育体制的改革提供了一些经验和思路。而日本和韩国体育上的这一变化又与其经济的腾飞形成明显的对照和反差，它昭示了一种现象：即这两个国家在经济上升和社会走向现代化的同时，其竞技运动也作为相应的某种社会心理情绪上升且表露，而一旦国家达到现代化水准，竞技运动的象征作用也便宣告消退、弱化。

（3）东欧转轨与东欧体育发展模式

东欧转轨是指20世纪80年代末发生巨变以后的东欧各国在政治和经济转型过程中采用的基本方式。尽管存在细微差别，但在各国推行时总体上是相似的：先是被称为"休克疗法"的一系列激进的经济变革措施，包括它的内容和成效；其次是剧烈迅猛市场化的政治前提，包括各种政治力量的消长和面向西方"回归欧洲"纲领的确定；最后是现有方式的历史联系，包括二战以前的特殊政经结构，冷战时代斯大林主义及模式的强行植入及后果，还有经济改良阶段的成就和问题。东欧各国体育体制的转轨与此完全吻合，当年的苏联和民主德国、波兰和捷克、保加利亚和匈牙利均以"休克疗法"为特征，进行大刀阔斧的体育体制改革，以"休克"举国体育体制为代价，伴随着阵痛强行执行体育的市场化、商品化改革，至今已经取得了极为明显的效果。以奥运会为例，在2000年的第27届奥运会上俄罗斯获得了32枚金牌，明显多于1996年第26届奥运会的26枚金牌。

（4）"中国道路"与中国体育发展模式

"中国道路"主要是指1992年邓小平南行之后为中国社会描绘的发展图景，即确立以社会主义市场经济为目标的经济体制改革模式。在界定中国体育发展道路这一概念时，不可忽视以下几个方面：改革开放以来中国竞技体育所取得的辉煌成就；中国体育发展进程中明显的波动性；中国体育历来与政治和经济保持着联系，但是近几年的变化不同于前十年的特殊联系。

1）经济发展水平制约体育发展的规模和水平

国家盛则体育强，国家衰则体育败。这是社会生产力发展水平制约体育水平的生动写照。国家的经济状况对体育事业的发展有着直接的影响，并且决定了体育事业的发展规模和水平。纵观新中国成立前后中国体育事业的发展历程，就能深刻地感受到经济发展水平对体育事业发展规模和水平的影响。旧中国长期处于封建锁国的状态，经济水平低下，体育长期得不到重视，无钱兴办，也无力兴办，只是象征性地开展一些学校体育活动而已。

新中国成立以后，尤其是改革开放后，中国经济的迅速发展为中国体育注入了源源不断的动力,而改革开放之后的经济腾飞更是直接带动了中国体育军团在奥运会上的飞速崛起。1956年,举重运动员陈镜开成为新中国第一个打破世界纪录的运动员。1959年,乒乓球运动员容国团为新中国取得了第一个世界冠军。1984年,中国首次参加在洛杉矶举办的夏季奥运会,实现了中国奥运史上金牌"零"的突破。2000年悉尼夏季奥运会,中国首次进入奥运会金牌榜前三名,金牌总数位居第三,取得了历史性突破。2008年,北京成功举办了第29届夏季奥运会,实现了中华民族的百年梦想,中国代表团取得了51枚金牌、100枚奖牌的优异成绩,第一次名列奥运会金牌榜首,创造了中国体育代表团参加奥运会以来的最好成绩。

同时,群众体育也经历了翻天覆地的变化,体育设施和体育场馆状况的改善为群众体育的蓬勃开展提供了更好的条件。1949年全中国只有不到5000个体育场馆。1974年年底,在第一次全国体育场馆普查中,我国的各类体育场馆总数增加到25488个,但仍然十分有限。改革开放以来,我国体育场馆建设进入高速发展期,特别是在20世纪90年代之后,体育场馆建设以前所未有的速度增长。《第六次全国体育场馆普查数据公报》显示,截至2013年年底全国共有体育场馆169.46万个,用地面积39.82亿平方米,建筑面积2.59亿平方米,场地面积19.92亿平方米,平均每万人拥有体育场馆12.45个,人均体育场馆面积1.46平方米。对比第五次全国体育场馆普查,全国体育场馆数量增加了84.45万个,将近翻了一倍;人均场地面积增加0.43平方米,每万人拥有体育场馆数增加5.87个。在体育科研方面,学者张彩珍在《中国体育之夏》一文中指出:"旧中国没有体育科研所,体育科研工作基本空白。而现在全国已有几十个专业体育科研所和上千名专业体育科研人员,中国体育科学协会拥有上万名会员。近10年来,涌现出重要科技成果893项,其中三分之一的项目获奖,有些甚至在国际上获金奖、专利。同时也有了全国性的体育报、刊、出版社,出版量也今非昔比,40年里总计出版各类体育图书已达2700多种、近30500万册。"

社会经济的发展促进了中国体育全方位的发展,体育产业也渐渐进入人们的视野。中国开始有了自己的职业联赛、体育经纪人,各种商业比赛纷至沓来,体育彩票面世发行,体育明星身价飙升⋯⋯中国国务院2014年10月20日颁布的《关于加快发展体育产业 促进体育消费的若干意见》提出,到2025年,中国体育产业总规模将超过5万亿元,成为推动经济社会持续发展的重要力量。

2) 经济发展水平影响社会对体育的需求和体育的结构

进入文明社会以来,人类创造了巨大的物质财富和精神财富。特别是第三次工业革命以来,经济发展迅猛,新技术、新机器的出现使体力劳动的分量减少到新的极端,人类的身体素质却在这种机器代劳的安逸环境中逐渐下滑。伴随经济的发展,社会的劳动结构、阶级结构、社会结构以及人们的生活方式和追求都有了很多转变。于是,大众对体育的需求越来越强烈,同时体育也成为人类可持续发展的必然选择。竞技体育、群众体育、职业体育以及由此派生的娱乐体育、康复体育、保健体育、休闲体育等全面出现,形成了体育发展空前宏大的结构和规模。

随着生活水平的提高,人们参加体育活动的热情日趋高涨,特别是机械化的发展使人们有了更多的闲暇时间,体育组织的结构越来越复杂,规模也越来越大,体育活动的形式也越来越多样。始于1987年的杭州国际马拉松赛(简称"杭马")被誉为世界上最美丽的马拉松赛事。除了传统的全程马拉松(42.195公里)和半程马拉松(21.0975公里)外,2010年"杭马"的赛事中还加设了短程马拉松(13.8公里)、迷你马拉松(6.8公里)以及情侣跑(3.5公里)、家庭跑(1.2公里),使每个人都有机会参与这项赛事。始于 2002 年的环青海湖国际公路自行车赛,每年 7 至 8 月在青海省举行,是亚洲顶级赛事,也是世界上海拔最高的国际性公路自行车赛,其影响仅次于环法赛、环意大利赛、环西班牙赛等职业巡回赛。每年有来自世界五大洲的 20 支左右运动队 100 多名运动员参加这项赛事,比赛总距离 1300 公里,平均海拔 3000 多米,赛程 9 天,奖金总额 25 万美元。比赛线路设计以碧波浩瀚、鸟翼如云的青海湖为中心,并向周边地区延伸,沿途自然风光雄奇壮美,旖旎迷人。

3)体育与经济和谐发展,相互促进

生命在于运动,人们的日常生活根本离不开体育,经济发展也与体育有着息息相关的联系。我国体育经济的发展,目前并没有形成完整的体系,还处于相当混乱的状态,比如许多体育场馆,还仅仅处于场地出租和有偿培训等浅层次的开发利用阶段。在国民经济快速发展的环境下如何促进我国体育经济的快速增长,使体育与经济在运行中更加和谐,需要我们不断地解决问题并提出设想和措施。

第一,要提高全民体育消费意识。

提高全民体育消费意识是个无法回避的话题。近几年来人们的体育消费意识的发展是迅猛的,人们自发地参加体育培训以及消费体育产品,但是参与体育消费的人在中国毕竟是少部分,大多数人还没有主动积极地参与到体育消费中来,或者只是盲目参与,缺乏持久性,这就更凸显出体育市场开发的重要性。首先,要加强体育消费的宣传和引导,强化老百姓的体育消费意识。要广泛开展全民健身运动,不断增强人们的健身意识,努力倡导健康科学的健身理念,大力发展农村体育、社区体育、职工体育、青少年体育和老年体育,加强全民健身点的建设,提高体育人口比例,培养更多的体育消费群体。其次,要积极引导居民体育消费朝合理正确的方向发展,根据自身实际经济状况和健康水平制定明确的体育消费内容和方式,这种方式不仅身体参与,也可以心理参与,比如参与和体育有关的讲座学习、宣传体育活动等。

第二,要深化体育产业市场化程度。

改变体育在计划经济时代完全依赖国家预算的现象,并通过进一步市场化的操作使其发展更加理性化。各级体育部门应充分发挥体育的多元功能,加快体育产业化进程的宏观指挥,逐步将有条件的体育事业单位推向市场,进行企业化改革。

第三,要加快、加大体育经济发展的政策扶持力度。

加快、加大对体育经济发展的政策扶持力度是当务之急,也是十分务实的一项政策举措,我们要从以下几个方面做起:首先,尽快制定体育投资和经营法规,规范财务运作的公开透明,确保体育投资者的利益;其次,要规范现有体育产业的税制、税率等,尽量从扶植的角度出发,能免则免;再次,要在政策鼓励下支持企业和个人投资体育场馆的建设和经营。

第四,要大力培养体育经营管理类人才。

体育产业要发展,没有高素质的体育经营人才是不行的。我们必须要培养高素质的经营、服务和管理队伍。目前,在中国熟谙体育和经济两门学科的人才短缺是制约我国体育经济发展的关键性因素之一,因此,培养通晓经济理论和体育技术的管理型人才十分紧迫。首先,要引进一批高水平的经营管理人才,让他们从基础工作做起;其次,要对现有的体育经营管理人才通过"引进来,走出去"的方式加强培养。

第五,要完善体育市场主体建设。

体育市场建设体系是体育经济赖以发展的载体和导向,对体育经济的发展具有核心竞争力的作用,所以,体育市场建设体系非常重要。我们要以正确的导向刺激体育消费,大力发展体育服务业,加大体育市场的供求缺口,重视人才引进,培植观众市场,跟上信息市场化、技术更新的脚步,最终形成特定的体育文化市场,逐步形成一个结构完整、功能互补的体育市场网络,树立体育产业品牌。

二、政治环境与体育

作为人类的具体行为表现,体育可以说是社会的缩影,体现了社会的方方面面,当然也必然与所处时代的社会上层建筑存在着密切的联系。体育作为社会文化教育的组成部分,从来都不是孤立存在的,它总是和一定的社会政治环境有着密切的联系,总是受一定的社会政治环境制约,并为一定的社会政治环境服务。政治对体育施加的制约与影响,主要体现在以下三个方面。

1. 政治决定体育的领导权

进入阶级社会以后,哪一个阶级在政治上掌握了政权,同时也就必然会要求掌握体育的领导权,并按照当时政治、经济制度的要求,来制定体育的方针、政策、制度,确定体育的目的和任务,相应地建立起体育的组织领导机构,使体育为统治阶级利益服务。

在漫长的奴隶制、封建社会里,政治对体育的影响主要是压抑竞技体育,轻视学校体育,重视养生体育和军事体育。中国从西周开始,一直到清朝末,阶级地位的极端不平等是一个最基本的社会特征,统治阶级为了维护严格的等级制,使不同身份的人各安其位、各守其职,必然从思想上、行为上压抑人们的理性,培养人们温驯、顺从和依附的人格,这种政治目的与竞技体育的要求背道而驰。竞技体育的精神就是要人们站在同一起跑线上,以同等的身份参加比赛。竞技的精神就是充分发挥个人的潜能,靠自己的聪明才智去拼搏,去取得胜利。很显然,这种规则所体现的理念与等级制度的思想格格不入、背道而驰,于是统治者对竞技体育做出了严格的规定与限制。

为了维护"大一统"的封建中央集权制的政治格局,统治者选用儒教配合皇权,用思想上的统一来达到政治上的统一,于是学校体育必然也受到压抑和轻视。中国自秦以来,在封建"大一统"的政治格局中用儒教的四书五经来规范人们的行为,鄙视体力劳动,学校体育向来为封建士大夫所不齿。然而,封建统治者个人对"长生不老"的追求,推动了养生体育的发展。

从奴隶社会到封建社会,不论是国家统一还是民族分裂,统治阶级为了巩固政权,需要有强有力的军队作后盾,封建国家为了保证战斗力,必然要对士兵进行严格的体能训练,从而推进了军事体育的发展。

2. 政治需要制约体育的性质

政治影响着体育运动的性质及发展方向,这主要反映在社会的政治制度、国家的政策法规、统治阶级的习惯爱好等对体育的影响。政治的需要制约着体育的目的和性质。政治制度制约体育的发展,主要表现在将体育作为社会化的手段、政治宣传的手段、恢复和断绝国际交往的手段、提高民族自信心并提高民族精神的手段。

20世纪30年代初,希特勒领导的纳粹在上台前本来十分仇视和反对奥运会,当1932年国际奥委会将第十一届奥运会的主办权交给德国时,遭到了纳粹集团的强烈反对,纳粹报纸曾攻击洛杉矶奥运会是丑恶的犹太人的表演。然而,1933年1月30日希特勒上台以后,意识到办奥运会可为其政治服务,是捞取政治资本的极好机会。他们利用奥运会的和平口号掩盖了其扩充军备、准备发动侵略战争的真实目的,从而转移了世界各国的视线,给当时的德国法西斯蒙上了一层和平的面纱,使希特勒的政治企图得以实现。事隔36年后的1972年,联邦德国已逐渐成为一个经济实力雄厚的工业国家,为了彻底改变德国在第二次世界大战中给世人留下的不光彩印象,他们再次选择了举办奥运会,通过世界上最大的体育比赛的形式,向全世界展示一个从物质到精神都恢复了元气的新国家,其政治目的也是显而易见的。

新中国成立后,美国对中国采取封锁、孤立政策,两国人民间的交往也被完全隔绝。1971年,毛泽东、周恩来等利用中美乒乓球运动员在日本的交往,邀请美国乒乓球队访华,巧妙地发展了中美之间的关系,被誉为"乒乓外交"。"小球推动了大球",乒乓外交推动了中国的国际政治关系乃至世界形势的发展。

从世界范围看,古希腊奴隶社会的"竞技"、欧洲中世纪的"骑士教育"等都证明了政治对体育性质的影响和制约作用。

3.政治思想意识影响体育的价值观念

东方崇尚的集体主义,西方崇尚的个人主义,以及东西方共同推崇的爱国主义、民族精神等常以不同的形式在体育运动中体现出来。在社会动乱时期,一些错误的思想意识也会充斥体育,左右体育的命运。

在北洋军阀统治时期,学校体育先是受日、德军国主义教育思想的影响,不顾学生的年龄、生理、心理特征,规定体操课的内容一律是"以兵式体操为主",教师也由军人充担。后来随着日、德军国主义失败,又模仿美国学制,在教育方法上盲目接受实用主义的教育思想,采用放羊式教学,单纯从学生兴趣出发,放弃教师在教学中的地位,取消教学计划和教学大纲,教学效果甚微。再后来,又受西方"锦标主义"思想的影响,不开展群众体育,只注意培养少数运动员选手参加校外比赛,夺冠军、夺牌子,忽视大多数学生的体育教育,严重影响了学校体育的健康发展。近年来,随着全民健身思想影响的深入,群众体育越来越普及,大众参与体育的热情和积极性也空前高涨。同时随着相关教育部门对体育重视程度的提高,学校体育也得到了一定层面上的落实。

思考练习

1.什么是体育环境? 体育环境的特征有哪些?

2.联系生活实际谈谈体育与地理环境的关系。

3.举例说明气象、气候条件在体育运动中的应用。

4.什么是人为环境? 体育与人为环境的关系又如何?

第四章　体育文化

第一节　体育文化概述

今天的人类已经摆脱野蛮而步入了文明时代,我们不难从中感知到文化的促动力量。在这个进程中,孕育于人类野蛮时代物质生产和精神生活的体育无疑起了不可或缺的作用,它始终以自己看似微不足道但却惊天动地的力量见证和推动着人类历史的演变。

一、体育文化的产生

体育作为人类的一种文化现象,其产生是一个长期孕育、演变的过程,和人类进化、社会发展都息息相关。

1. 体育文化的起源是超生物肢体形成的过程

两足行走、工具使用以及脑容量的增大,都对人类的自身运动形式、攻击性竞技能力及体质的根本改变起到了决定性作用。超生物肢体"手"的解放是实现人与动物根本区别的必要条件,是人类区别于动物的最重要的解剖学特征。正是因为手的独立和发达,才使人类产生了语言,发达了大脑,使人能够利用这一肢体来使用工具、创造工具,使得人类慢慢具有了认识自然、改造自然、征服自然的能力。在从猿猴到人类的进化过程中,劳动逐渐健壮和精细了人类的肢体,同时超生物肢体经验的积累也使得劳动工具不断发展,于是便产生了运动技术、技能、情感、意志、健身、强体、祛病等经验知识,再经过世代的延续和彼此的交流、传递,便出现了原始的体育文化。

2. 人类的社会性需求促使了体育文化的产生

体育的产生满足了原始人类行为的需要,体育文化所表达的人类需要是社会性的,而不是动物的本能性生存需要。"更高、更快、更强"和"公平、公正、公开"等社会价值追求,是体育文化追求的最高境界,也是实现社会准则和社会理想的重要保障。马斯洛将人的需要分为生理、安全、社交、尊重、自我实现五个层次。生理需要包括衣、食、住、休息、治疗等;安全需要指劳动、职业、生活、保险等;社交需要包括人与人之间的友谊、信任和心理归属等;尊重需要指成就、价值、能力、名誉和声望等;自我实现需要是最高层次的需要,是使自己的潜能和创造力得以充分发挥的价值需要。以上这些需要在体育文化产生之初通过军事冲突、宗教祭祀、医疗保健、舞蹈娱乐等人类活动为其打下了深刻的印迹,并随着社会的发展,这一文化的精神内涵成为一种社会需要。如更高、更快、更强的奥运精神,体育运动过程中的拼搏精神和合作精神都已经成为社会的需要。

3.人类的原始崇拜是体育文化产生的精神前提

早期人类以原始农业和狩猎为基本的生产方式,女人多在家室周围从事农业劳动,比较稳定,男人主要在外游荡从事狩猎,所以敬奉女性逐渐发展成为人们的一种心理。此后较为繁重的劳动开始进入人类的生活,使得男性崇拜崛起。这两种对性别的崇拜除了以艺术的形式表现出来以外,对身体的崇拜也占据了重要地位,而且对身体美的崇拜也促进了对身体的锻炼和养护。此后,从典礼到仪式、从禁忌到图腾,原始人类的精神世界不断充实。原始巫术的产生将原始精神生活带入了一个仪式化的境地,身体活动成为重要形式。从对自我的崇拜到对动物的图腾,对从自然的困惑到对宇宙的神往,原始人类总在寻求自我的位置。这些都为原始体育文化的起源奠定了精神前提。

二、体育文化的概念

在人类历史上有很长一段时间将体育排斥在文化体系之外,甚至将体育与文化相对立,认为体育没有文化价值或只有很低层次的文化价值。特别是在东方文化体系中,大家重视精神的活动,把哲学、艺术、文学、宗教等文化视为具有人类精神价值的文化,而将强调身体活动的体育和体力劳动等同看待,认为体育是为圣人的奴隶和物质的仆从准备的。在中国,这种文化偏见源于儒家思想体系。在西方国家,欧洲中世纪宗教神学文化的影响以及对体育文化中自然科学的狭隘认识,同样导致了体育和文化的剥离。

体育其实是一种文化,是只有人类才能创造出来的一种活动文化。人类在体育目标指导下,通过自然界的活动,把自己和其他生物区别开来,并在这种对象性活动中肯定自己全面的本质。动物虽然也有嬉戏和各种肢体活动,但它只是一种本能活动而已。体育除了具有强身健体的自然属性和功能外,还具有一定的社会属性和教育功能。如体育制度、价值、意识、体育运动规则等,所有运动的技巧、技能、习惯,都是后天习得的。另外,体育运动不仅有外在的身体活动形式和器材设施等物质形态,而且具有内在的价值观念、意识形态、行为规范等。这些深层的意识形态内容已经成为人类共同理想的一部分,如"和平、友谊、进步"及"更快、更高、更强"的奥林匹克精神等。

体育是一种文化已经得到了世界范围的认可,但是由于文化理解和文化认同的差异性,各国学者对体育文化的定义也不尽相同。有一种观点认为体育文化的英文为 physical culture,国内有人将其译为"身体文化"。德国著名学者 G. A. 菲特在 1818 年出版的《体育史》一书中就开始使用这个词,他认为这个词是指斯拉夫民族的沐浴和按摩等保健养生活动。到 19 世纪末期,"身体文化"一词已经被广泛地加以解释和使用了。1974 年国际体育名词术语委员会出版的《体育运动词汇》中对体育文化的定义解释为:广义文化的一个组成部分,是各种利用身体练习来提高人的生物学和精神潜力的范畴、规律、制度和物质设施的总和。法国的顾拜旦认为:"physical culture 是促进健康和增强体力的身体运动体系。"我国学者卢元镇认为:"体育文化指的是关于人类体育运动的物质文明、精神文明的总和。它包括体育认识、体育情感、体育理想、体育价值、体育道德、体育制度和体育的物质条件。体育的技术方法属于体育认识的范畴,它是人类认识过程中的一种特殊形式。"①

三、体育文化的性质

1.体育文化的世界性和地域性

体育文化世界性的理论根源在于体育文化的符号性。人体文化是一种动作文化,而动作是符号性的,全世界不同的国家、民族可能有不同的民族文化,但是各民族和国家在其文化发展过程中,对符号性动作文化的选择是相同的②。在原始社会,世界各地的体育文化共同的特征是落后性、平等性、混合性,这就是它的世界性。资本主义社会的体育文化以商业竞争和工业化为背景,追求竞技运动的成熟和商业化是一般特征,这也是其世界性。

体育文化的地域性指体育文化受到地理环境的局限而呈现出不同的特征。即不同地理条件的地域具有不同的体育文化。中国东临太平洋,境内拥有纵横交错的高山、丘陵、高原、平原、盆地、江河和湖泊,南北冷热,东西干湿差异大,自然带从东南向西北依次为森林、草原和荒漠,复杂的地形、土壤、气候、水文等自然条件,形成了迥然不同的区域特色。另外,人群性格的差异对体育运动内容的选择也有一定的影响。南方大部分区域民间体育活动是以群体力量完成的,因为南方人口密度高,在日常生活中,人们交往频繁,凡事都以集体的力量解决,渐渐地人们就适应了精于人际交往的协调配合,"龙舟竞渡"、"抢花炮"、"舞狮"等集体体育活动得到发展。而北方民族的体育活动内容则较多地表现为单人活动形式,比如"赛马"、"摔跤"、"射箭"等,这些内容也与北方民族的生活方式密切相关。

2.体育文化的民族性和人类性

体育文化的民族性是指一定民族在历史上由于生存空间、生存环境、生产生活方式、文化影响等的不同而导致产生不同于其他民族的体育文化。任何一个民族的体育文化都是发生、发展在一个相对固定的地理空间内并逐步成为全民族共同的文化现象。因此,任何体育文化都是民族的,超民族的体育文化是没有的。但是,一个民族的体育文化生长到一定程度是会膨胀的,那就必然要突破旧的躯壳向外部扩散,同其他民族的体育文化接触或者被动地受到来自外部的影响。比如,以中华体育为代表的东方体育文化,因为地理环境和多民族的特点,使中国人产生天人合一的思想,崇尚自然,形成内向、中庸的性格,因此相对较为擅长情境较缓和的非身体接触项目,如体操、跳水、乒乓球等;以欧美体育为代表的西方体育文化,因人种复杂,变迁多,好与自然争斗,性格外向,追求个性,故擅长情境激烈的身体接触项目,像拳击、橄榄球等。

体育文化的人类性是指一个民族的体育文化中所带有的普遍性的品格能为全世界其他民族所理解或吸收。各个地域的体育文化中最有生命力的要素都是具有世界性的意义和价值的,如中华民族古老的养生文化就具有追求生命质量的人类共性,是人类体育文化的一部分,有着超越地域、语言、民族和国家界限的力量。

3.体育文化的普遍性和阶级性

体育文化的普遍性指不同阶层都有自己相对独立的体育文化形式和思想。比如我国周

① 卢元镇.体育人文社会科学概论[M].北京:高等教育出版社,2004.
② 童昭岗.人文体育——体育演艺的文化[M].北京:中国海关出版社,2002.

代的"射礼",分为大射、宾射、燕射、乡射四大类。尽管个体在射箭的器材和仪式上有所不同,但射箭的基本形式都是相同的,全社会普遍流行射箭。

体育文化的阶级性是从其民族性中延伸出来的属性。人类进入阶级社会后体育文化的阶级性就慢慢出现了。世界体育发展历程中在奴隶社会和封建社会的体育都体现出统治阶级享有体育特权、民间体育受其支配的普遍现象。例如朱元璋曾禁止民间下棋和踢球,埃及法老规定百姓不准射杀狮子,而自己却可以为所欲为。

4.体育文化的时代性和永恒性

体育文化的时代性指体育文化的内容和形式随着时代的变化而发生变化的特征,它反映了世界各民族在相同时代体育文化的共同需求。不同的时代有不同的体育价值观,如唐代和汉代的人体健美观不同,前者以肥为美,后者以瘦为美,这就导致了两个时代的舞蹈及女性参与体育的方式和心态等体育文化的差异。体育文化不仅有时代性也有永恒性,因为人类体育文化发展有着共同的、客观的普遍追求。

5.体育文化的继承性和变异性

体育文化由于以身体动作作为基本形式,因此身体是其主要传承形式,但依附于体育文化之上的独有语言和文字也具有强大的传承功能。各种体育比赛是体育文化传承的主要形式,同时有关体育的谚语、歌曲、雕塑、电影、邮票等也是体育文化传承不容忽视的主要形式。

体育文化的变异性指体育文化在历史发展的过程中发生内容、结构甚至模式变化的特性。中国的体育文化就经历了几次明显的变异,先秦崇尚"武勇"的体育文化到汉代变成了"废力尚德"的体育文化,汉代和唐代激烈的足球文化到宋代演变成为单球门游戏。

第二节　中西方体育文化比较

人类文化的发展史表明,任何一个民族的文化都是在一定的地理环境中形成和发展起来的。不同的地理环境提供了不同的自然生态条件和资源,从而影响到生活在该区域民族的生产生活方式,以及与其生产生活方式相适应的社会组织形态,最终形成了具有民族特色的文化类型。

一、中西方传统文化比较

1.中国传统文化特征

(1)相对封闭的地理环境,孕育了保守的传统文化

中国东北分布有大小兴安岭和外兴安岭,正北方向为蒙古高原和极其严寒的西伯利亚,西北沙漠横亘,西南耸立着有世界屋脊之称的青藏高原和横断山脉,东部是世界最大的大洋——太平洋。一面临海、三面陆地的交通不便的自然环境,将古代中国人和外界隔开,形成了相对隔绝的状态。这一方面妨碍了中国与外部世界的文化交流,另一方面也保护了中国文化按其自身规律发展。渐渐地,形成了华夏中心主义的心理定式:以华夏为天下的中心,视环绕华夏的邻邦为夷、狄、蛮、戎。这种以自我为尊,栖身之地即为世界中心的观念,主要源于与外界缺乏交流,对中国以外的世界疏于了解。

（2）复杂的地理环境，形成了具有多样性、包容性的多元文化

中国地域辽阔，地势西高东低，自西向东呈阶梯状逐级下降，同时具备山地、高原、丘陵、盆地和平原五大基本地貌类型，其中又以山地和高原的面积最广。辽阔的地域、复杂的地形，形成了多样的气候，"十里不同天，百里不同日"的现象在中国十分普遍，中国具备了从热带到寒温带的各种气候类型。复杂的地形和多样的气候，有利于形成不同的地域文化和区域思想观念，早在先秦时代就形成了各具特色、对后世影响深远的齐鲁文化、燕赵文化、三秦文化、荆楚文化、吴越文化、巴蜀文化及岭南文化等。中国的区域文化虽然表现出明显的差异，但又并存于中国传统文化之中，形成了中国传统文化的一体多元结构。随着中国农耕经济向周边扩张，中国传统文化固有的包容性又促使区域文化相辅相成，渐趋合一。儒、道、佛三教的并行而立，盛唐时的胡汉交融，都充分说明了这一点。正是由于这种多样性及包容性，中国传统文化才始终保持着生机和活力。

（3）完整而广阔的地理环境，造就了连续性的传统文化

盘踞一方的地理位置形成了中国文化的保护反应机制，使中国文化具有超常的连续性和稳定性。中国的地理环境又相对完整，东部大多为平原、丘陵，西部大多为高原、山地，黄河、长江两大河流经中国的腹地。中国地域辽阔，面积约为960万平方公里，几乎与整个欧洲面积相当，国土面积仅次于俄罗斯和加拿大，位居世界第三。完整而广阔的地理环境，为文化的生产和发展提供了广阔的空间和回旋的余地。

与中国同处中纬度地带的尼罗河流域文明、两河流域文明和印度河流域文明，在其发展过程中相继中断，唯有中华文化虽受到了异质文化的冲击，却表现出对外来文化巨大的涵摄能力并最终将其融入本土文化之中，其重要的原因在于中国与外部世界虽然相对隔绝，但疆土广袤，腹里纵深，有着极为宽阔的回旋余地。中华文化的发展从一开始就依托黄河、长江两大流域，当北方强悍的游牧民族挥师南下，中原王朝失去黄河流域时，还可以依托长江、珠江流域延续自己的文化。在人类数千年的文明发展历史中，中国文化是唯一不曾中断的文化，这在很大程度上归功于中国完整且广阔的地理环境。

2.西方传统文化特征

广义的西方传统文化指产生于西半球而相对于东方文化体系存在的，狭义的西方传统文化仅指欧洲文化。本章中涉及的西方传统文化主要指狭义层面上的。

欧洲文化起源于欧洲、亚洲、非洲所环绕的地中海沿岸地区，特别是地中海东部的爱琴海诸岛和希腊半岛，所以古希腊文化可以说就是欧洲文明的发源地。

恶劣的自然地理环境形成了古希腊文化"外争内危"的特征。希腊境内多半岛、岛屿，最大的半岛是伯罗奔尼撒半岛，最大的岛屿是克里特岛（岛屿面积约为2.5万平方公里）。境内多山，平原较少，河流短小，土地贫瘠，不宜进行农业耕作。古希腊位于巴尔干半岛最南端的伯罗奔尼撒半岛上，南隔地中海与非洲大陆相望，大陆部分三面临海，面积约为13.2平方公里。地形以丘陵山地为主，红土是土壤的主要组成，土地贫瘠，一般只适合种植葡萄。经济上的贫穷使古希腊人民自古就要同大自然抗争，与外民族抗争，民族危机感较强。

城邦奴隶制度的出现加剧了对身体军事化训练的重视。公元前8世纪至公元前6世纪的古希腊的生产力迅速发展，加速了原始氏族制度的瓦解，铁器的使用使土地和财富的争夺日益激烈，战争后的大批战俘沦落为奴隶；普通氏族流亡破产，也沦为小农或奴隶。工商业的发展更加加速了阶级的分化，从而形成了奴隶制国家。在这些数以百计的独立城邦中，雅

典、斯巴达、底比斯等是其中最发达的。城邦之间为争取更多的土地、海上权力和财富,军事冲突不断。

希腊是个美丽的国家,长约 15000 公里的海岸线曲折而漫长,3000 多个岛屿星罗棋布于爱琴海和地中海中,港湾交错,岛上风光旖旎,阳光明媚充足,海滩沙软潮平。独特的地理环境为城邦繁荣、建立海上文明提供了优越的地理位置。同时宜人的景致为人才辈出及哲学的发展提供了条件。在古希腊,出现了不朽的荷马史诗,诞生了剧作家阿里斯托芬,哲学家苏格拉底、柏拉图,数学家毕达哥拉斯、欧几里得,雕塑家菲迪亚斯等文化名人。

二、中西方体育文化比较

1. 中国传统体育文化特质

中国传统体育是以汉族文化为主体,融合多种民族文化而形成的一种文化形态,是各民族养生、健身和娱乐体育活动的总称。中国传统体育文化是中国传统文化的重要组成部分,它是随着社会文明的发展而形成的。在中国传统文化的浸润下,传统体育文化也同样具有中国传统文化的特质。

(1)中国传统体育文化以中国传统哲学思想——天人合一为理论基础

以富饶的大河流域为依托的中华民族,在很长一段时间里生活在以自给自足的小农经济为基础的自然环境中,习惯了和谐、宁静及相对稳定的生活方式,崇尚陶渊明式的世外桃源生活,文化体系中亘古不绝的灵魂是"合"。

"合"即把全世界看作一个整体,把每个人的身心、每一动物、每一植物都看成是一个整体,其具体表现在"天人合一"的整体性体育观上。所谓"天人合一"就是将作为世界的两大基本要素的人与自然看成一个整体,认为自然界是生命的源泉,自然界的运行、变化直接或间接地影响着人的身体,人的生命活动必须与自然界变化的节律相适应。《黄帝内经》中就有"春夏养阳,秋冬养阴"的记载,即要根据不同季节的自然变化,调节机体适应环境、自我锻炼的能力。古代的导引术多为模拟自然界中动物的形态动作,创造出把呼吸运动和身体运动合二为一的保健运动。再如太极拳就具有极强的仿生性,强调动作的"动如涛,静如岳;起如猿,落如鹤;立如鸡,站如松;转如轮,折如弓;重如铁,轻如叶;疾如风,缓如鹰"等特征。

(2)中国传统体育文化以宽厚、礼让、和平为价值取向

传统的农耕社会使中国人形成了注重节制、追求和谐的文化性格。在传统文化中,把协调人际关系放在首位,"礼之用,和为贵"。儒家的中庸、中和价值原则和人格标准成为对中国人的具体要求。中庸的核心便是思想行为的适度和守常,归结到对个人人格的具体要求,则是为人庄重、谨慎,节制个人的情感、欲望,反对固执一端的偏激片面,以达到处事通达圆融。与儒家的中庸思想相对应,道家所提倡的守雌、处下、不争、无为的中道观对中国人文化品格的养成也有着至关重要的影响。

贯穿几千年中国文化的核心是"中庸之道"、"不偏不倚,无过不及"。孔子指出:"己欲立而立人,己欲达而达人","己所不欲,勿施于人"。这就使得中国体育文化更多是强调整体和谐,淡化体育的竞争性,竞技的胜负本身是无足轻重的。

古代中国注重感情和尊崇道德观念,这种观念在体育运动领域得到了充分体现。儒家的"尚仁"、墨家的"兼爱"等思想在规范人们的体育行为、平和体育气氛方面具有积极意义。

传统文化中重义轻利的价值观念历代相传,反映在体育上即是崇尚体育的伦理价值而贬低体育的实用价值。这种思想使中国体育有了更深层次的文化内涵,使中国传统体育呈现出以宽厚、礼让、平和为特征的伦理化价值取向。

(3)"以心为本"成为中国传统体育文化的核心

通过意识与肢体活动,借助身体内部物质系统的信息流、能量流去维持与外界时空环境的有序运动,进而调节机体内的新陈代谢,达到保养生命的功效。在体育锻炼中以中国为代表的东方人注重"养",如"养气、养生、养心、养志、养性",其所养之物均不在人体的形,绝不是单纯的技巧性活动,而在于心中的德性。传统体育中承载了伦理、政治、教育等多重意义,形成了一整套复杂的体育仪式文化。例如导引、太极、武术、气功等重心运动,就尤其强调人与自然的和谐统一、人与人的和谐相处,强调"精、气、神"对肢体运动的主导作用。以这些为主要内容的体育锻炼形式及其理论指导了几千年来中华民族人们的体育锻炼,对强壮东方民族起到了不容忽视的作用。

(4)中国传统体育文化倾向于养生、娱乐和健身

传统养生理论主张阴阳调和,要把握好"度",人体要维持正常的生理机能,就必须使人体内外、表里、上下各部分保持好一定的阴阳协调关系,并认识到身体运动对健身的意义。体育内容与方法也遵循自然生命运动与成长的法则,如动静结合、刚柔并济等,并生动地体现于中国传统的仿生运动形式中。

中国民族传统体育强调人与自然的和谐,追求内外合一、形神合一和身心的全面发展,以静为主,动静结合,修身养性,以"健"和"寿"为终极目标。古代的养生早已认识到了导引行气,如熊经鸟申、五禽戏、天竺按摩法、小劳术、八段锦、易筋经、太极拳等,其本质属性都是"为寿而已","亦以除疾,身体轻便","每日依此三遍者,一月后,百病除"。《吕氏春秋》用"流水不腐,户枢不蠹"形象地告诉人们,要经常从事身体运动,才能保持健康。老子在《道德经》中则提出"归真返璞"、"清静无为"等养生理论,奉行导引、吐纳等养生方法。《三国志·华佗传》云:"晓养生之术,时人以为年且百岁而貌有壮容。"这些都是古人总结出的强身健体、延年益寿的经验,是人类的自养其生之道。

中国传统体育是寓竞技性、表演性、娱乐性、艺术观赏性及趣味性于一体的综合运动形式。在春秋战国之后,一些体育运动逐渐有了娱乐的功能。如蹴鞠就有表演型和竞赛型两种形式,其中表演型的蹴鞠是在鼓乐伴奏下进行的踢、控球技巧表演,在汉画石像等文物资料中,它多以蹴鞠舞蹈的形式出现。再如苗族的"芦笙舞",舞者边吹边做快速旋转、矮步、翻滚、倒立等技巧动作,没有一定的训练基础,要完成这些动作是有困难的。傣族的刀舞、棍舞、孔雀舞,彝族的跳月琴,哈尼族的竹筒舞,壮族的铜鼓舞,土家族的摆手舞等,都表明了舞蹈与体育活动是密不可分的,既是表演,又是一种增强体质的体育活动。

2.西方体育文化特质

(1)西方体育文化具有强烈的竞争精神和张扬的风格

与中国稳定、无争的文化品格不同,西方文明在开始阶段就表现出对现实功利的积极追求,讲究在平等的基础上开展竞争,努力获得个人的最大利益和幸福。在这样的基础上,早期西方社会就逐渐形成了功利主义的道德原则、强烈的竞争意识和对力量的崇拜。这在古代奥林匹克运动中有着十分鲜明的体现。

古希腊和古罗马文化都是建立在贫瘠的红土地和三面环海的基础之上,城邦制是人们

生存的最佳选择。资源的匮乏、海洋的冒险和城邦的频繁军事冲突迫使人们要不断学会与自然对抗、与城邦敌人对抗,这些无疑是古希腊体育运动充满竞争精神的最主要原因。体育上的"争"是指西方体育强调突出个人,强调人类对自然的超越的思想本质。在西方民族的骨子里充满了哥伦布、麦哲伦、亚马利哥、德芮克等冒险的血液。而以中国和印度为代表的亚太地区,则基本上没有过血腥抢劫的冒险传统。从历史上看,欧美民族的抗争意识和好斗心理与现代竞技运动完全吻合。强调人类对自然的超越,必然导致人与自然的争斗,以及人对自然的征服与改造,在西方盛行的冒险、登山、冲浪、漂流等体育活动都是其生动写照。

古希腊的竞争意识直接对西方开放的文化精神产生了十分重要的影响。西方文化的开放精神主要表现在它能够始终把目光投向世界,并善于从不同的文化中汲取养分。在整个西方文明的发展过程中,西方民族从周边的许多先进文明中取其精华,从而促进了自身文明的繁荣和发展。希腊文明是一个以工商业为主的海洋文明,在各城邦的发展过程中无不保持着开放的态势,这种开放使西方民族从一开始就形成了开阔的心胸,这与封闭保守的中国文化形成了鲜明的对比。文艺复兴运动以后,变化、超越、革新更是成为西方社会的一时风尚。开放的文化精神直接造就了张扬的西方体育风格。这种风格不仅为古希腊、古罗马所独有,也为现代西方体育文化所承袭。张扬的文化风格最终使"更高、更快、更强"成为西方体育的主导精神。

(2)西方体育文化的核心思想是以人为本

古希腊是西方文化的发源地,由于古希腊三面环海,境内丘陵起伏,气候温和,耕地较少,自然环境造就了古希腊人们勇于挑战自然的精神并逐步形成了心胸开阔、勇于开拓、敢于进取的民族性格。同时,温和舒适的气候和半岛秀丽的风光,为他们提供了便利的郊外活动条件,由此培养了人民户外运动的习惯和崇尚自然的审美情趣。希腊社会的世俗化与人格化以及雅典民主制所孕育的崇尚个人成熟、纵欲、享受的社会文化,发展了古希腊独有的人体审美意识、娱乐意识,即从个人原则和人格意识出发形成的体育风尚,构建了以个性发展、个体生命能力弘扬为主体的体育文化精神,并在西方社会得到世代传承和传播。历史发展到中世纪,西方社会神权凌驾于王权,宗教和教会支配一切,社会意识形态被宗教所控制,人性在宗教的压抑下消失在神权中,人的世俗价值被否认,体育被禁,体育文化唯一剩下的就是骑士体育和游侠体育。直到近代文艺复兴运动推动了宗教的改革运动,确立了身心全面发展的原则,为竞争、博爱、平等思想打开了通向现代体育的大门。新兴资产阶级更明确地提出了以人为中心的人文主义教育思想,主张自然的人的全面和谐发展,强调个人才能和自我奋斗,使西方人一直保持了富有生气的生活方式。

西方文化的自我是独立的,西方体育文化中的自我表现为施动者是自己,受动者也是自己,是一种典型的以自我发展为中心的做人做事原则。西方人从事体育活动坚持的是个人主义,提倡个性解放,宣扬个人独立,突出个人自由,尊重个人权利。他们参加体育活动纯粹是个人爱好,参加比赛也只是代表个人。

(3)多元的文化价值观

长期以来,西方体育文化产生与发展的经济基础是以海洋贸易为本的商品经济。商品经济的特点是互通有无,具有开放性和外向性的特点。这种地理环境的特殊性造成了欧洲人生活方式的多样性,傍海而居的生存条件造就了西方民族的冒险精神和抗争意识,奋发拼搏、向外开拓其生存的社会需要,倡导个体的自由、竞争,个人充分发挥自身的生命潜能和智慧。民族的多样性和地域上的分散性使得欧洲的文化是多元的,特别是文艺复兴以来,民族、国家林立,文化各显异彩。不同文化背景、不同民族和国家的体育一经产生,在融入西方体育的过程中,不但没有受到排斥,而且被很好地融为一体,同时在人们选择运用这些体育运动时也体现出鲜明的多元文化特色。不同民族丰富多彩的体育汇集了西方体育文化大家庭,经过不断融化,形成了西方体育文化的完整体系,并成为当今世界体育的主流。

三、东西方体育文化合流

在中国传统体育文化与西方体育文化的比较中,中国传统体育文化中的"和"以其无所不包的融合性与无所不至的渗透性,促成了中西体育文化的有机互补。中国的射礼、围棋、蹴鞠、马球、武术、龙舟等体育活动虽然没有形成奥运项目那样的全民性竞赛制度和竞技文化体系,但是就竞技性质和规则完善性而言,却是毫不逊色的。我们一样能在蹴鞠、马球、龙舟这样的活动中看到很多精彩之处,其对抗性、激烈程度与西方最危险的马车比赛不相上下。但是中国传统体育文化中缺乏一种鼓励和推动竞争的制度及其公平竞争的保障机制。此外,中国古代体育竞技运动缺乏推动全民参与的社会政治制度,这使得中国古代竞技运动虽然多姿多彩、源远流长,但却只能局限在某一特定的阶层和较短的历史时期内。"公平竞争"、"全民参与"这些也正是我们需要向西方体育文化学习的地方。当然,在我们接受并学习西方体育文化的同时,我国传统体育的武术、五禽戏、气功、经络学说、太极、八卦也已为西方世界所津津乐道。当西方体育文化在神秘的本体前无能为力时,中国用"天人合一,体用不二,阴阳调和"接近了它。中国传统体育正一步一步地走向开放,不断吸收各种不同的外来体育文化思想,并转化为自己的文化,以构建新的文化体系。

当今世界已经进入了一个全面发展、紧密联系的时代。在不同的体育文化现象背后尽管还有着具体的差异,但无法阻止它们融合成为全人类的最爱。在欧美强势文化的推动下,奥林匹克运动如同一艘动力无穷的航空母舰在一个世纪间席卷全球,成为世界体育文化的主宰。在奥林匹克席卷全球的过程中,各民族的传统体育文化也对奥林匹克进行着前所未有的冲击。当今世界体育的发展就是一个各民族传统体育文化与奥林匹克运动冲突与融合的过程。无论是西方体育文化还是中国传统体育文化,能流传下来的,都说明它们是有生命力的,是为人类所接受和喜爱的。

第三节　中西方特色体育文化

世界上有两种体育文化:一种是包括中国、印度、日本和阿拉伯等文化圈在内的东方体育文化;另一种是以欧美为代表的西方体育文化。两种体育文化各有特色,也各有其优缺点。随着社会生产力的进步和世界交流的频繁,两者渐渐有了接触、摩擦、冲突、沟通、对话和融合,两种体育文化相互学习,相互促进。

一、中国传统体育文化标志性项目——武术

自古以来,中国就是一个多民族的国家,各民族都经历了漫长的发展过程。由于生活环

境、习性、宗教信仰各不相同,且政治、经济、教育发展不平衡,各民族都创造出了带有地域和民族特色的体育文化。而各民族传统体育在内容、形式上的多样性,又被不同民族借鉴,从而使得各民族的体育项目在其他地区和民族中得到发展。民族传统体育在历史发展过程中受到了传统文化的影响和制约,其中生活风俗、生活方式、道德观念、行为规范、文化模式和民族心理结构等因素在一定程度上决定着每个民族的文化形态特征,因而各个民族都形成了各异的体育文化风格。中国传统文化比较重视人与自然、人与人之间的和谐统一关系,并注重内心的修为和愉悦。

武术亦称国术,是以技击动作为主要内容,以套路和格斗为运动形式,注重内外兼修的中国传统体育项目。它以传统文化为理论基础,广泛吸取诸如古代哲学、兵学、中医学和导引养生学等理论成果,通过体育活动来锻炼心智、启迪灵性、进行人格修养,使身体修养和谐统一发展,进而形成理想的人格。武术具有极其广泛的群众基础,深受各族人民的喜爱,且各民族均有自己独特的风格和套路。武术内容丰富,主要分为内家拳和外家拳两部分。武术的特点一是"击",二是"舞"。击就是攻击,即从徒手搏斗的拳术发展为搏击敌人的武艺,在民间有根深蒂固的传统;舞就是武舞,即现在流行的套路,它与"攻击"的搏击性不同,具有表演性。在中国儒家文化的"和为贵"、"非礼勿视、非礼勿听、非礼勿言、非礼勿动"等思想的影响下,中国社会一直崇尚体育活动的非竞技性。相对重视"神",重套路,具有观赏性的武术成为人们热爱的体育活动。

1.武术的产生和发展

早在数万年前的原始社会,兽多人少,自然环境十分恶劣,在"物竞天择,适者生存"的严酷斗争中,先人们为了生存不得不进行狩猎等生产活动,并从中学会了使用木棒、石头击打野兽等方法。这些击打方法多是基于本能的、自发的、随意的身体动作,但却是武术的源头之一。后来人们又逐渐学会了制造和使用石制或木制的工具作为武器,并且产生了一些徒手的和使用器械的搏斗捕杀技能,这便是武术的萌芽。从现有的考古发现中我们可以看到,在旧石器时代已出现了尖状石器、石球、石手斧、骨角加工的矛;而到了新石器时代末期,则出现了大量的石斧、石铲、石刀和骨制的鱼叉、箭镞,甚至还有铜钺、铜斧等。这些原始生产工具和武器,后来大部分成了武术器械的前身。

原始社会末期,部落战争的频繁发生进一步促进了武术的发展。在部落战争中,远则使用弓箭、投掷器,近则使用棍棒、刀斧、长矛,凡是能用于捕斗搏击的任何生产工具都成为战斗的武器。社会的战争实践向人们提出了军事技能的要求,于是人们不断地总结从战争实践中获得的攻防技能和经验,并代代相传。这一时期,出现了最早的武术家——蚩尤。蚩尤发明出多种兵器,其中一部分经演化传承至今。

进入阶级社会,随着生产力的发展、兵器的改进,武术也进入一个新的发展阶段。商周时期,由于青铜业的发展,出现了矛、戈、戟、斧、钺、刀、剑等精良兵器,以及运用这些器械的方法,还有了较量武艺高低的比赛。当时的武技多称"手搏"、"手格"、"股肱"等。据《史记》记载,夏王桀、殷王武乙和纣王都是徒手生擒猛兽的技术能手。春秋战国时期,诸侯纷争,七强图霸,战争十分频繁,武术的格斗技能在军队和民间得到重视和迅速发展。这时铁器的出现和步骑兵的兴起,使武器的内容更加丰富,不仅质量精良,长短形态多样,武术的技击性进一步突出,同时武术的健身作用也受到重视。这时比试武艺已非常普遍并很讲究攻防技巧,拳术打法也出现了进攻、防守、反攻、佯攻等。早在2000多年前,我国就已有较为成熟的技击理论记载,并提出内外合一、形神兼备的见解。"项庄舞剑,意在沛公",可以看出,当时的武术已由过去单纯的攻防动作逐步发展成可以单独演练的套路形式。

汉代是武术大发展的时期,在宫廷的酒宴中常出现剑舞、刀舞、双戟舞等单人的、对练的或集体舞练的套路运动。徒手的拳术表演和比赛也深受统治者重视。东汉史学家班固在《汉书》中记载汉哀帝就是一个"卞戏"迷,说他"雅性不好声色,时览卞射武戏"。汉代还通过"试弃"(拳技的考试)选拔武职人员。汉代拳术除了"防身杀敌""以立攻守之胜"的实用之术外,还出现了观赏性和健身性的象形舞,如"沐猴舞"、"狗斗舞"、"醉舞",还有"六禽戏"、"五禽戏"等。这些均可视为早期的象形拳本。这一时期的武术著述也明显增多,仅《汉书·艺文志》就收录《剑道》38 篇、《手博》6 篇,这都是论述"攻守之道"的专著。

隋唐时期,武术有了进一步发展。唐朝推行"武举制",以考试的办法选拔武艺出众的人才,这从政策上促进了民间和官方的练武活动。在隋末就以武功闻名于世的少林寺,在唐武德年间(618—626 年),因助李世民铲平隋末割据势力王世充有功,更加声名大震,官府许其自立营盘、演练僧兵,僧徒一度达 2000 余人,练武之风日盛。

两宋时期,内忧外患,战火频仍,广大人民常结社习武以求自保。如"角抵社"、"英略社"、"弓箭社"都是比较大的民间习武组织。"十八般武艺"一词也出现于宋代的典籍之中。据宋华岳《翠微北征录》载:"臣闻军器三十有六而弓为称首,武艺一十有八而弓为第一。"此文原意强调弓箭在征战中的重要性,但已反映当时的兵器远不止 18 种。宋代武术的发展情况我们可以从几部古代小说中窥见一斑,如《说岳全传》、《杨家将》、《水浒传》等,都描写了众多武艺高强、功夫独到的男将女杰。

元代由于民族矛盾比较尖锐,蒙古统治者限制民间习武,不少武术家隐姓埋名,习武组织也转为秘密性的民间组织,使武术发展受到了极大的抑制。

明代是我国武术全面大发展的时代,明太祖朱元璋主张"武官习礼仪,文人学骑射"。这样,明代不但拳法众多,而且器械套路也更加丰富多彩,开始有势有法,有拳谱歌诀。由于明代的文武全才之风,武术家著书立说也达到鼎盛,而且图文并茂,保留了珍贵的武学遗产,为后世研究武术提供了重要依据。据统计,重要的专著有戚继光的《纪效新书》、唐顺之的《武编》、何良臣的《阵记》、茅元仪的《武备志》等。

清朝统治时期,由于清朝贵族为维持自己的统治地位,一度限制练武,所以清代的武术活动不如明代。但由于武术在民间已有广泛群众基础,加之当时存在许多反清复明组织,人民群众习武练功以图推翻清朝统治之风反而使各种流派的武术更加纷呈于世。以地区分有南派、北派;以山川分有少林派、武当派;以宗教分有佛家的外功、道家的内功;以门类分有太极门、形意门、八卦门、迷踪门,还有长拳类和短打类。武术流派林立,象征着武术事业的兴旺发达,但也存在各派之间缺乏交流、不能相互弥补长短的不足。

民国时期,由于社会的发展、火器的普遍使用,武术的健身作用更为明确,它更主要是以体育运动的形式出现在社会生活之中。

新中国成立后,党和政府关心人民健康,重视优秀民族文化遗产的继承和发展,不仅定期举行武术汇报表演,还在高等师范院校及体育学院开设武术专业,并组织专业人员在继承传统拳术的基础上,广收众家之长,整理出简化太极拳、中组长拳、初级长拳以及器械套路。这些措施极大地推动了武术的普及和研究工作,使武术运动得到了长足发展。不论城乡,群众性的武术运动都得以广泛推广。特别是近几年来,武术套路在技术风格、结构布局、质量和难度上都有很大的提高和突破,还出现了集体比赛项目,这是武术发展史上的新成果。

2.武术的文化内涵

中国武术之所以有如此大的魅力,根本的原因在于它根植于有数千年历史的华夏文化的沃土中,蕴涵着深刻的东方哲学思想和伦理道德观念。

(1)中国哲学与武术

中国古代哲学以《易经》的"阴阳八卦"、《老子》的"道"和孔子的"儒家学说"为核心,形成了自己独特的风格。它具有强烈的社会现实性、博大的系统性、鲜明的主体性。它既是对其他意识形态的归纳和总结,也对其他社会意识形态具有不可忽视的影响。作为中国传统文化有机组成部分的武术,其在产生、发展和完善的历史进程中,不同程度地受到哲学思想中通变思想和发展变化思想的左右。历史上许多武术家都自觉不自觉地运用了古代的哲学思想来分析解释自己演练的拳法,并能融会贯通地创造出不同风格的拳种。明末出现的所谓"内家拳",以及后来的太极拳、形意拳、八卦掌等拳种对拳理的解释,都与古代哲学思想密切相连。中国武术作为人类自身完善的一种手段,它是与华夏民族精神完善的手段——哲学一道建筑起中华文化大厦的。

(2)民族精神与武术

武术源于狩猎、捕鱼等人类的生产生活实践,武术的产生与发展是中华民族智慧的结晶,也是中华民族勤劳、勇敢的直接表现。武术最基本的活动形式是人体运动,其健身价值则更为突出,通过武术锻炼可以从多方面增进人体健康,对人的力量、耐力、速度、灵敏、柔韧等各种素质的发展有良好的影响。武术锻炼除了追求外在的形,更注重内在的神、志、情,这符合中国人的审美习惯。练武者自练自乐追求自我满足,陶冶情操。练武者在时间上坚持不懈,在技术上精益求精,这是意志品质的自我磨炼,实质上这也培养了人们执着追求的信念。中华民族尚武,热爱武术运动,因为其既可强健体魄,又能振奋民族精神,体现出不畏强权、敢于拼搏的精神,也表现出我们中华民族生机勃勃、团结向上的精神风貌。

(3)中国宗教与武术

中国的宗教严格说来是一个复合体,是各种文化观念、伦理观念、社会观念的综合物。作为一种意识形态,宗教在武术的发展过程中同样起过一定的作用。从历史的角度来看,武术与宗教有着不解之缘。我国最古老拳种之一的少林派拳术就与佛门有着密切的关系。"内家拳"的产生与发展,同道教的神仙方术理论及其在"养生术"方面的尝试有着很大的关系。而后来的"太极拳"、"八卦掌"等以柔为主的拳种,则是把拳术动作与道家的"导引"、"吐纳"相结合而创造出来的。还有,在伦理理念上习武者所奉的"尊师重道,孝悌为先"、"十戒"、"五不传"等都直接反映了儒教《三纲》、《五常》的思想。

(4)中医与武术

武术与传统医学同属人体文化的范畴,它们有着共同的哲学方法论基础,并在同一文化领域内相互融合、渗透,又共同丰富、发展。传统医学是在唯物主义元气论的哲学基础上建立起来的,其根本特点与优点就是它的整体综合观与阴阳辩证观,并进而提出"精、气、神"为人体"三宝"的观点,认为三者一体,互相依存。武术则将传统医学的这些理论完整地吸收到自己的理论体系之中,逐渐形成了形神合一、内外兼修的特点。另外,武术与传统医学的骨伤科也具有血肉相连的关系。中医的理论指导着武术的养生与技击,如将传统医学中的点穴、拿脉、解骨及救治偏差术等直接用于自卫与技击中,武术的某些功法也丰富了中医骨伤科的治疗技法,如中医骨伤科的"一指禅推拿"、"拍打疗法"等。武术与中医的结合,不仅创造了独特的中国养生、功夫按摩、武术伤科、伤科针灸、运动医疗、练功疗法、救治偏差、特种功夫等八大技术成果以及一大批有关的学术著述,而且这种历史结合必然有力地促进二者今后的共同发展,成为走向世界、造福人类的主题曲。

(5)中国伦理与武术

中国传统文化的主要特色无不贯穿着人生哲学的价值观与伦理观。根植于中华传统文化土壤的武术,在其各个方面始终充满着浓厚的伦理思想,尚武与崇德成为密不可分的两个方面。

"习武修身":武术中的伦理道德精神首先表现在对习武的认识上。武术的本质是攻击,攻击的攻防格斗直接来源于战斗,战斗则免不了流血、牺牲,因此武术必然有残酷暴力的一面。但中国自先秦以来不仅十分重视武技的培养,更重视武德的修养。中华武术家把练习武术作为提升品德修养的重要途径和方法,是练武与修身的统一。武术中所谓的内外兼修,内指品行的修炼,外指技艺的习得,习武者应将品德与技艺的修炼、提升同时进行。

"先礼后兵":战场对敌,为克敌制胜,武术讲究稳、准、狠,所谓"一狠、二毒、三功夫"。因为这是善与恶的生死搏斗,存亡之争。但即使是这种社会实用性的战斗,在武德上也是有一定的要求的,即仁义之师,先礼后兵,争战杀伐乃不得已而为之。武术之仁德精神以制服对方为主,只要能制服敌手,则尽可能避免杀人取命。中华武术可贵的人道主义精神,实质上也反映了中华民族善良、淳朴的美德。

"以武会友":武术的对抗竞技性是武术功能的一种运用,同时体现出对英雄高手的荣誉心和征服对方的胜利精神的追求,但这种较武竞技中更多地体现了仁义、友爱的精神。

"保家卫国":仁是中国古代伦理思想的最高境界。武德仁学的中心思想不仅体现在武家择徒主张从严筛选,也充分体现在武技的运用上。武技的运用随武术社会功能的不同而呈现多样性:保家卫国、除暴安良是武术社会实用功能;竞技、较艺、健身、娱乐是武术竞技体育功能。

3.中华武术的主要流派

中华武术门类繁多,其中少林、武当、峨眉是中华武术的三大主要流派,其历史悠久,源远流长,影响深广,名扬海内外。

(1)少林武术

少林武术起源于古代嵩山少林寺,并因此而得名,从地域上又可分为北少林和南少林两大流派,北派重腿,南派重拳,有南拳北腿之说。嵩山少林寺位于河南省登封市嵩山少室山五乳峰下,创建于南北朝时期北魏太和十九年(495年)。传说北魏孝昌三年(527年),印度高僧达摩来到嵩山少林寺传授佛教的禅宗,面壁九年,静坐修心,被尊为中国佛教禅宗的初祖。当年达摩终日静坐,不免筋骨疲倦,又加上在深山老林,要防野兽和严寒酷暑的侵袭,在传经时,他发现好些弟子禅坐时间久了,昏昏欲睡,精神不振。为了驱倦防兽、健身护寺,达摩等人仿效中国古代劳动人民锻炼身体的各种动作,编成健身活动的"活身法"传授僧人,此即为"少林拳"的雏形。此外,达摩在空暇时间还练就了使用铲、棍、剑、杖等防盗护身的动作,后人称之为达摩铲、达摩杖、达摩剑,以后,他又吸取鸟、兽、虫、鱼飞翔腾跃之姿,发展"活身法",创造了一套动静结合的罗汉十八手。后来经过历代僧徒们长期演练、综合、充实、提高,逐步形成一套拳术,达百余种,武术上总称"少林拳"。其中起过重要作用的是元代少林派拳术大师白玉峰、觉远上人、李叟等人。他们精心研究少林拳法，注意拳法的整理和传授，将少林拳中的"罗汉十八手"发展为七十二手，而后又发展到一百七十三手，系统地整理出一套少林拳法。

少林派拳术刚健有力，刚中有柔，朴实无华，利于实战，各个招式非打即防，没有花架子。少林拳套路多为直线往来，起落进退始终保持在一条直线上开展运动。因为在实战中与对手短兵相接时，主要是从正面或侧面进攻与防守，所以直线运动最有效。因此，在练习少林拳时，不受场地限制，有"拳打卧牛之地"一说。同时，少林拳主刚，其风格较"硬"，攻防兼备，但以攻为主。拳势不强调外形的美观，只求技术的实用，步伐进退灵活、敏捷，有冲拳一条线之说。在身段与出拳上，要求手法曲而不曲，直而不直，进退出入，一切自如。步法要求稳固而灵活，眼法讲究以目视目，运气要气沉丹田，其动作迅如闪电，转似轮旋，站如钉立，动如疾风，跳似轻飞。

少林武术作为一种人文文化现象，作为一种人体形态文化或是作为健身、御敌、竞技专案在中国早已家喻户晓、妇孺皆知，已成为中华文化的宝贵遗产。少林武学在授徒选择上有十不传，即人品不端者不传，不忠不孝者不传，人无恒心者不传，文武不就者不传，借此求财者不传，俗气入骨者不传，市井刁滑者不传，骨柔质钝者不传，拳脚把式花架者不传，不知珍重者不传。

(2)武当武术

张三丰将《易经》和《道德经》的精髓与武术巧妙融为一体，创造了具有重要养生健身价值，以太极拳、形意拳、八卦掌为主体的武当武术。后经历代武术家不断创新、充实、积累，武当武术成为中华武术一大流派，素有"北崇少林，南尊武当"之称。

武当武术发源于湖北省西北部的武当山。武当山又名太和山，地处中华腹地的湖北省十堰市丹江口市境内，东望三国遗址古城襄阳隆中，西接现代车城十堰，南依原始森林神农架，北临南水北调水源地丹江库区，这片地处东经110°、北纬30°区间的神奇土地，可以说正处在整个中国的中心。在道教思想看来，武当山这独一无二的地理位置，不仅上可感应天、下可连于地，同时东西南北四个不同方向的阴阳之气，如果能在这个中心位置调和统一，就可以达到万物化生，天下太平。这种万物和谐的最高境界，道教称之为太和。早在八亿年前，武当山便从古海洋中升起，形成一座莲花状的山形，周围群峰自然地朝向海拔1612米的天柱峰，如同众星拱月，这种奇观被称为"七十二峰朝大顶"。按照道教五行学说，"南方属火"，武当山峰顶的形状，如同烈烈燃烧的火焰，水在火上，天下即济，只有北方水神真武坐镇在这火形山上，才能达到"风调雨顺、国泰民安"，因此便有了"非真武不足当之"的说法。这也许是武当之名、太和之意的根本寓意。

武当武功门类众多，内容丰富，拳术有武当太极拳、武当形意拳、武当长拳、武当八极拳、龙化拳、玄真拳、八卦拳、醉八仙等多种，剑术有太和剑、武当对剑、武当太极剑、龙化剑等，其他器械还有龙门十三枪、形意连环刀、三合刀、玄武棍等。在武当内功基础上创立的武当太极拳更是驰名中外。

(3)峨眉武术

峨眉武术是汉族传统武术流派之一，以中国名山峨眉山为发祥地，在明朝时期就与少林、武当鼎足而立。峨眉武术包括世间流传的"五花"、"八叶"。即四川省成都市都江堰青城山的青城派、金堂云顶山铁佛寺地区的铁佛派、四川丰都地区青牛山的青牛派、四川涪陵点易洞地区的点易派、四川荣昌及隆昌两地的黄林派;八叶是指在世间流传的赵门、僧门、岳门、杜门,称为四大家,洪、化、字、会,称为四小家。明朝时人唐顺之所著《峨眉七道人拳歌》曰:"浮屠善幻多技能,峨眉拳术天下奇。"

峨眉派拳术技艺具有手法细密、一法多变、掌指兼用、身灵步活、拳脚生风、刚柔相济、内外兼修等特点。在其发展过程中,拳师们不断地吸取各技艺流派的技击精华,充分发挥四川人机智灵巧、顽强勇斗的精神,打法则有偏侧滚进、单边攻防、以巧制化、以小制大等特点,从而使其技艺不断创新、不断发展。这种在继承中华武术固有的攻防技击性和运动形式基础上,充分发挥四川人拳术技艺的独特打法,使其扬长避短,从而使峨眉派拳术不仅有中华武术的普遍属性,又具有四川地方拳术的特殊属性。四川人自古以来生活在地处"西僻之壤"的四川盆地,气候特殊、地形复杂,巴蜀民众勤劳勇敢,尚武善斗,素以灵巧著称。因此,凡练峨眉派拳术必须带着深厚的攻防搏击意识(即带有强烈的敌情观念),做到与假设之敌进行模拟拼搏,精神高度集中、神思敏捷、身灵步活、拳脚生风,击法变换于瞬间,做到"有形打形,无形打影"。

由于数百年来动乱不断,峨眉派武术不少已经失传,再由于峨眉武术历代传授方法注重口传心授,正宗单传,加之门规戒律,长期在民间密传,因此一些拳法已鲜为人知。改革开放以来,在峨眉山和巴蜀人民的共同努力下,大量的峨眉武术资料渐渐被挖掘整理出来。

二、西方奥林匹克运动文化

1. 古代奥运会的兴起与发展

古希腊是一个神话王国,优美动人的神话故事和曲折离奇的民间传说为古奥运会的起源蒙上了一层神秘的色彩。有关古代奥运会起源的传说很多,流传最广的则是佩洛普斯娶亲的故事。古希腊共和国伊利斯国王为了给自己的女儿挑选一个文武双全的驸马,提出应选者必须和自己比赛战车。比赛中,先后有 13 个青年丧生于国王的长矛之下,而第 14 个青年正是宙斯的孙子和公主的心上人佩洛普斯。在爱情的鼓舞下,他勇敢地接受了国王的挑战,终于以智取胜。为了庆贺这一胜利,佩洛普斯与公主在奥林匹亚的宙斯庙前举行盛大的婚礼,会上安排了战车、角斗等项比赛,这就是最初的古奥运会,佩洛普斯成了古奥运会传说中的创始人。

实际上,奥运会的起源与古希腊共和国的社会情况有着密切的关系。公元前 9—8 世纪,希腊共和国氏族社会逐步瓦解,城邦制的奴隶社会逐渐形成,建立了 200 多个城邦。城邦各自为政,无统一君主,城邦之间战争不断,为了应付战争,各城邦都积极训练士兵。斯巴达城邦儿童从 7 岁起就由国家抚养,并从事体育、军事训练,过着军事生活。战争需要士兵,士兵需要强壮身体,而体育是培养能征善战士兵的有力手段。战争促进了希腊共和国体育运动的开展,古奥运会的比赛项目也带有明显的军事烙印。连续不断的战事使人民感到厌恶,普遍渴望能有一个赖以休养生息的和平环境。后来斯巴达王和伊利斯王签订了"神圣休战月"条约。所以,我们现在认为古代奥林匹克运动会的创始人是伊利斯城邦的国王——伊菲图斯。当时,希腊正在饱受瘟疫和战乱之苦,为了抗击瘟疫、期盼和平,伊菲图斯征求了神谕,并于公元前 776 年宣告,根据神的旨意在奥林匹亚举行体育比赛,第一届古代奥运会就这样举行了。此外,古希腊人信奉多神教,每逢重大的祭祀节日,各城邦都举行盛大的宗教集会,以唱歌、舞蹈和竞技等方式来表达对诸神的敬意。古希腊人认为宙斯神是众神之首,所以对他格外崇敬,对他的祭祀也格外隆重,这也促进了奥运会的产生。

古代奥林匹克运动会基本上是每4年举办一次,这一周期被称为"奥林匹亚德"。以此类推,从公元前776年到公元393年期间,经历了1169年,共举办奥林匹克运动会293届,不过实际上召开的次数要少得多。但是古代奥运会有规定:一个奥林匹亚德为一届,不管举行与否次数照算。古代奥运会初期,竞赛项目不多,所以前22届历时仅一天。后来随着比赛项目的增多,又延长为两天。从第37届增加少年比赛项目以后,时间又延长到五天。其中第一天是开幕式,主要举行献祭和宣誓仪式,第二、三、四天是比赛的具体内容,第五天是闭幕式,主要进行颁奖和敬神活动。

在古希腊所有的运动会中,没有一个比奥运会更受到希腊人的重视,也没有一个运动会的参加者比奥运会更广泛。奥运会在古希腊人心目中是整个希腊民族精神的象征,其延续时间之长,影响之深远,在人类历史上是罕见的。

古代奥运会和整个古代希腊文化一样,随着奴隶制度的繁荣而兴盛,又随着奴隶制的崩溃而衰弱。从公元前776年有文字记载到公元393年,大致分为三个时期。

(1)公元前776年至公元前388年

公元前776年,伯罗奔尼撒的统治者伊菲图斯努力使宗教与体育竞技合为一体。他不仅革新宗教仪式,还组织大规模的体育竞技活动,并决定每4年举行一次。时间定在闰年的夏至之后。所以公元前776年的古代奥林匹克运动会就正式载入史册,成为古代奥运会的第一届。当时仅有一个比赛项目,即距离为192.27米的场地跑。这一时期各城邦之间虽有纷争,但希腊是一个独立的国家,政治、经济、文化都较发达,是举办运动会的黄金时期。特别是公元前490年,希腊雅典在马拉松河谷大败波斯军之后,民情奋发,国威大振,兴建了许多运动设施、庙宇等,参赛者遍及希腊各个城邦,奥运会盛极一时,成为希腊最盛大的节日。

最初,奥运会竞技比赛项目主要是田径,第一个项目就是200米赛跑(合今天的长度192.27米),这也是第一届到第十三届古代奥运会的唯一比赛项目,这个项目在古代奥运会中具有很重要的地位,相当于今天奥运会的百米飞人大战。而且其他的中距离和远距离跑步的长度,都是192.27米的倍数。

后来逐渐增加了摔跤、五项全能、拳击、赛马、角斗,以及战车赛、武装赛跑等,最多时达23项。其中最残酷的运动项目是拳击,最激烈的是战车竞速比赛,相当于今天的F1赛车。这项比赛只有有钱的贵族才能参加,比赛所产生的风驰电掣的刺激感让观众大呼过瘾,而经常出现的车毁人亡也为比赛增添了危险性,不过在观众看来,这就更惊险刺激了。

(2)公元前388年至公元前146年

这个时期,古代奥运会开始衰落。由于斯巴达和雅典长期的伯罗奔尼撒战争(公元前431年至公元前404年),希腊国力大减,马其顿逐渐吞并了希腊。马其顿君王菲利普还亲自参加了赛马。后来,亚历山大大帝虽自己不喜爱体育活动,仍积极支持,并视奥运会为古希腊的最高级别体育活动,为其增添设施。不过,这一时期古奥运会精神已大为减色,并开始出现职业运动员。

(3)公元前146年至公元393年

这个时期,古代奥运会由衰落走向毁灭。罗马帝国统治希腊后,起初虽仍举行运动会,但奥林匹亚已不是唯一竞赛地了。如公元前80年第175届奥运会就把优秀竞技者召集到罗马比赛,而奥林匹亚只举行了少年赛。这时职业运动员已开始大量出现,奥运会成了职业选手的比赛,希腊人对之失去了兴趣。公元 2 世纪后,基督教统治了包括希腊在内的整个欧洲,倡导禁欲主义,主张灵肉分开,反对体育运动,使欧洲处于一个黑暗时代,奥运会也随之更趋衰落,直至名存实亡。公元 393 年,罗马皇帝狄奥多西一世宣布基督教为国教,认为古奥运会有违基督教教旨,是异教徒活动,翌年宣布废止古奥运会。

公元 395 年,拜占庭人与歌德人在阿尔菲斯河发生激战,使奥林匹亚各项设施毁失殆尽。公元 426 年狄奥多西二世烧毁了奥林匹亚建筑物的残余部分。公元 522、511 年接连发生的两次强烈地震,使奥林匹亚遭到了彻底毁灭。就这样顺延了 1000 余年的古奥运会不复存在了,繁荣的奥林匹亚变成了一片废墟。

关于古代奥运会衰落的原因,目前学术界较为集中的观点是因竞技比赛的职业化和商品化以及古代奥运会被视为异教活动而被废止。探究古希腊历史,可以发现古代奥运在自身发展进程中画出了一条清晰而又发人深省的移动轨迹,古代奥运会的衰落,既有奥运会自身的原因,也有复杂的社会背景。

2.现代奥林匹克运动会的兴起

古希腊奥运会 394 年被禁止,沉睡了 1000 多年之后,在 19 世纪末期得到了恢复和发展。14—18 世纪中叶,欧洲出现了"文艺复兴"、"宗教改革"和"启蒙运动"三大思想文化运动,新兴资产阶级对古希腊文化体育思想的高度赞美,引起了人们对古奥运会的向往。18 世纪初,英、法、德等国的一些学者、专家,相继去奥林匹亚访问勘察,除发现大量史料外,还发掘了不少和古奥运会有关的珍贵文物和史料,引起了人们对古奥运会更加浓厚的兴趣。

被尊称为"现代奥林匹克之父"的法国教育家皮埃尔·德·顾拜旦于 1892 年首次公开提出恢复奥运会,并把范围扩大到全世界。1893 年,顾拜旦致函各国体育组织,邀请他们参加在巴黎举行的国际体育大会,同年 6 月 16 日在巴黎举行了有 12 国代表参加的奥林匹克运动恢复大会。会议决定每 4 年举行一次全球范围的奥林匹克运动会。1894 年 1 月,顾拜旦草拟了复兴奥运会的具体步骤和需要探讨的 10 个问题,致函各国体育组织和团体。6 月 16 日,"国际体育运动代表大会"在巴黎索邦神学院开幕,到会代表 79 人,代表着 12 个国家的 49 个体育组织,有 2000 人参加了开幕式。大会通过了《复兴奥林匹克运动》的决议。6 月 23 日成立了国际奥林匹克委员会,希腊人维凯拉斯出任主席,顾拜旦任秘书长,并亲自设计了奥运会的会徽、会旗。会议还通过了奥林匹克宪章。国际奥林匹克委员会的成立,标志着现代奥林匹克运动的诞生。同时,会议还做出决定,将于 1896 年在希腊首都雅典举行第一届现代奥林匹克运动会。希腊人对这次大会表现了极大的热情,出席开幕式的观众达 8 万人,这一数字直到 1932 年洛杉矶奥运会才被突破。从此,奥运会成为世界性体育盛会。

现代奥运会是以"恢复古代奥运会"为名义而构建的一个现代社会文化现象,它沿用了"奥林匹克运动会"的名称,继承了"奥林匹亚德"每 4 年一个周期的传统,借用和发展了某些仪式,吸收了公平竞争、奋勇拼搏、身心和谐发展的古代传统思想。但现代奥运会并不是古代奥运会的延续和翻版,它是在新背景下产生的新的社会文化现象,它们之间有本质的区别。

(1)古代奥运会具有鲜明的民族主义色彩和排外的文化特征,它是一个民族性的祭礼赛会。它总在同一地点举行,运动员必须是纯希腊血统。古代奥运会起着繁荣希腊文化的作用,但其局限性使它经不起多民族融合的风浪,只能在古希腊奴隶制繁荣的特定条件下发展,一旦遇到外族的入侵就难以生存。而现代奥运会则向一切国家、一切地区和一切民族开放,并在世界各地轮流举办,是全世界人民和平友好的盛会。

（2）古代奥运会涉及的是与军事技能紧密相关的体育内容，项目设置不完整，比赛方式原始、简朴，是人类社会童年时代的运动竞赛。而现代奥运会涉及的则是高度规范化的现代竞技运动内容，它突破了古代传统，增设了集体项目，并开创了冬季奥运会，内容丰富多彩，反映了现代社会发展的需要。

（3）古代奥运会不允许妇女参加，违者处以极刑。虽然顾拜旦在奥运会初创时期曾想模仿古代传统，但已无法阻止男女平等的时代潮流。1900 年夏季奥林匹克运动会第一次有女子运动员参加，这也是女子进入体育运动的开始。从妇女首次登上奥运赛场至今，女运动员的人数、女子参赛项目数、女性体育管理者人数逐渐增加，运动成绩大幅提高。妇女体育在奥运会上获得了前所未有的发展，其意义已超出了竞技比赛的范畴。

（4）古代奥运会是希腊人献给万神之首宙斯的祭礼赛会，因此它不是一个独立的体育事件，而是宗教节日的一部分。而现代奥运会则是一个世俗的、非宗教的体育庆典，它有独立的思想、组织和活动体系，是全世界运动员欢聚一堂的盛大体育节。

（5）古代奥运会的领导者是奴隶主、贵族组成的仲裁机构。它由宙斯神殿中的专职祭司和地方官员共同担任，全部由来自单一城邦的人组成，因此他们主持本城邦与外邦选手比赛时难以保持公正。而现代奥运会则有完善的组织机构，它由国际奥委会、国际单项体育联合会、国家奥委会和举办城市组委会所组成，具有广泛的国际性。其管理的科学性、评判的客观性和组织的严密性构成了现代奥运会与古代奥运会的又一本质区别。

3. 现代奥林匹克运动的文化内涵

《奥林匹克宪章》对奥林匹克主义作了比较全面的表述："奥林匹克主义是将身、心和精神方面的各种品质均衡地结合起来，并使之得到提高的一种人生哲学。它将体育运动与文化和教育融为一体。奥林匹克主义所要建立的生活方式是以奋斗中所体验到的乐趣、优秀榜样的教育价值和对一般伦理基本原则的推崇为基础的。"

奥林匹克的中心思想是人的和谐发展。现代社会中人的片面发展在很大程度上是由人的生活方式造成的，因此要使人的身、心得到全面发展就必须从生活方式入手。通过切实可行的途径，改善人们的生活方式，从根本上解决问题。因此奥林匹克主义明确地宣布它是一种"人生哲学"，旨在创造一种使人类全面发展的"生活方式"。

体育运动是实现人类和谐发展的重要途径。"奥林匹克主义的宗旨是使体育运动为人的和谐发展服务，以促进建立一个维护人的尊严的、和平的社会。"从宗旨中不难看出，奥林匹克主义认为体育运动不仅能促进人的全面发展，而且能促进社会的发展，明确地将体育运动作为一种改造社会的力量，并有意识地将这种力量应用到世界范围。由此也可以看出，人类进入现代社会以来，体育运动内涵有了新的扩展，这实质上是人类对体育的认识进入了一个新的阶段。

体育运动必须和教育、文化相结合。奥林匹克主义将教育作为核心内容置于首要地位。在竞技体育中青少年得到的不仅仅是发达的肌肉、匀称的肌体、机敏的头脑，还有健全的心理素质和良好的社会公德。顾拜旦最初就是想用奥林匹克现代竞技运动去教育因普法战争惨败而颓废的法国青年，继而在其世界和平主义思想的支配下，立志以奥林匹克运动这一特殊形式去教育全世界青年，在参与竞技运动的过程中锻炼和提升自己的各种品质。

为了取得更好的教育效果，奥林匹克主义主张竞技运动和文化紧密结合。文化形式与体育运动的结合也可以提高竞技运动的层次。正如萨马兰奇主席说的："奥林匹克主义是超越竞技运动的,特别是在最广泛、最完全的意义上来讲,它是不能与教育分离的。它将身体活动、艺术和精神融为一体而趋向于一个完整的人。"

　　奥林匹克的格言"更快、更高、更强",是鼓励运动员要继续不断地参加运动,力求进步与追求自我的突破。它是顾拜旦的好友、巴黎阿奎埃尔修道院院长迪东(Henri Didon)于1890年前后在其学生举行的一次户外运动会上,鼓励学生们时说过的一句话,他说:"在这里,你们的口号是:更快、更高、更强。"1913年,"更快、更高、更强"被正式写入《奥林匹克宪章》。1920年第6次国际奥林匹克代表大会又通过了将其作为奥林匹克委员会会徽构成部分的决定,至此这一格言便正式成为奥林匹克标识的一部分。

　　这一格言的内涵是非常丰富的。它充分表达了奥林匹克运动不断进取、永不满足的奋斗精神和不畏艰险、敢攀高峰的拼搏精神。在比赛场上,面对强手,发扬勇往直前的大无畏精神,敢于斗争,敢于胜利;对自己则是永不满足,不断战胜自我,超越自我,实现新的目标,达到新的境界;对自然要敢于征服,克服大自然给人类带来的各种各样的限制,挣脱自然对我们的束缚而取得更大的自由。正是在这种精神的指引下,运动员为了国家和集体的荣誉、奋力拼搏、挑战自我、挑战极限,打破一项项世界纪录,在向大众展示力量与美的同时,也在思想上给人以鼓励和激励。不仅如此,这个格言还鼓励人们应该在自己生活的各个方面不断超越自我,不断更新,永葆朝气。

　　现代奥林匹克运动经历了一百多年的风雨历程,在取得巨大发展的同时,也出现了一些不和谐。两次世界大战的硝烟战火,带走了9000万人的生命,奥运会这一人类文明盛会的交往链环也几乎被切断。1972年慕尼黑惨案中,11名以色列运动员惨遭枪杀,恐怖的阴云一度笼罩在和平盛会之上。2002年盐湖城冬奥会受贿案中,数名国际奥委会官员倒在了拜金主义下,成为奥运史上极不光彩的一个记忆。不仅如此,大规模的政治抵制、种族歧视、商业化、职业化、兴奋剂等一系列问题都在奥林匹克的发展中有巨大的负面影响,严重阻碍了奥林匹克的健康发展。针对这些情况,2001年上任的国际奥委会主席雅克•罗格在《奥林匹克评论》一文首卷语中写道:"当然我们继续保留这个格言,但是在新世纪来临的时候,或许对体育来讲需要新的格言,那就是:更干净、更人性、更团结。"

　　4.现代奥运会的地域文化特征

　　现代奥运会的举办地主要分布在欧洲、美洲、亚洲和大洋洲。其中欧洲占了大部分,其次是美洲。从地理上看,欧洲环绕着许多边缘海,北冰洋沿岸有伯朝拉海、巴伦支海和挪威海;大西洋沿岸有北海、比斯开湾等;还有一些被陆地包围的内海,如北部的白海、波罗的海,南部的地中海、黑海,以及地中海沿岸的亚得里亚海和爱琴海。欧洲不同地区的气候有着显著的差异:欧洲西部山地的迎风坡和阿尔卑斯山地区年降水量在1000毫米以上;欧洲东部夏季水分蒸发量大、湿气高,气候干旱,形成了荒漠气候;斯堪的纳维亚半岛西部、南部,不列颠群岛及西欧沿海诸国的气候类型是温带海洋性气候,受途经的暖流影响,这里冬季温暖,夏季气候凉爽,年降水量超过1000毫米,空气湿度很高,多云雾,天气阴沉,日照少,因为夏季气温低,日照少,这里不适合发展种植业,但牧草生长旺盛,适宜发展畜牧业;欧洲南部地中海沿岸,冬季受西风影响,气候温和、多雨,夏季受副热带高压带控制,炎热、干燥,是典型的地中海气候,为了适应夏干的气候,自然带为亚热带常绿硬叶林。

　　欧洲海岛众多,有些国家甚至几乎是四面环水,水域环境的长期生活渐渐地使整个社会对"水"都产生了信仰崇拜。欧洲对"水"的民俗信仰在古希腊时代就已经存在了。诸如在古希腊奥运会中就有海神崇拜,从古希腊地理环境看,它的组成包括希腊半岛、爱琴海诸岛以及爱奥尼亚群岛,由于海湾深、港口多,爱琴海上岛屿星罗棋布,古希腊农业条件不佳,却是一个航海经商的好地方,但同时海洋也经常给他们带来死亡的威胁。于是,古希腊人类就创造了一个海神波塞冬来保护他们,每当要出海或是丰收归来,古希腊人都跳起娱神舞蹈,这种活动到奴隶制初期得到进一步发展,产生了伊斯特摩斯神运动会,成为希腊四大竞技运动会之一。公元前581年第一次举行,以后每两年在科托斯的伊斯特摩斯举行一次,其意义仅次于奥林匹克竞技会和皮托竞技会。

亚洲盘踞亚欧大陆的中部和东部,面向世界最大的洋——太平洋,且地势起伏悬殊,地形错综复杂,使其形成独特的气候特征。亚洲举办过奥运会的国家有日本、韩国和中国,它们都位居亚洲东部。亚洲国家举办的奥运会自然就完全表现出亚洲文化的特征。如1964年日本东京奥运会的会标设计是日本国旗加上单色五环,一些专家认为这与文化有密不可分的关系:日本人把对哲学、太极的理解融进了奥运会。又如第二个举办奥运会的亚洲国家韩国,更是以别具一格的朝鲜民间文化表演而一举成名,那届奥运会的吉祥物是一个当地民间故事中名为"虎里多"的小老虎,奥林匹克五环会徽围在小老虎的脖子周围,头上则是该民族特有的纱帽,巧妙地将东西文化结合在一起,开幕式则以民间故事阿里郎串联,加上鲜明的民族服饰和传统装饰条纹,特别是会徽中三个旋涡状条纹代表天、地、人三者的和谐,更是突出了东方文化的地域性特征。中国自古就是一个农业大国,农耕民族的农耕文化牢固地建立在天文气象的基础上,所以我国岁时文化是丰富多彩的。在岁时文化中包括形式多样的民俗体育,如舞龙、舞狮、赛龙舟、风筝、荡秋千、踢毽子等,因此在2008年北京奥运会开幕式表演内容和吉祥物的征集中,就有孙悟空、熊猫、阿福、拨浪鼓、中国龙等,这些都是典型的中国传统民间文化。奥组委最后定下来的北京奥运吉祥物也同样是中国民俗的典型代表,如福娃贝贝,就是中国传统文化艺术中的"鱼"和"水"图案;福娃欢欢是个火娃娃,其头部纹饰源自敦煌壁画中火焰的纹样。

在现代奥运会的举办中,由于举办国所处地理环境、经济文化环境、思维观念的差异,奥运会的具体特点也存在差异。其中最主要的是融汇了各个国家的民族文化,从而表现出现代奥林匹克的鲜明地域特色。

事实上,体育与地理一直就有着千丝万缕的联系,山川湖泊、平原旷野都为体育活动提供了场所,冷暖寒暑、春夏秋冬也影响到运动项目的季节性。无论从历史起源和演变看,还是从现实发展看,体育都是洋溢着浓重社会气息的流行文化。毫无疑问,随着奥林匹克这一流行文化的发展和全球化的进程,它将与世界更多的国家发生联系,多元化、地域化特征将会越来越明显。

思考练习

1. 什么是体育文化? 体育文化是怎样产生的?
2. 联系生活实际简述体育文化地域性的内涵。
3. 联系实际谈谈中西方体育文化的差异。
4. 中华武术的主要流派有哪些?

第五章　体育人口

　　人口的急剧增长给社会造成许多难以克服的问题,必须控制人口的发展。人口的数量与质量、人口的分布与结构都从不同角度对体育的发展产生影响。体育人口是体育发展的重要参数,新中国成立以来我国的体育人口数量有了长足的进步,大大高于经济水平相当的其他国家,但我国非体育人口的转化工作仍十分艰巨。

第一节　人口问题概述

　　人口是社会学研究的主要对象,也是经济和社会发展的重要参数。它是一个内容复杂、综合多种社会关系的社会实体,具有性别和年龄构成、多种社会构成和社会关系、经济构成和经济关系。人口的出生、死亡、婚配,处于家庭关系、民族关系、经济关系、政治关系及社会关系之中,一切社会活动、社会关系、社会现象和社会问题都与人口发展过程相关。

一、人口数量

　　人口数量是指一个地区在一定时间内的人口总和,一般以人口普查的统计结果为依据。然而由于人口普查费时耗力,不可能每年都进行,所以我们通常所讲的人口总量就是上一次人口普查时统计的人口总和。

　　1. 近代人口的骤增

　　据统计,1930年世界人口达到20.28亿人,1960年世界人口超过30亿,1974年达40亿,1987年超过50亿,目前已超过70亿。中国长期以来是世界上人口最多的国家,截至2014年年末中国大陆总人口(包括31个省、自治区、直辖市和中国人民解放军现役军人,不包括香港、澳门特别行政区和台湾省以及海外华侨人数)136782万人。

　　人口的增长在不同的阶段呈现出不同的模式,即所谓的人口增长模式,又称人口转变模式,它反映了不同国家和地区的人口出生率、死亡率和自然增长率随社会经济条件变化而变化的规律。根据人口自然变动的特征,可将人口增长的一般历程分为四种类型。

　　(1)原始型

　　高出生率,高死亡率,很低的自然增长率,仅见于一些发展中国家的个别地区。

　　(2)传统型

　　高出生率,低死亡率,高自然增长率,多为发展中国家,如亚洲的巴基斯坦。

（3）过渡型

介于传统型与现代型之间的一种类型，出生率继续走低，死亡率由高转向低，自然增长率亦由高转向低。

（4）现代型

低出生率，低死亡率，很低的自然增长率，如欧洲的德国，亚洲的中国。

历史发展表明，人口增长模式是由原始型转向传统型，继而向现代型逐步过渡的。一个国家或地区人口增长模式的转变与社会经济发展、传统文化观念和相关的人口政策等密切相关。

世界上不同国家和地区的人口增长模式都在发生着变化。由于不同国家、地区的工业化进程和社会经济发展差异的扩大，世界人口增长模式的地区差异也随之扩大。尤其在第二次世界大战以后，世界人口增长模式的地区差异更加明显。20 世纪 50 年代后，发达国家的人口出生率不断降低，到 70 年代中期，以欧洲和北美为代表的发达地区的人口自然增长率平均不足 1%，人口增长模式已进入现代型。一些发达国家的人口自然增长率很低，甚至呈现负增长。大多数发展中国家的人口死亡率已降至与发达国家相当的水平，但是人口的出生率仍然较高，人口增长模式还没有完成从传统型向现代型的转变。

中国是世界人口最多的国家，人口增长模式能否顺利实现转变，对世界人口增长模式的转变起着举足轻重的作用。20 世纪 70 年代以来，中国由于大力开展计划生育工作，已基本实现了人口增长模式从传统型向现代型的转变。

2. 人口数量的控制

人口的过快增长给经济与社会发展带来了很多问题：资源过度消耗，引起资源争夺，甚至爆发战乱；生态环境破坏，影响经济的可持续发展；城市过分拥挤；人们生存环境不断恶化；社会机会减少，各种社会问题丛生；人们的劳动报酬递减，造成社会贫困化，犯罪率不断上升；教育、卫生、体育等公共事业不能满足社会需要，最终造成人口质量的严重下降。据联合国和世界银行的预测，2025 年世界人口将达 82 亿，2050 年将达 94 亿，2100 年将增加到 104 亿。西方新马尔萨斯主义（亦称罗马俱乐部）认为，到 2100 年地球将无法承受人口压力，人类社会终将崩溃。因此，控制人口数量的过快发展已经成为许多国家和地区政府的首要问题。

中国政府将"计划生育"列为基本国策。在 30 余年的时间里，改变了中国传统的生育观念，有效地控制了人口数量的快速增长，从新中国成立到 1964 年，每增加 1 亿人口平均用7.5 年，1964 年到 1974 年我国增加 1 亿人口用了 5 年，20 世纪 80 年代以后，虽然几次进入生育高峰期，但出生率都没有明显增长。我国的计划生育政策的成功实行，使世界达到 60亿人口数的时间推迟了 3 年，使中国人口总数减少了 3 亿。

3. 人口数量与体育的关系

体育的本质是对人的关照，因此，人口数量对体育的发展以及个体体育需求的满足都有至关重要的影响，适度的人口数量是体育得以发展的良好前提。社会总人口数量过多，会造成体育资源分配的严重不足。大量的体育场馆设施被挤占、被挪作他用、被改造成居民住房或商业用房，而新修的居民区缺少空地、绿地和体育设施用地，这些都将影响体育的正常发展。学校学生数量过多，造成人均体育教师数量、人均体育经费、人均体育场地面积和人均体育器材设施数量的严重不足。许多中小学运动场地设施不足,在"螺蛳壳里做道场",全校的课间操要分几批完成,有的学校甚至没有运动场地设施,要在马路上上体育课,既不符合交通安全的要求,也达不到体育环境的健康标准。由于学校自身体育资源的匮乏,更不可能向社会开放。家庭子女数量过多也不利于体育的发展。卫生学的调查证明,多子女家庭孩子的发育水平、健康水平明显低于少子女的家庭。事实上,多子女家庭在子女的营养、教育、运动、娱乐等许多方面缺少条件和机会。当然,一些家庭对独生子女的过分溺爱,使得一些孩子娇生惯养,也不利他们的体育参与,是造成"肥胖儿"和"豆芽菜"体型高发的重要原因。

二、人口质量

1. 人口质量的评价

人口的质量也称人口素质,是人类具有认识世界和改造世界的条件和能力的基础。从微观讲,人口质量指的是人口的素质,包括思想道德素质、科学文化素质和身体素质,而身体素质是思想道德素质和科学文化素质的物质基础。从宏观讲,人口质量是一个国家或一个地区综合的认识和改造自然、社会、人类自身的条件和能力,可用群体的受教育程度、文盲率、入学率以及各种身体素质的指标来测量。目前,通常用生命质量指数从文化、健康等角度反映人口质量。

(1)人口质量的直接指标

● 人口平均预期寿命。这是一项可以比较全面地反映人的健康水平的综合性指标。人口平均预期寿命是利用生命表技术推算出来的当年出生的婴儿可能存活的平均年限。人口平均预期寿命不等同于平均死亡年龄,后者仅是当年死亡人口的平均年龄,它与人口的年龄构成有关,不能完全反映人口的身体健康水平。比如在职人员的平均死亡年龄一定小于60岁,而离退休人员的平均死亡年龄一定大于60岁,这不能说明在职人员的健康水平一定低于离退休人员。1957年我国人口的平均预期寿命是57岁,1973年至1975年,我国男性平均寿命是63.67岁,女性是63.31岁。1978年男性平均寿命达到67岁,女性达到70岁。根据第六次全国人口普查详细汇总资料计算,2010年我国人口平均寿命达到74.83岁。在经济不发达和欠发达国家和地区,人口的疾病和死亡原因排在前三位的主要是新生儿疾病、营养缺乏性疾病、传染病,多发生在消化系统和呼吸系统,即俗称的非文明病。而在经济条件和医疗卫生条件较好的国家和地区,主要的病因和死因是脑血管疾病、心血管疾病、恶性肿瘤、意外事故等,俗称"文明病"。与人口平均预期寿命密切相关的指标就是人口的疾病死亡谱。我国大中城市的疾病死亡谱已经向后者转化,在农村呼吸系统疾病仍占首位,而各种传染病的排位已经大大后退。

● 残疾人所占的比重。

● 教育水平指标,包括教育流动量指标和教育存量指标两类。

● 体育水平指标,通常用体育人口的数量和通过各种体育合格标准者的数量来衡量人们的体质和健康水平。

(2)人口质量的间接指标

● 医疗卫生和保健的普及程度。

● 人口食物构成和营养状况指标。

- 人均住房面积。
- 体育运动事业的普及程度。
- 环境监测状况及污染指数等。
- 教育经费在国民收入中所占比重,以及教师学生数量比、科研机构的门类、数量和水平等。
- 图书、报刊出版发行量,广播、电视的覆盖率等。

2.影响人口质量的因素

影响人口质量的因素很多,主要有以下几方面:

(1)国家的经济发展水平,包括国民生产总值、国民总收入,特别是国民人均收入。

(2)国家的稳定状态。战争动乱会致使国民素质严重下降。

(3)自然灾害、疾病瘟疫都可能造成国力虚弱。

(4)教育、科技、文化、医疗、卫生防疫、环境保护、体育事业的水平直接关系到人口的各种素质。其中教育与青少年素质的关系最为密切,教育思想、教育体制以及对教育的投入都能从根本上影响人口质量。

(5)社会的价值观念、伦理都影响人口的基本素质。艾滋病和毒品的蔓延就从这方面给我们敲响警钟。我国推行的《全民健身计划纲要》也是着眼于人的素质,试图从身心全面发展的角度,利用体育健身的手段,提高全体人口的素质。

3.人口的健康水平对体育的影响

健康和体育的关系是互动的,健康既是体育活动的结果,也是人们参与体育活动的动机。随着社会健康水平的提高,人口健康对体育的影响主要表现在以下两方面:

(1)随着总体健康水平的提高,人们对体育的依赖程度逐步增长。由于疾病谱的变化,心血管疾病、脑血管疾病人数骤然增加,全社会"灰色健康"人口数量陡增,人们对体育运动的参与意识变得越来越强。

(2)人们体育活动的方式开始发生变化。起源于低能量摄入、高强度消耗时代的传统健身养生方法,已经逐渐不适应各种"文明病"发生和蔓延的时代,人们更多地倾向于各种有氧锻炼活动,如长走、慢跑、健美操、有氧舞蹈等,以求更多的能量物质的消耗。

三、人口分布

1.人口分布概述

气候条件、资源状况等是影响人口分布的自然因素,劳动能力、生产力水平、科技进步程度、社会经济发展状况等是影响人口分布的社会因素。某些政治因素也可以改变人口的分布状况,如我国西部大开发的政策将会大大调整人口的分布。人类最适于居住在离海岸线500公里以内、海拔在500米以下,具有良好灌溉条件、土壤肥沃、气候适宜、交通便利、经济发展水平较高的地区。河流两岸是比较适合人们居住的地方,许多古代文明就产生在大河流域,一些文明的衰亡也往往源于河流的干涸枯竭。过分干燥、湿热和寒冷的地方都不适合人们生存,如沙漠、热带丛林、南北极等自然条件恶劣的地方。

我国的人口分布是长期的地理、历史因素影响造成的,每平方公里平均人口密度为143人,约是世界人口密度的3.3倍。人口密集区主要有辽宁、吉林、黑龙江地区,黄河中下游地区,长江中下游和东南沿海地区。从黑龙江的黑河到云南的腾冲画一条直线,在该直线的东南部国土占全国国土面积的36%,人口占全国的96%,而其余地区则仅占总人口的4%。根据人口的实际分布状况,大约可以将中国的人口分布分成东、中、西三个梯级:东部沿海地区人口密集,每平方公里超过400人;中部地区每平方公里为200多人;而西部高原地区人口稀少,每平方公里不足10人。

2.人口分布与体育的关系

体育运动作为一种社会文化,大多发生于人口较为密集的地区。大规模的体育设施一般都建筑在人口集中的大中型城市。大型的体育竞赛表演活动都在交通方便、商业繁荣、观众云集的地方举行。体育人才大多出现在教育高度发展,人员素质相对较高的人口密度较大区域。体育产业也都是在人口相对密集的城市首先繁荣起来的。可以说合理而适当的人口分布是现代体育发展的基础条件。然而,人口的高度集中又往往给体育的发展造成一定的物质条件方面的困难。

我国人口的梯级分布造成了我国体育发展的不平衡。我国竞技体育形成以辽宁、广东、上海、北京、江苏、山东等省区为第一梯队的态势就基本反映了这一人口分布的特点。我国社会体育和学校体育长期的不平衡发展也与人口的不平衡分布有密切的关系。我国正在通过三峡工程、南水北调、开发西部等措施调整人口与经济不平衡发展的状态,将来体育运动也将会因人口分布的变化而调整自己的发展格局。

四、人口结构

1.人口性别结构

人口的性别比例,一般是趋于自然平衡的,但由于社会中妇女的地位较低及人们的性别偏见,可能造成人口比例的失衡,比如人们可以通过溺婴、堕胎等方法减少女性的数量。由于战争中男性死亡率的升高和男性寿命低于女性等原因,也可能造成某一年龄段女性多于男性。中国64岁以下各年龄段的人口中,男性的人数都多于女性,1~14岁的男孩明显多于女孩,65岁以后女性人数逐渐多于男性,到高龄阶段,大约每100个女性只对应有24~40个男性。

2.人口年龄结构

人口年龄结构指一定时间、一定地区各年龄组人口在全体人口中的比重,又称人口年龄构成,通常用百分比表示。人口年龄结构是过去几十年、甚至上百年自然增长和人口迁移变动综合作用的结果,又是今后人口再生产变动的基础和起点。它不仅对未来人口发展的类型、速度和趋势有重大影响,而且对今后的社会经济发展也将产生一定的作用。它决定了整个社会的劳动人口与被抚养、被赡养人口的比例。当前者过少,而后者过多时,社会的负担就会十分沉重,而当前者过大时,虽然可以提供较为廉价的劳动力,但社会的就业负担则会加重。

反映人口年龄结构特征的指标很多,主要有:

(1)老年系数,又称老年人口比重,指老年人口占总人口的百分比。一国家或地区60岁以上人口占总人口的10%,或65岁以上人口占总人口的百分比达到7%即为人口老龄化。

(2)少儿系数,指少年儿童的人数占总人数的百分比。

(3)老少比,指人口中老人与少年儿童人口的百分比。

　　(4)抚养比,又称负担系数,指人口中非劳动年龄人口与劳动年龄人口的百分比。

　　(5)老年抚养比和少年儿童抚养比,指老年人口或少年儿童人口与劳动年龄人口之比。

　　根据反映人口年龄结构的一定指标,可将人口区分为 3 种不同的年龄结构类型,即年轻型:少年儿童占总人口比重 40% 以上;成年型:少年儿童占总人口比重 30%～40%;老年型:少年儿童占总人口比重 30% 以下,或老年人口占总人口比重 7% 以上。

　　国家统计局《2014 年国民经济和社会发展统计公报》显示:2014 年中国 13.67 亿人口中,60 岁及以上的老人达 2.12 亿,占总人口比例为 15.5%;65 岁及以上人口数为 1.37 亿人,占比 10.1%。世界卫生组织预测:到 2050 年,中国将有 35% 的人口超过 60 岁,成为世界上老龄化最严重的国家。

　　日本人口学者 Yoshikami 直言,中国人口老龄化加剧就是独生子女政策所致。的确,尽管城镇化、推迟生育等都降低了生育率,但独生子女政策仍是低生育率的重要根源。老龄化会降低一个经济体的活跃度,老龄化与少子化(即 0～14 岁人口过少)叠加,则意味着巨大的养老风险。养老保险会面临"缴费的人少,领钱的人多"的窘境,而劳动年龄人口的减少则意味着未来养老服务价格的提升,甚至会出现老人有钱难以买到合适服务的情况。缓解人口老龄化,主要方法就是把总生育率提高到世代更替水平附近。这就需要生育政策做出重大调整。我国从双独二孩到单独二孩再到全面放开二孩政策,生育政策已经在变化,但是跟人口危机的现实相比,还是滞后。

　　人口的性别结构与年龄结构对体育发展产生着潜在的影响。在制定体育发展战略时,就必须考虑到人口的性别、年龄的结构关系。比如根据以上的判断,我国在 2000 年已经从年轻型社会迅速进入老年型社会。老年人体育,特别是老年妇女体育应该受到社会的格外重视。

五、人口迁移

　　人口迁移一般指人口在两个地区之间的空间移动,这种移动通常涉及人口由迁出地到迁入地的永久性或长期性的改变。联合国《多种语言人口学辞典》给人口迁移下了一个为人们普遍接受的定义,即"人口在两个地区之间的地理流动或者空间流动,这种流动通常会涉及永久性居住地由迁出地到迁入地的变化。这种迁移被称为永久性迁移,它不同于其他形式的、不涉及永久性居住地变化的人口移动"。

　　1.影响因素

　　(1)自然环境因素

　　1)气候。它不仅直接影响人的身体,而且影响着一个地区的土壤、植被和水文等,对人类生产和生活有着重要的影响。

　　2)淡水资源。淡水资源的分布及其变化,在很大程度上决定了人类生活、生产的空间格局,从而决定着人类的迁移方向和规模。

　　3)土壤。土壤是影响农业生产的重要条件。

　　4)矿产资源。矿产资源是资源生产发展,特别是制造业的基础。

　　5)自然灾害。自然灾害发生后的饥荒或生态恶化会迫使人们迁移。

　　(2)社会经济因素

　　1)经济因素是人口迁移主要的、经常起作用的因素。经济越发展,人口在地区之间的迁移就越受经济条件的制约。多数情况下,人口迁移是为了追求更好的经济收入,从而能有更好的生活水平。宏观上看,经济布局的改变也会造成大量人口的迁移,如我国经济特区的设立就吸引了大量人口的迁入。

2)交通和通信的发展相对缩小了地区之间的距离,减少了妨碍人口迁移的各种困难,促进了人口的迁移。近几个世纪以来,人类越来越大规模、大范围、大跨度的迁移就与此有关。

3)文化教育事业的发展改变了人们的生活态度和生活期望,也改变了人们认识外部世界的态度,从而促进了人口的迁移。

4)婚姻和家庭。婚姻是影响青年人口迁移的主要因素,而家庭因素(如实现家庭团聚)则在未成年人和老年人口的迁移中起着重要作用。

(3)政治因素

1)政策。合理的政策可促进人口迁移正常地进行;不合理的政策,或者政策合理但实施政策的措施不合理,就会产生相反的效果。

2)战争。战争对人类正常的生产生活环境和秩序产生极大的破坏,并常常引起人口迁移。例如:二战期间,欧洲迁移人口达3000万人。20世纪末发生在非洲卢旺达、刚果地区的部族战争,欧洲巴尔干半岛地区的冲突等,引起的迁移人口达数百万计。

3)政治变革。一个国家政治上的变革,如政治中心的改变也会直接引发人口迁移。

2.人口迁移分类

人口迁移按地理范围可以划分为国际人口迁移和国内人口迁移。

国际人口迁移是指人口跨国界并改变住所达到一定时间(通常为1年)的迁移活动。国际迁移在历史上曾不断发生,其中规模最大的是15世纪地理大发现以来从旧大陆向新大陆的迁移高潮。

近代国际迁移的主要方向为:欧洲继续向新大陆迁移;非洲黑奴被迫贩往美洲;中国人、日本人、印度人开始迁往东南亚、美洲、大洋洲等地。第二次世界大战后,国际迁移的特点发生变化,持续了数百年向新大陆的迁移已近尾声;由发展中国家迁往发达国家的外籍工人越来越多;因区域性政治冲突频频爆发而不断产生国际难民。

国内迁移较为经常和普遍,主要形式有:(1)边疆垦殖迁移。因地区间经济发展不平衡,资源枯竭地区人口相对过剩,人口迁移伴随新土地的开发而产生。近代美国西部、苏联西伯利亚和中国东北等地的开发,都吸引了相当规模的移民并持续了一段时间。因各国国情不同,垦殖迁移有时自发进行,有时采用有计划的或军队屯垦的方式。(2)乡村人口向城市集中。这是现代国内迁移中更为普遍和显著的一种,其实质是农业人口转变成非农业人口,与工业聚集、商品经济的发展有着密切联系。18世纪产业革命爆发后,西欧、北美的城市成为大工业所在地,大量乡村人口涌入城市。第二次世界大战后,向城市的迁移浪潮遍及全世界。发达国家人口向城市大量迁移因农业现代化所需劳动力减少而引起,且乡村与城市的发展水平日益接近;发展中国家现代城市发展较晚,农业人口多,城乡差别大,故带来失业增加、城市环境恶化等问题。

我国国内人口迁移的特点:古代由自然条件差的地方迁往自然条件好的地方,大批迁移;从新中国成立到20世纪80年代中期有计划、有组织地由东部迁往西北和东北地区;20世纪80年代后由西部迁往东部,由农村迁往城市,自发迁徙,量大。

第二节　体育人口

体育人口是社会经济发展到一定阶段的必然产物。一个国家、一个地区的体育人口规模、体育人口状况既是一定时期内社会经济发展水平的反映，又是社会经济因素作用于人口过程的结果，同时又对当时及未来的社会经济和人口过程产生影响。2008 年北京奥运会以后，我国提出了由体育大国向体育强国转变的口号。体育强国的重要标志是国家居民将体育作为生活方式的一部分，体育人口就是其中的一项重要参数。

一、体育人口的概念

体育人口一词最早出现在日本学者池田胜的《日本、欧美国家体育人口的动向》中。随着大众体育热潮的兴起，体育人口逐渐受到体育社会学领域学者的关注，众多学者从不同的角度对"体育人口"进行定义。

● 体育人口是指生活在一定时间、一定地域，以增进身心健康或提高运动成绩为目标，以身体活动为共同标志的社会群体。

● 体育人口是指经常从事身体锻炼、身体娱乐、接受体育教育、参加运动训练和竞赛，具有统计意义的个人所组成的社会群体。

● 体育人口是指通过体育手段来提高或保持体能水平的社会成员。

● 有学者将体育人口分为广义体育人口和狭义体育人口。所谓广义的体育人口是指在总人口中以身心健康、休闲娱乐和以追求提高运动成绩为目的，直接参加身体活动和观赏、关心体育的一种社会群体。狭义的体育人口指以身心健康、休闲娱乐和以追求运动成绩为目的，直接参加运动和体育活动的社会群体。

● 体育人口指有目的地、经常性地用一定时间达到一定体育活动量度的个体。

● 体育人口一般是指经常从事身体锻炼、身体娱乐、进行专项训练以及其他相关体育事业的人。

综上所述，广义的体育人口应该包括三方面的人群：体育关注人口、体育参与人口和体育消费人口。人与体育之间存在着三方面的联系：第一是人关注体育，主要指主动关注体育事件或者在媒体引导下关注体育事件；第二是人参与体育，主要指根据人的不同身体状况参加体育活动；第三是人开展体育消费，满足自身的需求。所以广义的体育人口可以理解成是一切参加体育活动，关注体育形式和政策，进行体育消费的人群总和。当然在现实生活中很多时候体育运动的参与者同时也是体育的关注者和消费者。而狭义的体育人口指通过体育手段来提高或保持体能水平的社会成员。本文中涉及的体育人口相关探讨主要针对狭义的体育人口而展开的，下文不再另行赘述。

二、体育人口的判定标准

作为衡量群众体育发展水平的一项重要测度指标体系，体育人口的判定标准尚不完善，特别是对参与体育活动的体育人口即狭义体育人口的判定，其标准很难统一，因为参与者自身的初始身体状况、年龄性别、活动频率、每次参加活动的时间、负荷强度等都会影响体育活动量。所以,目前国际上的体育人口判定标准基本都是从体育活动量的角度出发来考虑和制定的。我国的体育人口判定标准又必须适应我国地域、气候、文化和人口的差异性特征,所以制订一个既客观量化又便于操作统计的体育人口判定标准有一定的难度。但对于一个操作性的概念而言,这样一个判定标准又非常必要,它是对体育人口现象进行科学统计、描述、研究、评价和比较的前提条件。

1. 体育人口判定标准的本质及其特点

从现代医学角度来看,体育人口有别于非体育人口的本质特点是体育人口具有一定的运动量,而运动量的下限就是"适度运动"。"适度运动"对增强体质、增进健康具有积极的效果和特殊的功能。所以"适度运动"是体育人口区别于非体育人口的一个本质特点和依据。

作为体育人口的重要研究工具,体育人口判定标准应具备以下的特点。

(1)具体性

体育人口判定标准在再现体育人口现象时,不能是一般化的、含糊不清的,而必须是具体的、明确的体育人口现象的质与量相结合的反映形式。

(2)定量性

体育人口判定标准构建的目的就是要把复杂的身体活动现象变为可以量度、计算、比较的数字、数据、符号等。

(3)综合性

综合性强调体育人口判定标准的存在是为了说明体育人口现象的总体特征,是对所有个体中所蕴含的普遍特征汇总的结果,而不是单个的个体现象。

2. 体育人口判定的标准

国际上大多以锻炼时间 30 分钟以上,锻炼强度中等以上,锻炼频度每周 3 次以上作为体育人口的判定标准,如美国、加拿大等,但也不完全统一。英国、澳大利亚等国的体育人口判定标准是每周身体活动频度 3 次以上,每次活动时间 20 分钟以上,每次活动主观运动强度中等以上;日本将一年中身体活动 1 次以上,周身体活动不足 2 次的人群划为一级体育人口;将周身体活动 2 次以上的人群划为二级体育人口;将周身体活动 2 次以上,每次活动时间 30 分钟以上者称为三级体育人口;把周身体活动 2 次以上,每次活动时间 30 分钟以上,活动的主观运动强度中等以上的人群归为四级体育人口。日本的这种把体育人口分级的做法是一种进步,它已经具有对体育人口质量进行评价的内涵了,只是这种评价方法过于呆板。

在我国,1987 年卢元镇、王则珊合编出版的《群众体育学》一书中首次提出了体育人口的计算标准,1996 年对其进行了若干修正,并于 2001 年又提出了新的体育人口判定标准,即必须同时满足以下三个条件才能算是体育人口:

(1)每周身体活动频度 3 次以上;

(2)每次身体活动时间为 30 分钟以上;

(3)每次身体活动强度中等程度以上。

我国地域辽阔,东西、南北跨度大,各地地理气候差异较大,风俗习惯迥异,经济和体育发展程度也不尽相同。因此,以上的体育人口判定标准只是一个基础的数据,这个数据不适合就学阶段的青少年学生；在执行双休日劳动制度后，人们的生活节奏加快，余暇时间趋于集中，一部分城市职工开始采取周末集中时间锻炼、娱乐、野营、旅游等方法，他们中的体育人口如何计量要进一步研究；还有农村居民参加体育活动受季节和农村习俗影响较大，他们中体育人口的统计也还要深入研究。因此刘德佩先生指出，只要符合以下四个条件之一者都可判定为体育人口：

(1)大中小学生及学龄前幼儿在教师指导下每天活动一小时；

(2)成年人每周锻炼三次，每次不少于 30 分钟，或每周参加一次旅行、野营和体育比赛等体育相关活动；

(3)每天坚持做工间操、课间操；

(4)老年人参加体育活动每周不少于三次，每次不少于 40 分钟。

另外，还有一些学者对我国体育人口的判定标准进行了更为细致的修正和补充。如仇军教授经数学推导分析指出：我国体育人口判定标准是每周身体活动频度三次以上，每次身体活动时间 20 分钟以上，每次身体活动强度中等程度以上；张洪潭教授则认为：是否属于体育人口不能以人们参加体育锻炼的时间、强度和频度等指标为参照标准，而是应该看其是否保持着或提高了体能水平为判定依据；韩丹教授在认可张洪潭教授"体能观"的同时提出了"同体质测定结合起来，直接用体质测度的指标（综合测定值）代替"的观点。

整体而言，我国体育人口判定标准存在刚性过大、缺乏弹性的问题，而"适度运动"概念内涵的丰富性以及我国人口的地域性、差异性决定了体育人口判定标准应保留一定的弹性。因此，体育人口的判定标准应充分考虑人口特点，在现行的判定标准基础上再设立一些符合多种人群实际的体育参与状况的标准，从而使判定标准更加客观、真实地再现体育人口的本质。

三、体育人口适宜运动类别

体育运动项目林林总总，是人类通过身体活动和比赛达到强身健体目的的活动内容、种类的集合。目前经国家体育总局批准正式开展的体育项目已达百种，加上社会上流传的民间体育活动和少数民族传统体育项目，数量上就更多了，可能有上千种，具体而言可以分为以下几类。

1. 健身运动

健身运动是指通过徒手或利用各种器械，运用专门科学的动作方式和方法进行锻炼，以发达肌肉、增长体力、改善形体和陶冶情操为目的的运动。我们常见的健身运动项目可以分为三类：第一类是跑步、游泳、自行车运动等，此类运动的共同特点是都属于有氧代谢的耐力性运动项目。第二类是散步、快走、桑拿浴等。第三类是迪斯科、太极拳、健美操等，后两项运动重在进行精神放松。就健身运动的效果而言，并非运动强度越大越好。科学研究表明，良好的情绪状态和中等强度的活动量，效果最好，甚至能治疗焦虑症和抑郁症等心理疾病。而超量的高强度运动会对身体机能造成破坏，而健身效果也会事与愿违。

健身运动简单易行，适用性强，能有效地增强体质，增进健康，发达全身肌力，增强力量，提高生产劳动效率，同时还能改善人们的体型、体态，陶冶人们的美好情操，所以深受人民大众的喜爱，尤其是文化知识水平较高的人们。特别是在开展全民健身运动的今天，健身运动有很强的吸引力,它可以使瘦弱者变强壮,使肥胖者变结实,使少儿健康成长,使老年人健康、长寿。健身运动是开展全民健身的一个重要方面,当前我们要特别注意在工人、农民中开展健身运动,在少儿和老年人中开展健身运动,提高我们民族的健康水平。

2. 娱乐体育

娱乐体育是指工作、学习之余,为了丰富生活、调节精神、欢度闲暇而进行的体育活动。娱乐体育以消遣、娱乐为目的,内容选择以个人爱好为前提,如游戏、球类活动、郊游、钓鱼、打猎、登高、下棋以及观看各种体育比赛等。娱乐体育可以不拘形式地通过各种身体活动,在充满欢愉、和谐的气氛中达到强健身体、调节心理、陶冶情操、激发生活热情、培养高尚品德、满足精神追求等现实效果。

3. 医疗体育

医疗体育又称康复体育,是运动医学的一部分,是指病患者为了配合治愈某些疾病而进行的身体锻炼,是运用各种体育运动方法治疗创伤和疾病的学科。医疗体育不仅治疗疾病,同时还能促进各种脏器机能的恢复,既对全身有积极影响,又对局部器官产生强有力的作用。医学界把用体育运动治病的方法称为体育疗法。

中国是世界上最早应用医疗体育的国家,早在中国古代就已经有了舞蹈、导引、按摩治病的记载。汉墓出土导引帛画可以说是世界上最古老的、完整记载了医疗体育的珍贵文物。《庄子·刻意》中的吹呴呼吸、吐故纳新、熊经鸟申,《行气玉佩铭》中的行气,《后汉书·华佗传》中的五禽戏等都是医疗体育。其后,在隋、唐的《诸病源候论》《千金方》等医书中更有专章系统阐述。从这些记载中可以看出,中国医疗体育的特点是肢体活动与意识、呼吸、按摩等相结合进行的。后人将以意识和呼吸锻炼为主的方法称为“气功”,将以肢体运动为主的方法发展成八段锦和各种体操,将以按摩为主的方法发展成各种现代按摩和保健按摩等。其他国家有关医疗体育的记载最早见于希腊,其后罗马和瑞典的医师在方法上有较大的发展,但其特点都偏重于肢体的功能锻炼。印度的瑜伽术近年来也受到各国重视。中华人民共和国成立以来,中国的医疗体育有新的进展,不仅继承了传统的功法(各种锻炼方法)、武术拳法和体操,并吸收应用西方的功能锻炼、器械治疗等,在心血管系统、呼吸系统、神经系统和运动系统等伤病的治疗方面取得了一定的成果。

医疗体育一般可以分为以下几类:

第一类是医疗性体育运动。一是医疗体操,包括各种肢体和躯干运动、呼吸运动、放松运动、矫正运动、协调运动、平衡运动、水中运动、牵伸练习、本体促进练习、拐杖练习、语言训练等;二是传统性的拳、操,包括太极拳、易筋经、八段锦、五禽戏以及各种保健操等;三是有氧活动和健身活动,诸如徒步、慢跑、自行车、游泳、登山、跳绳、上楼、各种球类运动等;四是借助和利用器械的活动,如利用钟摆式器械、滑轮装置系统等运动练习器、渐进抗阻练习器、功率自行车、活动平板等进行;五是职业治疗(又称劳动治疗)活动。

第二类是传统武术、气功。

第三类是按摩、牵引。

第四类是自然因素锻炼,如日光浴、空气浴、冷水浴等。

4. 格斗运动

这里所谓的格斗运动不同于竞技性的格斗运动,而是大众化的格斗体育,主要包括非竞技性的柔道、击剑、自由搏击、徒手自卫、空手道、合气道、跆拳道等。它没有高标准目标,也不要求竞技、对抗的激烈争斗,大众的参与性是它的一个明显特征。我国武术中的散打类似于格斗运动,在我国有着悠久的历史和传统。但是,近几十年来我国更多地注意散打的竞技性,忽略了这项运动的健身、自卫等大众性特点,使得这项原本丰富多彩的体育运动在我国的发展反而不及国外。"重在参与,娱乐健体,增进健康,强身自卫,乐于求知,乐于创新,乐于锻炼,乐于享受",这是德国大学开展格斗运动的宗旨,也是参加格斗运动的目的。很多欧洲国家格斗运动项目的设置也是从大众的兴趣爱好出发,各个年龄层次的格斗爱好者都可以根据自己的喜好进行自由选择。

格斗运动注重基本功的练习、辅助练习和实战技能,强调对人们创造性思维的培养。通过参与格斗运动,可以提高大脑的判断能力、动作的敏捷程度以及个体的反应速度,满足人们对体育的要求,还可以架起人与人之间的交往桥梁,促进人际关系的和谐。我国改革开放以来,格斗运动受到城市市民和高校学生的欢迎,一些大中城市相继出现了武术馆、柔道馆、跆拳道馆等营业性场馆,各级体育事业单位开办的武术培训班、格斗体育培训班等也很受欢迎。

5.户外运动

户外运动的概念有广义和狭义之分。广义的户外运动指所有在户外参加的体育运动。狭义的户外运动专指把体育与文化、旅游、交际等相结合的一种体育活动方式。这里涉及的户外运动是指广义层面的。关于户外运动的起源有两种不同的说法:一种说法是它起源于希腊;另一种更具代表性的说法认为它起源于18世纪末的阿尔卑斯登山运动,也因此后来人们把由登山运动衍生而来的众多探险性休闲活动都称为户外运动。

早期的户外运动其实是一种生存手段,采药、狩猎、战争等活动无一不是人类为了生存或发展而被迫进行的活动。二战期间,英国特种部队开始利用自然屏障和绳网进行障碍训练,其目的是提高野外作战能力和团队合作能力。这是人类第一次系统地把户外活动有目的地运用到实践中。二战后,随着战争的远离和经济的发展,户外活动开始走出军事和求生范畴,成为人类娱乐、休闲和提升生活质量的一种新的生活方式。1989年新西兰举办首次越野探险挑战赛后,各种形式的户外活动和比赛在全世界如火如荼地开展起来。在欧洲每年都举行众多的大型挑战赛。在美国,户外运动的参与人数和产值都位居所有体育运动的第三位。

广义的户外项目可以分为以下几类。

(1)水面运动及航海类

潜水,包括潜泳、水下定向、水下摄影。

游泳,包括跳水、水球、漂流。

航海,包括冲浪、滑水、风帆、舢板、帆船、游艇、摩托艇、水上摩托、漂流。

(2)陆地运动及单车运动

徒步,包括散步、行军、跑步、暴走、定向越野。

单车,包括公路车长途、山地车越野、小轮车机动、山地速降。

(3)山地运动及地下活动

登山,包括徒步登山、山地穿越、攀爬登山、攀登雪山。

速降,包括滑雪、滑梯、滑草、岩降、溪降(车降、滑降)。

攀爬,包括攀岩、攀石、器械攀登。

探洞,包括天然洞穴、人工洞穴、水下溶洞。

（4）野营活动及猎捕饮食

野营露宿,打猎野炊,采集花草,模拟野战,拓展训练,荒岛生存。

钓鱼（塘钓,海钓,钓虾）,捕鱼捉蟹,捉蟮逮鼠,捉虫捕蝶,烧烤烹调。

摄影写生,地质考察,采集矿石,调查民俗,考察古迹,采访奇闻。

（5）机动车船及航空运动

摩托,包括山地越野、公路竞赛、长途旅游。

汽车,包括赛车、越野、探险、旅游、度假。

滑行,包括滑雪、滑冰、滑水、旱冰、滑板、蹦极、岩跳。

航空运动,包括跳伞、滑翔伞、动力伞、热气球、滑翔机、超轻型飞机。

（6）娱乐休闲及军体运动

老鹰捉小鸡,丢手绢,跳格子,斗鸡,熊瞎子捉人。

打弹子,跳皮筋,刷陀螺,掷杏核,耍空竹,放风筝,斗草。

球类,包括皮球、篮球、排球、足球、羽毛球、网球、沙袋。

骑行,包括马、骆驼、牛、驴、羊、狗车、爬犁、自行车、独轮车。

射击,包括气枪、打猎、射箭、镖弩、彩弹野战。

四、我国体育人口的基本状况

中国一直是世界上人口总量最大的国家,中国的"体育人口"概念,完全是随着近代体育的输入,特别是新中国明确提出"发展体育运动,增强人民体质"的口号以后而产生的。然而,我国 13 亿人口的总量中,体育人口的比例至今不高。

1.2014 年我国参加体育活动的人数及结构

国家体育总局委托国家体育总局体育科学研究所、国家国民体质监测中心于 2015 年 1 月 1 日至 4 月 30 日对我国城乡居民在 2014 年里参加体育健身活动的状况进行了调查。调查结果显示:2014 年全国共有 4.1 亿 20 岁及以上的城乡居民至少参加过一次及以上的体育锻炼。20 岁及以上人群中参加体育锻炼的人数比例呈现出随年龄增大而降低的特点。其中 20～29 岁年龄组参加体育锻炼的人数比例最高,为 48.2%,70 岁以上人群参加锻炼的人数比例最低,为 26.0%。

不同受教育程度的人参加体育锻炼比例分别是:研究生及以上 71.4%,大学（含大专）73.2%,高中（中专）63.8%,初中 41%,小学（含私塾）23.0%,文盲或识字不多 16.0%。从事不同职业人群参加体育锻炼的比例分别是:行政、企事业单位负责人 78.3%,专业技术人员 69.7%,办事人员 72.6%,商业服务人员 47.5%,农林牧渔水利人员 19.9%,生产运输操作人员 41.1%,无职业 41.3%,其他 36.6%。

2.2014 年我国体育人口的数量及结构

根据我国体育人口的基本标准（即每周参加体育活动不低于 3 次,每次活动时间 30 分钟以上,具有与自身体质和所从事的体育项目相适应的中等或中等以上负荷强度者）统计,2014 年中国体育人口比例达 33.9%（含儿童少年）,20 岁及以上的人群中体育人口率为 14.7%。

（1）性别结构和城乡结构

中国男性体育人口高于女性体育人口，这是中国体育人口性别构成的显著特征。特别是农村女性人口参加体育活动相对较少，是一个薄弱环节。20 岁及以上的体育人口中，城镇居民为 19.5%，乡村居民为 10.4%。与 2007 年相比，城镇增加了 48.0%，乡村增加了 54.0%，乡村居民体育人口百分比的增长幅度高于城镇。

（2）年龄结构

2014 年城乡居民参加体育健身活动状况调查的数据表明，2014 年我国体育人口年龄结构呈现两端高中间低的"马鞍形"分布：6～19 岁儿童青少年中，在校的每周参加 1 次及以上体育锻炼的人数百分比为 99.3%，不在校的这一人数百分比为 39.9%；20～29 岁的体育人口数量，占该年龄段总数的 13.7%；30～39 岁的体育人口数量，占该年龄段总数的 12.4%；40～49 岁的体育人口数量，占该年龄段总数的 14.9%；50～59 岁的体育人口数量，占该年龄段总数的 18.0%；60～69 岁的体育人口数量，占该年龄段总数的 18.2%；70 岁以上的体育人口数量，占该年龄段总数的 10.8%。

从中国体育人口的年龄结构中我们不难看出，中国体育人口年龄结构中，20～39 岁年龄的人口仍然是体育人口发展的瓶颈。20 世纪 90 年代以来的多项关于地区或人群的相关调查研究均证实了这一情况。而这一年龄正是劳动精力最旺盛的时期，他们参加体育活动的程度对于提高劳动者的身体素质、工作效率和生活质量具有非常重要的意义。近年来政府和社会已经认识到这个问题的重要性和紧迫性，并采取了相应的措施，但是由于多种原因仍未从根本上解决这个瓶颈问题。

（3）受教育程度结构

20 岁及以上人群中，受教育程度越高，体育人口率越高。研究生人群中体育人口占 25.6%，其他依次是大学（含大专）22.0%，高中（中专）18.1%，初中 12.8%，小学及以下为 8.5%。

（4）职业结构

体育人口中有职业者占 75.3%，无职业者占 24.7%，无职业者中离退休人员占 60.3%。这种现状和我国社会的老龄化趋势有关，也说明影响群众体育参与的众多社会条件中，参加体育活动必要的闲暇时间是一个重要的因素。从事非体力劳动的人群中体育人口比重相对较高，行政、企事业单位负责人中体育人口率为 24.1%，其他依次为专业技术人员 21.1%，办事人员 20.0%，商业服务人员 15.2%，农林牧渔水利人员 8.8%，生产运输操作人员 11.9%，无职业人员 16.2%，其他人员 14.3%。

3. 体育人口结构影响因素

（1）地域结构对体育人口结构的影响

根据社会经济发展状况的不同，可以从地域结构上将我国分为经济发达地区、经济欠发达地区和经济不发达地区三个部分。经济发达地区主要包括经济特区、沿海开放地区和各大城市及部分中等城市等，这一区域的经济综合实力是全国最强的。随着经济的飞速发展，人们的生活方式、健康理念发生了根本性的变化，人们对生活品质、身心健康要求更高，而且这一区域体育场馆、设施在全国而言也是最为完善的，人们参与体育活动的机会较多，所以该区域的体育人口较多。资料显示，2012 年江苏省体育人口比重为 35%，而广州市早在

2009 年体育人口比重就达到了 41.3％。但是相对全国庞大的人口总数,这一区域较高的体育人口比重也不能从根本上改变我国体育人口比重低下的现状。

经济欠发达地区主要包括部分中小城市和部分城乡接合部。这一地区的人们一方面受现代文明的影响,渴望健康的生活,有积极参与体育活动的意愿,但同时受到诸多现实条件的限制,使他们不得不放弃体育活动。比如体育运动场馆、设施和器材的相对薄弱,体育活动开展的不足,工作、生活的压力等都可能成为影响他们参与体育活动的障碍。

经济不发达地区主要指老、少、边及广大农村地区。这一地区人口众多,经济落后,人们的生活水平偏低,体育场馆、设施极少,人们的体育意识模糊,甚至没有。

（2）年龄结构对体育人口结构的影响

我国体育人口"两头热,中间冷"的现状不是体育人口的合理年龄结构,这种状况的形成主要是我国的社会、家庭结构所致的。

学生人群由于没有工作压力,学校本身开设有体育课且相对体育活动较多,而人体又处于生长发育期,经常的体育运动有利于促进其生长发育,形成良好的身体形态,即使他们对体育需要的认识不足,家长、老师也会督促他们进行体育运动。同时,青少年精力旺盛,各种压力相对较小,他们的闲暇时间比成年人要相对多一些,因此,这一年龄段的较大部分人口是当然的体育人口。

中青年人,由于工作、生活的压力加大,负担较重,他们生活的目标更多的是放在事业发展和家庭责任上,即便他们对体育运动有需求,也没有更多的时间和精力花在体育需求上。另外,像篮球、排球、足球、网球、羽毛球、游泳等中青年参与度较高的体育项目易受场地、器材等限制,所以,最终造成了这一年龄段体育人口的比重严重偏少。近年来常有中国中高级知识分子、事业有成的企业家等社会精英英年早逝的报道,很大一部分原因就是劳累过度、缺乏体育锻炼。

老年人一般对体育和体育功能有比较深刻的认识,同时也有强烈的健康需求,又有充足的时间,他们一般都很自觉地经常进行体育运动。他们通常选择的气功、太极、棋类、门球、民间舞蹈等体育项目受场地、器械的限制相对较小,而且公益性的场所一般是他们的首选。

老龄化是进入 21 世纪以来我国人口的一个显著特征。1982—2000 年为我国人口老龄化的前期阶段,老年人口在总人口中所占比重从 7.63％上升到 9.81％;2000—2020 年为我国人口老龄化的发展阶段,老年人口在总人口中的比重将从 9.81％上升至 15.53％,老年人口的绝对数量将从 1.27 亿增加到 2.29 亿,年平均增长率为 3.0％。我国人口的这一特征更稳定了老年人口在我国体育人口中主力军的地位。

（3）文化结构对体育人口结构的影响

文化教育程度与体育的认知程度和参与程度具有较大的因果关系,即受教育程度越高,对体育认知的程度和对体育参与的程度也就越高。这是因为一个人在接受了良好教育的同时也相应地接受了良好的体育教育,掌握了一定的体育知识、技术和技能,并形成自觉从事体育活动的观念和意识,养成良好的体育运动习惯,继而通过体育运动增进健康,进行休闲娱乐和社会交往,建立良好的生活方式。由于高等教育在我国还未普及,因此受教育程度比重高低是影响我国体育人口增长的主要原因之一。

（4）职业结构对体育人口结构的影响

专业技术人员中体育人口率最高主要是因为像教师、医生、工程师、律师等专业技术人员的工作较为稳定,经济状况得到很大的改善和提高,同时具备一定的闲暇时间,健康意识随着体育知识的宣传及普及也有所提高。而行政、企事业单位负责人中的体育人口率居于第二位,这是我国社会阶层变化的必然结果。服务业和工业中体育人口率较低,是因为随着社会的发展,已经进入和即将进入第二、三产业的从业人员数量大增,而产业本身发展速度和容量相对滞后,这使得就业压力、工作压力增大,从而导致了部分从业人员无暇顾及体育运动。农民中的体育人口率仍位于各职业人群之后,这说明农村体育工作任重而道远。

五、中国发展体育人口的策略

1. 大力发展国民经济,特别着重发展农村经济,缩小地区间经济差距

体育人口是一个国家民族经济和文化发展的重要标志,一个国家越发达,文明程度越高,科技水平越先进,体育人口就越多。就一个国家而言,经济越发达的地区,体育人口也越多。因此,要想增加体育人口,就必须加快经济发展的步伐,提高人们的生活水平。同时要尽可能缩小地区之间的经济差距,加大对贫困地区尤其是广大农村地区的投资力度和政策倾斜力度。只有经济得到发展,人们才能从繁重的生活压力下解脱出来参与体育健身,也只有广大农村的经济得到发展,才能调动占全国 50.32% 的农村人口参与体育活动的积极性。同样,也只有社会经济发展到一定程度,才有闲余资金用来加强体育场馆的基础建设,以改善人们体育锻炼的环境。

2. 发展中青年体育人口,调整体育人口结构

中青年是社会发展的中流砥柱,也是人一生中的黄金阶段,中青年体育人口偏低不仅限制了我国整体体育人口这只"木桶"的容量,更有可能对未来体育人口的增长产生不良影响。所以,社会有必要为其提供良好的工作环境,创造尽可能多的健身机会和环境,减轻其工作压力,提高其经济收入。例如,各部门可以通过宣传和教育引导中青年的健康意识和健身需求,定期组织各种文体活动,使之充分利用工作场所的体育资源,参与到体育运动中来。同时应积极修建和完善部门健身场所,抓好体育健身设施、器材、方法和手段的开发应用,加强科学指导,使其能掌握一到两项适合自己身体状况的健身方法,并能长期坚持下去。

对于女性而言,家庭和社会应该给女性一个公平、宽松的环境,对女性参与的各种健康的文体活动给予理解和支持。女性自己也要把握时间和机会,更新生活观念,选择积极、健康的生活方式,抽出固定的时间从事体育活动,保证健身效果。再则就是要提高女性家务劳动的效率,提高社会家政服务的质量,让更多的女性从烦琐的家务劳动中解脱出来,参与体育运动。

3. 多渠道筹集资金,加大体育场馆建设的投资力度,重视对体育器材、项目等的改革

目前,我国绝大多数城市的体育场馆都不能满足人们基本的健身需求,而且大多数体育场馆都是收费的。而众多的中小城市,特别是广大的农村,体育场馆根本不能满足人们正常的健身需求。因此必须多渠道筹集资金,增加公益性体育健身设施,修建尽可能多的健身场所。当然,发展体育设施也要与地方经济相适应,不能盲目超前,在健身场所布局地点的选择上要综合考虑其服务的门槛人口、服务半径的辐射范围等因素。另外,还可以进一步加大学校、单位和社会中的公共体育设施开放力度,以提高社会公共体育设施的使用率。

除此之外,还可以在体育项目、器材等方面进行改革,多开发一些易于开展、不需要专用

场地、投入不大、能结合日常活动进行、趣味性和安全性较高的体育项目,提高各层次、各地区、各年龄段人们的健身兴趣,从而的大面积提高我国体育人口的数量。

4.加强学校体育建设,扩大教育的规模和范围,提高国民的整体文化素质

学校体育是培养个体终身体育意识的特定阶段。学校体育有固定的场地和器材、充足的时间和专业的指导教师。学生阶段是形成个体体育理念的黄金阶段。个体从小学—中学—大学,如果能形成相对稳定的体育锻炼习惯,能熟练掌握一到两项健身的方法,将会影响其一生。而且研究表明,受教育程度越高,体育参与意识越强。因此,在普及九年制义务教育的基础上,还应大力发展高等教育,扩大高等教育的规模和范围,提高国民的整体文化素质。同时,学校领导应重视学校体育的发展和普及,学校体育工作者应该给学生以正确的体育引导,使其掌握科学的健身方法。

六、中国体育人口前景展望

未来学家认为,发达国家已经进入休闲时代,发展中国家将紧随其后。中国也已经出现了休闲时代的某些特征。在休闲时代人们将更注重精神文化需求的满足、个人的自身发展和自我价值的实现。人们的行为方式逐渐从消除疲劳型、个体型向休闲娱乐运动型、群体型转变,人们开始从室内走向户外。人们先生产后生活的概念将发生根本性的变革,随着物质财富的丰富,人们渐渐转向文化精神的消费与追求,将更多的时间与金钱用于休闲。而体育活动,作为娱乐身心、发展友谊、维护健康、挑战自我的最积极、最有趣、最有益的休闲方式,必将成为人们休闲活动的重要内容。这些都对我国社会体育的发展、体育人口的增长提供了良好的契机。

所以,今后我们发展体育人口时,需要做好以下几个方面的工作。

1.加强社区体育建设,为中国城市化筑造社会体育的坚实基础

进入21世纪,城市居民的平均生活水平大大提高,人们的居住空间变大,起居条件得到很好的改善,社区已经成为城市人群的一个主要活动空间。特别是近年来我国节假日制度的改革使人们的余暇时间变多,使得社区生活更为闲适。因此,我们要加强社区体育建设,将社区体育作为城市体育的一个重要抓手来发展城市体育。

增加社区内的体育设施要注意社区体育场地设施和大型体育场馆设施的区别,前者更多的是从人们参与体育健身的实际需求出发,要更贴近人们的日常生活,能更好为大众服务。同时也要大力加强社会体育指导员培训。休闲时代人们只有具备体育参与的知识和技能,才能更好地体验体育、享受休闲。社会体育指导员要肩负起指导居民开展适合自身的休闲体育活动的任务。

2.积极推进体育社团建设,开展人群体育,努力提高社会体育的普及性

体育社团在很多国家都是社会体育的主要组织形式,而我国在这方面却是比较落后的。我国城乡居民的体育组织化程度很低,这是制约体育人口增长的一个重要因素。尽快实现社会体育的组织化,通过体育社团组织积极开展人群体育,是休闲时代发展体育人口的基本策略。

在发展中青年体育人口的同时,也应该要加强对贫困人群、低收入人群、老年人群、残疾人群、民工人群以及社会主流人群以外的其他人群开展体育活动的重视和关注,加大社会体

育公共管理部分,使他们能真正享受到与他人平等的体育权利。

3.休闲体育产业作为公共体育事业的补充,要鼓励开发

休闲体育和相关产业的发展提供了更广泛的休闲服务,对满足人们的体育需求起到了很重要的作用。"花钱买健康"的观念正在逐渐地被大众所接受,将社会体育的一部分资源转为产业或产业化经营的条件也越来越成熟。因此,我们要进一步促进休闲体育产业的发展,以满足人们日益增长的休闲需求。

在发展体育产业的同时,我们也应该看到,随着经济和社会的发展,中国将有两亿人口进入中产阶层。这不仅会影响经济生活,也会影响包括体育在内的精神文化生活。我们在发展休闲体育产业时必须考虑到正在不断增长的中产阶层的休闲需求。他们追求一些时尚、高雅的体育运动,能够接受较高的体育休闲消费,并希望在一定的团体中活动。体育社团要利用这一群体高知识、高收入、高消费和高需求的特点,积极发展相应的社团组织,吸引他们参与体育休闲活动。

4.大力倡导休闲体育,走出网络时代的休闲误区

大力倡导休闲体育主要做到以下两个方面:一是将人们的休闲兴趣往体育方面引导;二是给人们的体育休闲活动提供足够的指导。休闲时代为体育人口提供了时间和经济两个有力保障,但并不能保证人们会将闲暇时间和可支配收入用于体育活动。科技的进步和社会的发展带来了比以往任何时候都更为丰富的休闲选择,除了体育运动外,网上冲浪、电影电视、报纸杂志、人际交往、音乐艺术等都可以是人们的休闲选择。特别是网络的迅速发展,占据了人们特别是青年人的大量闲暇时间,逐渐成为各阶层、各年龄段人群休闲活动的首选。因此,休闲时代要激发人们体育参与的热情,必须通过广泛的宣传教育,引导人们的休闲选择,唤醒个体体育意识的觉醒和对身体健康的关注,通过积极参与体育运动获得精神放松、身心愉悦和体魄健壮。

休闲是一个国家生产力水平高低的标志,是衡量社会文明的标尺,是人类的一种崭新的生活方式和生命状态,是与每个人的生存质量息息相关的领域。我们必须要把握住这个发展契机,用前瞻的眼光制定发展战略,实现我国体育人口持续、健康和稳定的发展。

七、体育人口的流动

体育人口的稳定是相对的,它总是处于动态变化之中,造成这一变化的直接原因就是社会人口流动。体育人口的流动有若干类型,如生涯流动、结构性流动、垂直流动、水平流动和代际流动等。下文主要介绍较为常见的生涯流动和结构流动。

1.体育人口的生涯流动

体育人口的生涯流动是指人们在一生的不同时期,在体育人口分层中所处位置的变化。大量的研究材料证明,生涯流动变异系数最小的是体育官员和体育机构设施的经营管理者。生涯流动变异系数最大的是运动员。

体育教师作为体育人口核心层的组成部分,是具有"再生产能力"的特殊人群。他们在充当其职业角色时,以他们的劳动"制造"体育人口。按理说,他们在体育人口中的地位应该是稳定的,但是体育教师生涯流动的变异系数却远大于体育官员和体育机构设施的经营者,在我国大约有60%的中小学体育教师,在他们步入中年时改行,从而渐渐降低了自己的体

育热情,终止了他们的体育教育生涯。体育教师,尤其是中小学体育教师的这种职业生涯变化,并不完全取决于体育教师的职业特点,更多地取决于这一职业的社会地位、社会印象和社会报酬。当某职业与相邻的其他社会职业相比处于劣势的时候,就会产生对这一职业的排斥力从而最终导致了生涯的流动。其中受过专业培训的体育教师和女体育教师的生涯流动变异系数更大。

2. 体育人口的结构流动

体育人口的结构流动是指由于某种社会原因所促成的较大批量的体育人口从某一区域向另一区域流动的现象。体育人口的结构流动常常导致某一地区闲暇生活结构的改变,为当地居民的文化生活增添异彩,引起新的价值追求。

在我国,每年的暑假都有大批量的学生从学校走向社会。他们受过系统的体育教育,步入社会后,他们中的部分人就会将他们含有体育特征的生活方式展现出来,吸引并感染周围的人。由好奇到模仿,由模仿到追求,在他们身边就会有更多的人逐渐理解和参与体育运动。

我国 2015 年大学毕业生约有 749 万人,尽管相对全国人口,其仅占 5.5‰,但其绝对数量却相当于三分之一的加拿大、5 倍的科威特人口。学生群体的这种结构性流动,对体育社会化的积极作用是相当明显的。当然这种流动的作用,不仅取决于他们的数量,更取决于他们的质量。若想充分利用各级、各类学生结构性流动的能量,就必须充分做好学校体育工作。

另外,还有每年定期复员的军人,也是体育人口结构性流动的大军。当他们离开军营生活返回家乡时,会仍然保持着对体育的正确认识和参与体育锻炼的良好习惯,从而影响着周遭的人。有关调查材料表明,在农村体育积极分子中占比例最大的是回乡毕业生,占第二位的就是复员军人。

在我国,体育人口结构性流动所呈现的效益最为明显的是 1968 年到 1976 年之间的知识青年上山下乡运动。数以千万计的中学生以集体的形式来到农村,在"接受贫下中农再教育"的同时,也把他们的闲暇生活方式和体育理念带到那里。自从知识青年来到之后,一些体育运动项目才被那里的人们所认识,后来在那里扎根,成为人们闲暇生活中的一种追求。

3. 体育人口流动的意义

体育事业的发展需要体育人口的合理流动,只有"人畅其流"才能"才尽其用"。一切事物只有在运动中才有能量,才有活力,所以体育人口的合理流动有利于发挥其积极性和创造性,有利于我国体育事业的发展。

(1)体育人口的合理流动可以避免人才浪费

运动员的跨国、跨省、跨俱乐部转会,打破某些民族、国家和地域的人为限制,有利于人尽其才。前些年我国体育界针对优势传统项目的"海外兵团"提法,极大地压制了人的个人天赋和后天努力,并导致了我国竞技体育人才的严重浪费,且不利于体育资源的开发和利用。

(2)体育人口有序流动可以促进知识创新

相同的体育运动项目对于不同的对象,会产生不同的理解方式,从而形成了不同的运动风格。如足球中有巴西桑巴足球、德国战车式足球、意大利的混凝土式足球等。中国地域广阔,文化传统各异,例如,武术分为南派和北派,北派豪放粗犷,南派精巧细腻。因此,博采众长、优势互补的人才流动有利于竞技体育运动水平的提高。

(3)体育人口的流动可以调整其结构,促进合理布局

结构决定功能,合理的年龄结构、技术组合、人员组织有利于体育人口的可持续发展。鼓励体育人口的积极流动,建立有序的上下流动机制,调整其性别、年龄、学历等结构,有利于促进布局的合理性。

4.目前我国体育人口流动存在的问题

目前,我国体育人口的流动,特别是体育专业人才的流动并没有完全打破地域的界限,以适合市场的机制。具体表现在以下几个方面:

(1)体育竞技人才的选拔和培养问题。

(2)体育竞技人才的水平流动问题。

(3)体育人才的引进问题,如教练的聘任问题,外援的引进问题等。

(4)我国体育人才的输出问题。

(5)运动员退役后的安置问题。

阅读材料

老年体育

中国社会的老龄化已经引起了政府和社会的强烈关注,老龄健康问题产生了巨大的体育需求,而老年人的体育参与热情,使老年体育成为重要的体育形态。

一、工作重点

1.低龄老人

我国老年人口具有低龄老人居多、平均带病期较平均健康期长的特点,应当将低龄老人作为老年体育的重点对象。所谓低龄老人即年龄在 60～69 岁的老年人。这一年龄段的老年人刚由中年进入老年,他们中的许多人刚刚从工作岗位上退下来。如果老年人口占主体的低龄老年人群能保持较好的身心状态,于个人、家庭、社会都有利。这种有利性不仅体现在增加了老年人晚年生活的幸福感,减轻了家庭或社会的负担,同时还可发挥余热为国家、社会继续做贡献。如果低龄老人能够有规律地、系统地坚持参加一些休闲性、娱乐性、康复性的体育活动,则对减缓机能衰退、保持良好心态和促进康复具有良好的作用,并可为进入高龄阶段奠定一个较好的身体基础。所以,应当把在低龄老年人中开展体育活动作为发展老年体育的重点。

2.农村老人

农村老年人口比例远高于城镇。城乡体育资源配置存在巨大差异,老年体育城乡差别短期内难以缩小,城乡二元结构,既是中国特色,也是中国国情。而由于城乡居民生活水平及文化程度方面的差异,使得农村老年人生活质量改善较慢,制约了其传统的生活方式、消费方式及休闲方式向现代、文明生活方式的转变,由此决定了农村老年体育发展滞后于城

市。从现阶段发展看,差距短期内缩小的可能性很小,因此解决农村老年人体育问题要做长期准备。

3.空巢老人

以"家庭供养"为主的养老模式与"空巢老人家庭"的日益增多之间存在着难以解决的矛盾,开展老年体育有利于增加老年人间的交往,消除孤独感。随着"空巢老人"的增多,老年人除了经济、身体方面的生活问题,平日心理上的孤独受到越来越多的关注,如果心理上的问题得不到解决,将会危及身体健康。老年人除了满足物质生活以外,亦十分需要文化与精神方面的生活,社会应提供适合老年人健身、娱乐、社交、学习乃至发挥余热的必要活动空间和相应的配套设施。如果我们通过体育或其他文化形式创造一些具有社会情景特征的、丰富多彩的活动,不仅可增进老年人的健康,而且还可增加交往活动,改变老年人单调、孤独的生活,满足其精神寄托的需要。

二、运动推荐

我国老人体育、健身、养生有着悠久的历史,积累了一整套科学的锻炼方法和理论。我国传统的导引、五禽戏、八段锦、易筋经、太极拳、气功、站桩,以及近年来发展起来的各种新气功、练功十八法、导引养生功等锻炼方法,利用呼吸导引活动周身筋骨血脉,对呼吸系统、神经系统都有很高的锻炼价值。中国锻炼身体的方法强调神形兼备,内外俱练、动静结合、刚柔并济等原则,对身心的锻炼是系统的、全面的。实验证明,中国的传统健身方法在延缓复杂信息加工能力衰减方面更具效益,表现为所需运动负荷更低,见效更快。因为这些项目能更好地整合老人的意识和注意力。太极拳、太极剑、导引养生功和慢跑对于改善老人的心境甚至对一些老年人慢性疾病都有一定的作用。

近年来,一些西方的锻炼方法也引起了我国老年人的关注,比如有氧舞蹈、有氧体操等。中国老人还经常开展门球、地掷球等活动。一些有条件的老人还参与网球、高尔夫、台球和保龄球等运动。中国老年人群体中还特别流行各种棋牌活动,打麻将的老人比例很高。由于生活趋于安稳,有一定的经济基础又有一定的闲暇时间,一些城市老人和富裕地区的农村老人还会外出旅游。但总体而言,中国老人体育消费水平较低,大多参与不需要很多经济投入的活动。

妇女体育

一、中国妇女体育现状

我国女性经常参与体育活动的人口比例随年龄的增长呈现上升趋势,随文化程度提高呈现下降的趋势。具体而言,随年龄的增长在单位的活动形式开始减少,步入中年后与朋友同事在一起参与体育活动的形式呈现上升趋势。在不同的职业中,教科人员和管理人员与朋友、同事在一起参与体育活动的形式也呈现上升趋势。选择的体育活动的项目相对单调,主要是散步、跑步和球类,随年龄的增长适合老年人的气功、太极拳、舞蹈等项目有所增加。我国女性参加体育活动的原因与生理、心理特点有很大关系,青年时是为了健身和娱乐,中年时是为调整情绪,老年回归为健身和娱乐。而不参加体育活动的原因,青年时期是由于没有时间、没有兴趣、工作负担重;中年时期是由于缺乏锻炼方法和体育设施,也与女性在各时代成长的文化背景有关。随年龄的增长女性去收费体育场所、单位和自家庭院的场所减小,而去公共场所有一定的增加。

二、妇女体育注意事项

青春发育期开始以后,男女性在形态与机能上逐渐出现明显的差别,运动能力也不相同。从体型上看,女性的肩部较窄,上身较长,下肢相对较短,乳房发达,骨盆较大,这种体型使身体的重心较低,有利于维持平衡,但对跳跃及速度的发挥不利。

女性体内脂肪的含量约占体重的 30%,而男性则只占 20% 左右。女性的皮下脂肪较厚,而骨骼和肌肉的发育较差。例如,女性的骨骼细小,骨密质的厚度较薄,骨骼内水分及脂肪的含量相对较多,无机盐含量较少。女性四肢骨骼的重量约为男性的三分之二,抗压抗弯能力也约为男性的三分之二。女性的骨骼肌重量较轻且细弱,其重量约占体重的 35% 左右,而男性则占体重的 40% 左右。女性肌肉的力量比男性差,肩部肌肉力量明显较弱,因而不宜于参加悬垂、支撑、负重等方面的训练,如单杠、撑竿跳高、举重等。女性的韧带、关节囊的弹性较强,脊柱的椎间软骨较厚,腰部及其他一些部位关节的活动范围较大,加上平衡能力较好,所以女性适于参加体操、武术等活动。

女性的胸腔、肺和心脏的容积都较小,重量也轻,男性肺总容量为 3.61~9.41 升,而女性为 2.81~6.81 升,因此女性的肺通气功能和换气功能都较低。女性血压略低于同年龄的男性,而心率比男性快,女性心肺功能的潜力小必然影响其运动能力,特别在耐力性的运动中。因此,女性参加长距离跑一类的运动更应该注意循序渐进。

女性生殖系统的形态和机能,同男性有很明显的区别。青春期以后到绝经期之前,除妊娠和哺乳阶段外,女性的生殖系统会发生周期性的变化,月经就是一种突出的表现。定期的月经周期是一种正常生理现象,在安排体育活动时,不能忽略其特殊性。月经周期正常者,在月经期从事适当的体育活动,可以调节人体的一般机能,改善血液循环。运动员在月经期参加训练时,要根据身体反应,注意调节运动量。月经不正常的人,月经期可以进行些轻微活动,如散步、打太极拳等,不要完全静卧休息。月经期不宜参加剧烈比赛,免得造成月经量过多、过少、闭经或月经不调、痛经等病。

(资料来源:百度百科)

第三节 非体育人口

没有达到体育人口判定标准的人群可分为两部分,一部分是参加过体育运动,但是在锻炼时间、频度或强度等方面不能完全达到体育人口的标准的人,以下我们称他们是"偶尔参加体育运动的人"。非体育人口的另一部分是"不参加体育运动的人"。总体而言,我国非体育人口的相对率、绝对数量都远高于发达国家,加强对非体育人口各种特征及体育运动中断原因的研究,将有助于我国非体育人口的转化和《全民健身计划纲要》的推行。

一、我国非体育人口产生的背景

1. 场地设施的影响

据第六次全国体育场馆普查统计,截至 2013 年 12 月 31 日,全国体育场馆(军队系统所属的各类体育场馆不在此列)中,分布在城镇的体育场馆 96.27 万个,占 58.62%;场地面积 13.37 亿平方米,占 68.60%。其中,室内体育场馆 12.87 万个,场地面积 0.54 亿平方米;室外体育场馆 83.40 万个,场地面积 12.83 亿平方米。分布在乡村的体育场馆 67.97 万个,占 41.38%;场地面积 6.12 亿平方米,占 31.39%。其中,室内体育场馆 2.73 万个,场地面积 0.05 亿平方米;室外体育场馆 65.24 万个,场地面积 6.07 亿平方米。

目前我国人均体育场地占有面积比发达国家少 10~20 倍,还有相当数量的群众在利用楼群、街头巷尾、道路两旁的空地进行体育运动。运动场地的不足、不标准,从一定程度上制约了我国体育人口的发展,也影响了非体育人口的转化。另外工作单位和社会环境的运动场馆条件远不如学校,也会影响毕业学生体育运动的持续性。

2. 家庭经济收入的影响

体育生活是一个家庭、个人或社会群体经济实力的表现形式之一,对体育生活的投入是在生活中其他需求得到基本满足之后的经济行为。虽然体育人口和个体经济收入没有固定的关系,但是经济实力还是在一定程度上制约了体育生活的广泛开展,特别是部分对器材、场地有一定要求的体育项目。目前我国大部分人群的经济收入还处于中等水平,因此在体育生活中花费过多是很多人难以承受的。

3. 学校体育实用性不高的影响

学校是学习体育技能、培养终身体育习惯的重要场所,但是在我国很多地方学校体育还存在过分强调竞技体育成绩,重视开展容易出成绩而不适合学生跨出校门后练习的运动项目。并且在学校体育的具体实施过程中过分强调动作的整齐、统一,没有充分发挥学生个性,使学生不能根据自己的兴趣爱好开展体育运动,从而抹杀了学生对体育运动的热情。学校体育实用性不高容易导致部分学生一进入社会就开始脱离体育,最终致使部分学生毕业即意味着体育人口向非体育人口转化,这也给今后学校体育的改革提出了具体的课题。

二、我国非体育人口的基本情况

1. 偶尔参与体育运动人群的基本情况

(1)性别结构

偶尔参加体育运动人群中男性比例高于女性,而且高于体育人口中的男女比例,这说明中国城乡居民中参加体育运动的随意性男性高于女性,而女性的稳定性高于男性。这可能与中国男性人口的社会负担高于女性,社会机遇和文化活动多于女性,而女性的生活稳定性高于男性有关。中国男性对体育的参与热情总体上高于女性,但是女性一旦参与,则表现出执着态度,这也许与中国妇女的文化性格有关。

(2)受教育程度

偶尔参加体育活动的人群与体育人口相比,与受教育程度的关系并不明显。人们的受教育程度可以比较明显地区分出体育运动参与者和非参与者,而对参与程度深浅的影响则不大。教育可以从根本上促成个体形成一定的体育价值观念,而体育的参与程度则要受到多方面社会因素的影响。但有一个现象值得说明,就是偶尔参加人群到收费性体育场馆去进行运动的比例大大高于体育人口,说明这批人中有一部分是利用节假日到收费体育场馆进行一次较长时间的、集中性的体育运动。

2. 不参与体育运动人群的基本情况

(1) 体育经历中断的年龄分布

城乡居民体育经历中断的年龄区段在 20 岁以下的占 68.7%,在 20～29 岁的占 21.8%,即有 90.5% 的人在 30 岁以下就中断了自己的体育经历。由此可见,步入社会的人群中年龄越大体育运动的中断率越低,即体育运动的持续性越强。

(2) 体育经历中断原因的研究

居民体育经历中断的主要原因基本上可以归纳为个人和环境两个方面。

1) 个人原因

● 年龄和性别。从 2014 年城乡居民参加体育健身活动状况调查数据可以看出:年龄特征是影响人们锻炼的因素之一。学者秦椿林等指出:25 岁后的体育人口急速下降,很有可能是因为 25 岁前后是大学毕业的年龄,许多在学校参与体育的学生,在走出校门后即失去了学校体育的环境;走进社会后工作压力增大,使一部分人失去了体育参与的条件;同时,这个年龄也是步入婚姻的年龄,婚姻前后生活方式的转变,又使一部分人中断了体育参与。另外,在我国学生群体中男生体育参与率明显高于女生,年轻群体中男性体育参与率也明显高于女性,但中老年群体中却是女性高于男性。虽然,在体育参与方面存在性别差异,但是在体育运动减少方面却没有发现一致的显著差异。所以,性别差异是不是影响体育经历中断的因素之一,尚不能下定论,还需进一步研究。

● 职业和受教育水平。研究表明:不同职业体育坚持率不同,农林牧渔水利人员坚持参加体育锻炼的比率最低,专业技术人员比率最高。不同的职业和每个人不同的生活习惯,让人们的锻炼行为会有截然不同的区别。农林牧渔水利人员和生产运输操作人员体育参与率、坚持性都偏低,这是因为每天的辛苦劳动导致其没有足够的精力再参与体育。加之他们中的很多人由于知识文化水平的原因,对体育运动的重要性认识不足,所以中断体育经历在他们之中自然成了较为常见的现象。

生物医学领域相关学者的研究表明:健康问题也是体育经历中断的原因之一。那些不相信自己有健康问题或者认为自己心血管问题是由锻炼而引发的个体,更容易退出锻炼,相反相信自己有健康问题的个体则更倾向于坚持锻炼。同时,许多学者也发现:肥胖者锻炼得更少,而且肥胖者在没有监督的锻炼活动中,中断的可能性比较大。Epstein 等人指出,在散步和攀登等公众健康干预活动中,肥胖者与正常体重的个体相比,仍然表现出较低的参与性。

2) 环境原因

● 社会环境。这里所谓的社会环境主要是指社会支持,来自朋友和其他重要人士的社会支持,这些都和人们体育参与的坚持性相关。从社会支持方面来看,配偶的支持对体育参与坚持性具有很大的作用。研究表明结婚后单独锻炼者中有 43% 不能坚持锻炼,而夫妻共同参与锻炼的中断率仅 6.3%。

近年来,群体参与体育运动的现象越来越普遍,体育群体的规模是影响人们体育坚持不可忽视的因素之一,小群体中的个体比大群体中的个体表现出更低的退出率,大多数个体通常不喜欢自己单独锻炼。这说明体育参与时缺少同伴、缺少支持是影响人们体育经历中断的原因。同时在体育参与时是否有体育运动指导者及指导者的业务水平对人们体育参与的坚持性也存在一定的影响。

● 物理环境。这里所指的物理环境具体包括运动地点的距离、运动时的天气情况、街道设计和时间限制等。体育运动环境的不便和运动时间的缺乏是造成人们体育锻炼中断的原因之一。气温、风力、大雪、气压等都会影响人们的锻炼。天气状况对老年人群体育参与坚持性的影响更明显,同时离运动场所太远或者交通不方便也会对人们体育运动的坚持性产生影响。虽然时间和便利性的交互作用在一定程度上是确切存在的,但也有研究发现,即使运动退出者距离运动区域并不远,甚至比其他运动参与者近,他们也会认为时间和距离是退出体育运动的原因。

学者李京城还提出:街道设计也是影响人们体育经历中断的因素之一。很多现代城市的道路设计对散步和自行车骑行构成巨大障碍,而散步和自行车骑行却是日常生活的重要组成部分,也是很多中青年人群可以长期坚持的主要体育运动方式。但很多街道的设计比较多地考虑了交通的通达性而忽视了居民的休闲需要,所以很多时候人们会觉得缺乏体育运动场所。

(3)体育参与恢复研究

1)恢复体育参与的倾向

在从未参加体育运动的人群中只有 35.05% 的人表示今后有参与体育运动的意向,31.21% 的人继续拒绝参与,还有 33.74% 的人不能做出决定。可以认为群众体育组织工作的重点应该是这部分有参与意向的人群,而社会动员工作的重点应是尚在犹豫中的人群。

2)恢复体育参与必须解决的社会前提和个人因素

部分中断体育经历又试图恢复的人群需要解决的问题主要有:解决体育场地、器材和体育指导以及余暇时间、经济收入问题和克服某些心理障碍。从上文中可以得知,体育运动时的社会气氛和环境对他们体育参与的坚持性有很大的影响,他们需要有同伴一起参与,以克服自己的惰性,甚至一部分人群的体育参与需要一定的组织管理。

思考练习

1.人口质量评价的直接指标主要有哪些?

2.什么是体育人口? 中国目前体育人口的现状如何?

3.体育人口结构的影响因素有哪些?

4.结合实际谈谈中国发展体育人口的策略。

5.简述体育人口流动的主要形式及意义。

6.个体体育经历中断的原因有哪些?

第六章　体育旅游资源

第一节　体育旅游概述

体育和旅游虽分属于两种社会现象或人类活动范畴,但两者又存在很多共性。旅游作为一种休闲、消遣活动,满足了人们在身体、精神和文化等方面的需求。而体育运动也是人类社会的一种文化现象,也是基于满足人们不断增长的身心享受需要而发展的。体育旅游就是将体育和旅游相结合的一种新兴的旅游形式。相对传统的旅游而言,体育旅游更注重体育活动在旅游中的作用,是以体育活动为主导的旅游,是我国近几年新兴的休闲娱乐方式。

一、体育旅游的概念

近年来,随着国民经济和体育事业的迅速发展,体育运动已经渗透到社会的各行各业,影响着人们的生活方式和价值观念。体育旅游作为一种专业旅游也在世界各地不断发展,成为旅游行业及体育产业的一个新亮点。但关于体育旅游的概念,旅游界和体育界都存在不同的观点和解释。

旅游界和各种旅游相关论著认为,体育旅游是旅游活动的一种特殊产物,是旅游的一个分支,主要从旅游产品的功能、活动的目的、内容等不同的角度来定义体育旅游。

《现代旅游经济学》一书,把旅游分为康体旅游、探险旅游、享受旅游和特种旅游等,其中康体旅游和探险旅游与体育旅游有着直接的联系。书中解释:康体旅游是指能够使旅游者身体素质得到不同程度改善的旅游活动,一般包括体育旅游和保健旅游。体育旅游包括滑雪、高尔夫、探险、漂流、冲浪、滑水等;保健旅游主要有健身旅游、疗养旅游、森林旅游等。探险旅游是指旅游者从未见过、听过或经历过的,既新奇又能使人兴奋或惊心动魄的旅游活动。探险旅游主要有秘境旅游、海底旅游、惊险游艺旅游、沙漠旅游等形式。

在国家旅游局岗位培训系列教材《新编旅游学概论》中,按旅游目的将旅游划分为:休闲、娱乐、度假类;探亲访友类;商务专业访问类;健康医疗类;宗教、朝圣类;其他。教材中将娱乐旅游解释为是一种从个人兴趣爱好出发,参与性较强的赏心健体的旅游活动,主要有钓鱼旅游、骑自行车旅游、高尔夫旅游、狩猎旅游等。娱乐旅游具有双重功能,既能赏心又能健体,同时参与性也强,人们必须身体力行,在参与中获得身心的满足。

《新编旅游学概论》一书对健康医疗类旅游还进行了进一步细分,即可分为体育旅游、保健旅游和生态旅游三个亚类。体育旅游是指人们以参与某项体育运动为主要目的的旅游。体育旅游和娱乐旅游有相似之处,主要区别是动机的不同。如果人们参与某项体育项目,如游泳、滑雪等是以强身健体为目的的,属于体育旅游,如果出于乐趣、爱好,则属于娱乐旅游。保健旅游是以疗养或治疗疾病以及增进身体健康为主要目的的旅游。生态旅游是一种回归大自然的旅游活动。把生态旅游列入健康旅游,是因为它从某种意义上讲是一项具有保健意义的旅游活动。

《区域旅游规划原理》一书把旅游产品分为传统旅游产品和新兴旅游产品两大类。新兴旅游产品囊括了一般体育旅游、高尔夫运动和高尔夫旅游、滑雪旅游、狩猎旅游、汽车旅游、沙漠旅游、探险旅游、海滨旅游、赛车旅游等。

安徽师范大学旅游学院的学者汪德根在其撰写的《体育旅游市场特征及产品开发》一书中将体育旅游解释为是旅游业的组成部分,是以体育资源和一定的体育设施为条件,以旅游商品的形式为旅游者在旅行过程中提供融健身、娱乐、休闲、交际等各种服务于一体的经营性项目群。从字面上理解,这一解释和康乐服务大致等同,但是作者对体育旅游市场的细分却跳出了其定义的范围(见表 6-1)。

表 6-1　体育旅游市场细分表

体育旅游细分市场	细分市场产品
休闲体育旅游	钓鱼、登山、冲浪、骑马、打高尔夫、跳舞等
健身体育旅游	打保龄球、网球、台球、羽毛球、健美、溜冰、潜水等
体育观光旅游	观看奥运会、亚运会、世界杯、NBA、其他大型球赛、其他大型运动会旅游等
刺激体育旅游	探险旅游、海底旅游、沙漠旅游、狩猎旅游、激流旅游、攀岩旅游、高山探险、森林探险、秘境探险等
竞技体育旅游	帆船、滑雪、射箭、滑翔伞等
其他	参加各种大型体育赛事旅游、武术旅游、徒步旅游、热气球类邀请赛旅游、冰雕雪橇旅游、沙漠汽车拉力赛旅游等

联合国官方旅游机构对旅游的定义是:到一个国家访问,停留超过 24 小时的短期旅客,其旅行目的属于下列两项之一:(1)悠逸(包括娱乐、度假、保健、研究、宗教或体育运动);(2)业务、家庭、出使、开会。该定义中虽未明确"体育旅游"这一概念,但却包含以参与体育活动为目的而出行的内容。

体育界近年来也有一些体育旅游方面的研究,对体育旅游的概念也进行了探讨,比较集中的是从广义和狭义两个角度进行解释。有学者认为:从广义上讲体育旅游是旅游者在旅游中所从事的各种身体娱乐、身体锻炼、体育竞赛、体育康复及体育文体交流活动与旅游地、体育旅游企业及社会之间关系的总和。从狭义上讲体育旅游可以理解为是为了满足和适应旅游者的各种体育需求,借助各种各样的体育活动,并充分发挥其诸多功能,使旅游者身心得到和谐发展,从而达到促进社会物质文明和精神文明发展,丰富社会文化生活目的的一种活动。

有学者从产业的角度将体育旅游定义为是一项融体育、娱乐、探险、观光为一体的专业性旅游服务产业。体育与旅游的交叉、融合,产生出具有体育旅游特点的新型产业——体育旅游业。体育旅游业是以提供多种多样、综合性的体育旅游产品和服务,满足人们从事体育旅游活动需要的服务组织、行业与社会构成的关系的总和。

从旅游资源的角度可以把体育旅游狭义地理解为是以体育赛事、运动场所、体育文化、运动兴趣和参与运动体验为载体,伴以休闲、娱乐观光的形式来吸引人们积极主动地参与旅游潜在市场。广义层面可以概括为：为满足和适应旅游者的各种体育需求，借助多种体育方式，使身体得以锻炼，心理得以放松和满足的一种人类活动方式。体育旅游是旅游业的一个组成部分，它是以体育资源和一定的体育设施为条件、以旅游商品的形式为旅游者在旅行过程中提供各种服务的一种经济活动。也有学者认为，体育旅游是旅游市场中的一种新产品，是以体育资源为基础，利用各种体育活动来规划、设计、组合而引起旅游消费欲望，满足旅游者的需求并感受各种体育活动与大自然情趣的一种旅游形式。

国外学者对体育旅游的概念也给出了自己的理解。学者霍尔认为，体育旅游是指为了参加或参观体育活动，离开日常生活范围的非商业性旅游，并强调在很多情况下，职业运动员参加没有胜负的纯商业比赛，是排除在体育旅游之外的。学者原田宗彦则根据体育旅游的目的，把体育旅游分为以参观体育活动为目的的旅游和以参加体育活动为目的的旅游两大类。此后又有学者提出：体育旅游是指将参加体育活动或参观体育活动作为目的的人们，从暂时离开日常生活范围起到返回日常生活范围止的这样一个活动。

综上所述，体育旅游是旅游市场细分的结果，是在目的和方法或形式和内容等方面与体育活动密切相关的一种旅游活动。在体育旅游活动中，体育可以是目的、内容，也可以是手段、过程和方法。要理解和把握体育旅游的概念，就要意识到体育旅游首先是一种旅游活动，必须具备旅游的基本构成要素，"旅游"是指其活动所具有的空间位置的移动性、目的地滞留时间的暂时性、活动内容的非营利性；而"体育"是指旅游者的活动既可以是观看体育赛事或参观体育场馆设施等，也可以是在空间位置移动过程中或到达目的地后亲自从事一定的体育运动。

二、体育旅游的分类

从概念上看，体育旅游具有明显的以体育活动为中心，以体育活动为主的身心双修的社会文化活动，因此，除了一般旅游所具有的领略风景、观赏社会文化、体验民俗民风和宗教风格外，体育旅游更突出体育文化的魅力。所以，一般旅游的特点和属性在总体上也规定了体育旅游的类型，体育旅游的类型也必然有与一般旅游类型相近或相似的地方。

根据体育旅游的特性，可以划分为大众和极限体育旅游两大类。大众体育旅游主要开展以健身、休闲、娱乐等为主的常规体育运动项目，如各种球类运动、康体休闲运动、垂钓、棋牌、武术、大众滑雪等。极限体育旅游是为了追求惊险刺激，挑战自我，挑战极限的新兴项目体育旅游，如探险、溯源、寻秘、寻踪等较高运动难度和强度的活动。

按体育旅游活动的场所，可将体育旅游划分为陆上项目、水上项目、海滩项目、空中项目和冰雪项目。陆上项目包括山地项目、草原项目、沙漠项目、森林项目。山地项目主要是依托山地资源开展体育旅游活动，这种类型的体育旅游者喜好的项目一般为登山、攀岩、越野、狩猎、高山速降、高山探险、秘境探险。山地体育旅游一年四季都可以开展活动，选择范围很广。草原项目一般包括骑马、滑草、摔跤等活动。沙漠项目包括滑沙、骑骆驼旅游、沙漠探险旅游等。森林项目包括森林探险等。水上项目包括陆地水域和海上项目，主要是依托水体资源开展体育旅游活动，这种类型的体育旅游者多在夏季或温热带地区开展活动，主要有冲浪、滑水、潜水、帆船、漂流、钓鱼等。海滩项目是利用陆地和大海之间的海滩开展活动，包括冲浪、潜水、游泳、帆船、海底探险等活动。冰雪项目以北方冬季的冰雪或人工冰雪场地为依托，开展体育旅游活动，包括滑雪、滑冰、雪橇等。空中项目主要包括滑翔伞、热气球等，其危险性大,对器材要求高,费用也较高。

按照旅游者参与的目的可以将体育旅游分为参与型、观光度假型和竞赛型三大类型,下面主要谈谈这三种体育旅游的特点。

1. 参与型体育旅游

参与型体育旅游是指旅游者在体育旅游过程中是体育运动项目的直接参与者,即游客亲自参与到体育运动项目中去,从中获得乐趣。按运动强度和危险性的差异,将参与型体育旅游分为健身娱乐型和拓展型。

健身娱乐型体育旅游是指以娱乐性的体育健身、疗养、体育康复为主要目的的旅游。这类体育旅游一般运动量不是很大,危险性也较小,安全有一定的保障,同时其对运动技能技巧的要求不高。参与者也不会刻意追求名次,主要目的就是为了活动筋骨、放松身心。

在世界各国大型健身娱乐场所中,美国的迪士尼乐园是最具代表性的。它以惊险、健身、趣味吸引着全球各个年龄段的游客。第一个迪士尼乐园于1955年创建于美国的洛杉矶,面积为80平方公里,第二个迪士尼乐园1971年建立于美国佛罗里达州的奥兰多,占地109平方公里。2005年,全球第五个、中国第一个迪士尼乐园在香港建成,面积只有1.27平方公里,是全球面积最小的迪士尼乐园。上海迪士尼乐园于2016年6月16日正式开园,它是中国大陆第一个、亚洲第三个、世界第六个迪士尼主题公园。游乐园里不仅有用于儿童的健身娱乐场所,也有适合成年人参与和观看的健身娱乐活动。近几年美国的NBA赛场甚至也搬到了游乐园,这更增加了游乐园的体育性,也吸引了更多的游客。

健身娱乐型体育旅游一般都有明确的健身主题,相比传统意义上的健身,它的娱乐性更强。如美洲的一家游船公司专门为那些需要保持良好体形且热爱旅游的女性推出了"健身娱乐减肥旅游"项目。参加该活动的游客不能自带食物上船,只能吃船上营养师调制的特别餐,而且还要定时到甲板上晒太阳,开展运动等,并参加一些特殊的娱乐活动。该活动一经推出,获得广大女性的热烈推崇,特别是女性白领参与该活动的积极性很高。

拓展型体育旅游是由拓展训练发展而来的。拓展训练又称户外拓展训练,起源于第二次世界大战。当时,盟军在大西洋的船队屡遭德国纳粹潜艇的袭击,在船只被击沉后,大部分水手葬身海底,只有极少数人得以生还。英国的救生专家对生还者进行了统计和分析研究,惊奇地发现,这些生还者并非那些年轻力壮的水手,而是意志坚定懂得互相支持的中年人。后来经过调查研究终于找到了问题的答案:这些人能活下来的关键就在于他们有良好的心理素质。于是,提出"成功并非依靠充沛的体能,而是强大的意志力"这一理念。当时德国人库尔特·汉恩提议:利用一些自然条件和人工设施,让那些年轻的海员做一些具有心理挑战的活动和项目,以训练和提高他们的心理素质。后其好友劳伦斯在1942年成立了阿德伯威海上训练学校,以年轻海员为训练对象,这是拓展训练最早的一个雏形。二战结束后,人们认为这种训练模式仍然可以保留,于是拓展训练的对象由最初的海员扩大到军人、学生、工人等各类群体,训练目标也由最初单纯的体能、生存训练扩展到心理、人格、管理训练等。

拓展型体育旅游是指结合拓展训练的内容和形式,组织旅游者在崇山峻岭、浩瀚大川等自然环境和人为环境中磨炼意志、陶冶情操、完善人格、满足旅游者寻求刺激、猎奇、挑战极限需求的旅游形式。拓展型体育旅游一般在水上(包括人工和自然水域)、野外山区、陆地和人工设计的专用场地上进行活动。水上拓展型体育旅游,一般有游泳、跳水、扎筏、划艇、溯溪、漂流等;野外山区陆地拓展型体育旅游一般有远足、露营、登山、攀岩、野外定向、伞翼滑翔、户外生存技能、越野(徒步、驾车、各种飞行器)等;人工设计的场地体育旅游一般是在专门的训练场地上,利用各种训练设施,如高架绳网等开展各种团队组合形式的旅游活动。

当下,较为常见的拓展型体育旅游项目有以下几种。

(1) 漂流

漂流最初起源于爱斯基摩人的皮船和中国的竹木筏,但那时候都是为了满足人们的生活和生存需要。漂流成为一项真正的户外运动,是在二战之后才开始发展起来的,一些喜欢户外活动的人尝试着把退役的充气橡皮艇作为漂流工具,逐渐演变成今天的水上漂流运动。在我国,漂流运动的起步较晚,大多数的水上漂流活动还仅仅停留在小范围的对自然河段的利用上,而真正开发出来的商业性河流资源还比较少。

漂流的河段不同,可选择的工具也不同。橡皮筏适用范围最广,也最普遍、最常用;小木船适用于河道较直、少弯道礁石的河段;竹排则适用于风平浪静的河段。现在国内较为多见的漂流主要有竹筏漂流、宁乡沩山的橡皮艇漂流,还有一些较为特殊的如黄河陕西、甘肃段羊皮筏漂流和浙江天目溪推出的龙舟漂流等。漂流的时期一般为每年的4月至10月,中部地区的漂流活动时间比南部地区稍短,并且随天气情况和水文情况变化。

(2)露营

露营者徒步或者驾驶车辆到达露营地点,通常在山谷、湖畔或海边,可以生篝火、烧烤、野炊或者唱歌,这是最平常的露营活动。经常进行这样活动的旅行者,和其他户外运动爱好者一样,又被称为背包客,在中国大陆地区,则又被称为驴友。

使用帐篷开展露营活动时,扎营地点的选择应该注意以下几点:

1)近水

扎营休息必须选择靠近水源地,如选择靠近溪流、湖潭、河流边。但也不能将营地扎在河滩上或是溪流边,一旦下暴雨或上游水库放水、山洪暴发等,就有生命危险,尤其在雨季及山洪多发区。

2)背风

在野外扎营应当考虑背风问题,尤其是在一些山谷、河滩上,应要选择一处背风的地方扎营。还要注意帐篷门的朝向不要迎着风向,背风不仅是考虑露营,更是为了便于用火。

3)远崖

扎营时不能将营地扎在悬崖下面,因为一旦山上刮大风就有可能将石头等物刮下,造成危险。

4)近村

营地靠近村庄,有什么急事可以向村民求救,在没有柴火、蔬菜、粮食等情况时就更为重要。近村也是近路,方便行动和转移。

5)背阴

如果是一个需要居住两天以上的营地,在好天气情况下应该选择一处背阴的地方扎营,如在大树下面及山的北面,这样白天在帐篷里休息就不会太闷热。

6)防兽

建营地时要仔细观察营地周围是否有野兽的足迹、粪便和巢穴,不要建在多蛇多鼠地带,以防伤人或损坏装备设施。要有驱蚊、虫、蝎的药品和防护措施。在营地周围撒些草木灰,会非常有效地防止蛇、蝎、毒虫的侵扰。

7）防雷

在雨季或多雷电区，营地绝不能扎在高地上、高树下或比较孤立的平地上，这样是很容易招雷击的。

（3）攀岩

攀岩运动以其独有的登临高处的征服感吸引了无数爱好者。由于登高山对普通人而言机会很少，而攀爬悬崖峭壁机会相对较多，且更富有刺激和挑战，所以攀岩作为一项独立的、被广大青少年所喜爱的运动迅速在全世界普及开来。这项运动是利用人类原始的攀爬本能，借以各种装备做安全保护，攀登一些岩石所构成的峭壁、裂缝、海蚀崖、大圆石以及人工制造的岩壁。由于攀登者在岩壁上稳如壁虎又矫似雄鹰，是一项极具美感和观赏性的运动，被誉为"岩壁芭蕾"。惊险刺激是攀岩运动最根本的特点，并能充分满足人们要求回归自然、寻求刺激、从中挑战自然、挑战自我的欲望，这是它深受人们喜爱的根源。

人工岩壁的出现，使攀岩发展到既是一项运动又是一项娱乐的层面。目前在国外，各种攀岩俱乐部到处可见，每年举办大型、小型、室内、室外、成年、青少年、男子、女子等各种不同形式的攀岩比赛和娱乐活动。另外，在一些体育中心、军警训练基地以及一些特种部队中也开展了这种训练。

2.观光度假型体育旅游

观光度假型体育旅游是指旅游者远离其常住地，观赏各类比赛、体育建筑场馆、体育艺术景点、民俗体育或其他体育活动的体验过程，旨在消除疲劳、排遣压力、调整身心。

例如，奥运会结束后北京打出了"回味奥运，圆梦首都"的主题。北京拥有多处享誉全世界的著名景点，而由奥运主场馆等31个奥运场馆组成的奥运建筑群，将是北京"后奥运游"的"主菜"。尤其知名度最高的"鸟巢"与"水立方"这两大体育场馆，和奥林匹克公园的园林建筑和钟鼓楼广场。以它们为代表的奥运场馆游和奥林匹克公园以及北京各区公园中的奥运文化广场游将构成北京奥运文化游的主要线路。2008年的奥运会同时也大大拉动了奥帆中心——青岛旅游业的发展和基础设施的建设。青岛的奥帆基地、银海国际游艇俱乐部、极地海洋世界一直到石老人高尔夫球场的沿海一线，被打造成我国北方旅游休闲度假的示范区。

瑞士最奢华滑雪度假胜地——小镇采尔马特里，一年四季都有适合不同滑雪者的雪场开放，是阿尔卑斯山夏季海拔最高的雪场。每年都吸引大批的欧洲甚至世界各地的游客慕名前来滑雪度假。虽然小镇上没有任何燃料车，交通完全依靠电动车和马车，但其热闹繁华不输一般小城的闹市。街上行人中有一半是穿着各式滑雪服、背着各种滑雪板的滑雪爱好者。小镇上街道两旁有很多出售旅游纪念品和各种体育用品的商店。

3.竞赛型体育旅游

竞赛型体育旅游，一般都需要具有某项或某几项运动技能技巧，在体育旅游活动中参与是目的，但名次也是重要的，有的干脆就是为夺取名次而参加体育旅游的，如定向穿越、帆船、射箭等。运动员、教练员以及与竞赛密切相关的人员，为了参加某种体育竞赛，在本地或异地逗留一段时间的旅游活动都属于竞赛型体育旅游。

近年来，浙江杭州市大打"体育牌"，以体促游成绩显著。利用钱塘涌潮旅游资源，结合极富挑战性的现代冲浪运动，开发钱塘江国际冲浪运动；沿着风景如画的西湖、茶园和钱塘江风景区举行的杭州国际马拉松赛，被誉为是世界上最美丽的马拉松赛路线之一。这些特色赛事的举行,吸引了国内外大批游客到杭州观看比赛,竞赛型体育旅游业红红火火,并成为杭州市新的经济增长点。杭州市还组织了中朝女子拳击对抗赛、商业杯国际城市围棋邀请赛、女足世界杯赛、世界汽车漂移赛等影响较大的国内外体育赛事。以举办体育赛事为平台,扩大对外交流,打造杭州运动休闲品牌,提升杭州的城市品位和知名度。

三、体育旅游对环境的影响

良好的环境是体育旅游发展的基础,要发展体育旅游,需要对环境进行保护。同时环境保护也需要来自体育旅游发展所带来的经济效益做支撑。这里所指的环境既包括旅游目的地的自然环境,也包括经过人工建造的社会生活环境。

1.体育旅游对环境的积极影响

(1)体育旅游的发展是自然资源保护的推动力

很多体育旅游项目都是依赖一定的自然资源开展的,如高山、溪流、雪山,为登山、漂流、滑雪等运动提供了良好的场所。所以要保持体育旅游的吸引力和可持续发展,就必须保护好其赖以生存的自然环境。

(2)体育旅游的发展促使相关设施数量增加、质量提高

体育旅游的发展使旅游目的地和旅游线路沿线的休闲、娱乐、健身设施增加,出售体育运动器材和设备的相关商家不断增加。

(3)体育旅游的发展,促使道路、交通运输、邮电通讯等基础设施得以改善

体育旅游形成一定的常规路线,促使沿途道路新建、扩建,路面、路况都得到改善,常规路线上运营车辆的车况也得到改善。同时,为了方便体育旅游者,旅游线路沿线的汽修点、加油站、电信网络等也相应地有所增加。

2.体育旅游对环境的消极影响

(1)因体育旅游供给造成的环境污染和破坏

所谓体育旅游供给造成的污染和破坏主要指在体育旅游开发、经营过程中各种设施排放废水、废气、废渣等三废污染及由于建设、布局不当造成的环境破坏等。前者主要是旅游交通工具排放的废气以及体育旅游配套的服务接待设施产生的大量生活污水和固体垃圾,这些都会对环境造成污染。后者如建设风景区时破坏旅游景观。逢山开路、遇水架桥、炸山取石、砍伐森林、大兴土木,结果一个好端端的风景区尚未建设好,却已被破坏得很严重了。还有各种建筑设施不能与周围环境有机融为一体而造成的环境破坏,如宾馆、办公楼选址失当,建筑高度、体量、风格与环境极不协调,体育项目与旅游资源在总体开发上不协调。

(2)因体育旅游需要造成的环境污染和破坏

旅游人口的进入使得景区人口密度增大、交通阻塞,造成当地居民的生活空间相对变小。同时体育旅游者在流动过程中人为的破坏性行为也会对环境造成污染和破坏,如体育旅游者的野营篝火有可能引起森林火灾,乱丢废弃物不仅会影响环境的美感质量,而且还会危及动植物的生存。旅游者的攀爬、践踏行为还可能造成植被的破坏,严重的甚至会破坏当地的历史古迹和原始风貌。

旅游对环境的消极影响具有一定的隐蔽性,不会马上显现,但是当人们意识到其破坏性时,往往已经到了难以挽回的地步了。历史上,发达国家曾深受环境污染之苦,教训颇多,所

以非常重视旅游环境的保护。但很多发展中国家被眼前的蝇头小利所惑,往往以牺牲环境作为代价,大力发展旅游,这种做法其实质等同于杀鸡取卵,非常不可取。

第二节 体育旅游的产生和发展

一、国内外旅游业的发展现状

随着科学技术的不断发展,人类社会已经进入了信息时代,第三产业迅速发展,已经成为拉动世界经济发展的支柱产业,而这其中旅游业的发展尤其迅猛。特别是近年来,随着人们生活水平的大幅提高和闲暇时间的增多,旅游越来越被人们所喜爱,成为闲暇消费的一大热点。

1. 国外旅游业的发展现状

随着人类社会由原始社会进入奴隶社会,生产力发展所带来的剩余物归奴隶主所有,他们已不再满足生活起居上的享乐,而开始了以巡视、巡游为名义的享乐旅行。在旅行中,其臣仆簇拥前后,除随时侍奉外其实也起到了旅行向导的作用。到了封建社会,除帝王将相的巡游外,还出现了文人学子的漫游,特别是封建社会中后期,以求学为目的的教育旅行、以探险为目的的航海旅行、以经商为目的的跨国旅行等慢慢有了一定的发展。在这些旅行活动中,往往配有熟悉路途的人做向导,他们不仅引路还介绍沿途的名胜、景点和当地的风土人情。他们提供的服务已经和现代的导游服务在某些方面有一定的相似。

资本主义生产关系的建立,大大促进了生产力的发展和经济的繁荣。1841 年 7 月 5 日,英国人托马斯·库克包租了一列火车,运送 570 人从莱斯特前往拉夫巴勒参加禁酒大会,往返行程 22 英里,团体收费每人一先令,免费提供带火腿肉的午餐及小吃,还有一个唱赞美诗的乐队跟随,成为公认的近代旅游的开端。从此,托马斯·库克与他的旅行社的名字蜚声于英伦三岛。1864 年,托马斯·库克父子公司宣告成立,全面开展旅游业务。19 世纪下半叶,在托马斯·库克本人的倡导和其成功的旅游业务的鼓舞下,首先在欧洲成立了一些类似于旅行社的组织,使旅游业成为世界上一项较为广泛的经济活动。为此,托马斯·库克被世界公认为商业性旅游的鼻祖。1845 年,托马斯·库克旅行社的开业也标志着近代旅游业的诞生。

进入 20 世纪后,交通运输条件的发展使得旅游活动的空间范围得到扩大,使得更多的旅游活动具备了开展的可能性。但由于 20 世纪前半叶世界经历了两次世界大战,在两次战争的间隔期内世界经济出现了繁荣、衰退、萧条和复苏的交替,这就导致了世界旅游业发展的停滞。

二战结束后,世界上许多国家生产力大幅度提高,科技发展迅猛。人们生活水平的提高和闲暇时间的增多,使得旅游业得到了蓬勃发展,大大推动了现代旅游业的发展。据世界旅游组织的统计,1950 年世界各国接待国际旅游游客达 2530 万人,国际旅游收入达 21 亿美元。1960 年世界各国接待国际旅游游客达 15870 万人,国际旅游收入达 179 亿美元。1970—1980 年的 10 年时间内,国际游客人数增加了 80%,国际旅游收入增加了 4 倍多。20 世纪 90 年代世界旅游业进入了发展的黄金时期,1992 年世界各国接待国际游客 47600 万人,国际旅游收入 2790 亿美元。1996 年世界各国接待国际游客达 59300 万人,国际旅游收入达 4230 亿美元,仅四年的时间国际旅游收入就增加了 66%。据世界旅游组织估计:到 2020 年,国际旅游人数将达到 16 亿,全球旅游外汇收入将达到 2 万亿美元。旅游业的整体趋势可归纳为"亚洲迅猛,美洲平稳,欧洲趋缓,非洲起步"。

2.我国旅游业的发展现状

中国是世界四大文明古国之一,旅行活动兴起久远,是世界上最早有文字记载有关旅行的国家之一。中国现代旅游业肇始于 1978 年对外改革开放,短短三十多年间,中国旅游业发生了翻天覆地的变化,取得了令人瞩目的巨大成就,成为世界上旅游业发展最快、受益人口最多、辐射带动力最强的国家之一,中国国内旅游、出境旅游的人次和消费均为世界第一。

(1)中国旅游业取得的主要成就

改革开放以来,中国旅游业实现了从短缺型旅游到初步小康型旅游大国的转变,成为国家经济社会发展的重要组成部分,为未来持续发展奠定了坚实的基础。

1)国内旅游从小众市场向大众化转变,已拥有全世界最大的国内旅游消费市场。

改革开放以来,随着中国经济与国民收入的增长,国民人均出游从 1984 年的 0.2 次增长到 2015 年的 3 次,增长了 14 倍。国内游客数量从 1984 年约 2 亿人次扩大到 2015 年的 40 亿人次,增长了 19 倍,年均增长 10.2%。特别是自 2000 年以来,国内游客数量呈现持续高位增长,推动中国步入了大众旅游时代,成为世界上拥有国内游客数量最多的国家。国内旅游收入也从 1985 年的约 80 亿元增加到 2015 年的 34200 亿元,增长了 426.5 倍,年均增长 22.4%。2015 年,中国旅游总收入超过 4 万亿元,其中,国内旅游收入占全国旅游总收入的比重达到了 85.8%,成为中国最主要的旅游消费市场。

2)国际旅游从单一入境游发展成为出入境旅游并重格局,出境旅游市场更加活跃、发展空间潜力巨大。

改革开放之初,中国的国际旅游仅限于单一的入境游,出境游起步较晚。但进入 21 世纪以来,中国公民出境旅游呈现井喷式增长,已形成入境与出境两大旅游市场并重活跃的发展格局。

从入境市场看,中国已是世界第四大旅游入境接待国。入境旅游人数(含入境过夜游客,下同)从 1978 年的 180.92 万人次增加到 2015 年的 1.33 亿人次,增长 72.5 倍,年均增长 12.3%;旅游外汇收入从 1978 年的 2.63 亿美元增加到 2015 年的 1136.5 亿美元,增长 431 倍,年均增长 17.8%。

从出境市场看,中国是全球增长最快的客源输出国之一,已成为世界第一大出境旅游消费国。2014 年,中国大陆公民出境旅游人数突破 1 亿人次,达到了 1.09 亿人次,2015 年上升为 1.2 亿人次,比 1992 年的 298.87 万人次增长了 39 倍。目前,中国公民出境旅游目的地已扩大到 151 个国家和地区,成为世界重要的旅游客源国,引起了世界各国的广泛关注。

3)旅游业从单纯外事接待型事业转向事业、产业共同发展,旅游综合功能优势日益凸显。

改革开放前,中国旅游业是中国外交事务的组成部分,对增进国家友谊和促进国际交流起到了积极作用,但尚不具备现代产业特征。

改革开放后,中国旅游业迅速成长为国民经济的重要产业,并在政治、经济、社会、文化、生态等领域显示出巨大活力,与 110 多个行业相关、融合发展,对国家调结构、扩消费、稳增长、惠民生都起到了积极作用。中国旅游业总体上实现了六大发展转变:一是从外交的边缘向外交的前沿转变;二是从经济建设的边缘向经济建设的主战场转变;三是从经济增长点向第三产业的重点转变;四是从传统粗放型、数量型旅游发展方式向集约型、创新型推动方式转变;五是从扩大就业岗位的重任向就业、旅游扶贫的重任转变;六是旅游发展的主体由政府为主向政府、企业、社会共同参与的多主体、多类型、全方位的推进。

如今,旅游业对于社会公共服务、地区综合管理水平的要求进一步提高,旅游业对于中国城镇化建设、乡村脱贫致富、生态保护、实现美丽中国等起着重大作用。

4)旅游业由一般性产业向战略性支柱产业转变,产业规模和实力迅速壮大。

2009年,中国政府明确提出"到2020年要将旅游业建设成为国民经济的战略性支柱产业和人民群众更加满意的现代服务业",全方位推动旅游产业步入黄金发展期,旅游产业的规模和实力更加显著提升。

截至2015年,全国已有旅行社27364家,比1999年的7355家增加了2万多家;全国已评有星级饭店数量13491家,其中包括五星级饭店867家、四星级饭店2779家、三星级饭店6776家;中国已有各类经济型连锁酒店约1.5万家,客房总数超过140万间;中国5A级景区数量达到200多家;中国已有370个城市成功创建成"中国优秀旅游城市"。

在产业融合发展、资本并购、连锁化经营、互联网+等创新发展中,中国旅游新业态层出不穷,涌现出一批有竞争潜力的大型旅游企业,包括以华侨城、宋城等为代表的景区连锁经营商,以锦江、首旅、万达等为代表的综合性旅游商,以携程、去哪儿、同程、途牛等为代表的线上旅游服务运营商,业绩增长迅速,已成为中国旅游企业的领跑者。

5)旅游业的发展面由局部扩展到全国,形成了国家与地方、政府与企业、社会共同推进的大格局。

改革开放初期,中国旅游业发展的热点区域主要集中在北京、上海、广州、西安、桂林等少数旅游城市和黄山、峨眉山等著名旅游景区,如今,旅游业发展已遍及全国,成为国家和地方经济增长的重要驱动力。

如今,几乎所有的省(区、市)都将旅游业作为战略性支柱产业,一系列在更大范围内的区域旅游合作品牌相继产生。

2014年国家成立了中国政府旅游工作部际联席会议制度,由国务院分管旅游工作的汪洋副总理任召集人,成员单位包括国家旅游局、外交部、发改委等28个国家政府部门。在国家政策引导和支持下,全国各类金融机构、非旅游类大型企业集团也开始纷纷参与旅游业投资与经营,形成了多层面、多区域、多形式推进旅游业发展的大格局。

(2)中国旅游业发展的重要战略

中国旅游业近几年重要战略主要包括"515战略"、"旅游+"战略、"全域旅游"战略、"一带一路"旅游合作战略等。

1)"515战略"

中国旅游业发展"515战略",即2015—2017年中国旅游业发展的"五大目标,十大行动,52项举措"。2015年1月,全国旅游工作会议上,时任国家旅游局局长李金早作了题为《开辟新常态下中国旅游业的新天地》的报告,剖析了中国旅游业发展新形势,全面部署2015—2017年全国旅游工作重点,即紧紧围绕"文明、有序、安全、便利、富民强国"五大目标,开展十大行动、52项具体举措,推进旅游业转型升级、提质增效,加快旅游业现代化、信息化、国际化进程。

十大行动指坚持问题导向,依法整治旅游市场秩序;坚决惩治旅游不文明行为,营造文明旅游大环境;强化底线思维,构筑旅游安全保障网;发动全国旅游厕所建设管理大行动(厕所革命),加强旅游公共服务体系建设;充分发挥政府和市场"两只手"作用,创新旅游产业促进机制;大力开发新产品、新业态,促进旅游消费转型升级;打破地区藩篱,推进区域旅游一体化;开展旅游外交,构建旅游对外开放新格局;深化旅游体制改革,为旅游业发展注入强劲动力;积极主动融入互联网时代,用信息化武装中国旅游业。

"515战略"是中国发展进入新常态下,按照中国"两个一百年"目标发展的总体要求,在全面分析判断过去35年旅游发展和未来35年旅游业发展趋势背景下,对中国旅游业发展的系统创新谋划。实施一年来,"515战略"实现了巨大成就,取得很多新突破,形成了前所未有的大格局。

2)"旅游+"战略

"旅游+"是指充分发挥旅游业的拉动力、融合能力,及催化、集成作用,为相关产业和领域发展提供旅游平台,插上旅游翅膀,形成新业态,提升其发展水平和综合价值。2015年8月,国家旅游局研究部署实施"旅游+"战略,受到了全国各地和社会各界的积极回应和全力推动。通过智慧旅游、乡村旅游、工业旅游、商务旅游、研学旅游、医疗旅游、养老旅游、健康旅游等领域,重点推进"旅游+"融合发展。

"旅游+"具有天然的开放性、动态性,"+"的对象、内容、方式都不断拓展丰富、多种多样,"+"的速度越来越快。经济社会越进步发展,"旅游+"就越丰富多彩,"旅游+"成为中国旅游业发展的重要战略,也是中国社会全面发展的重要成果和标志。

3)"全域旅游"战略

"全域旅游"是指在一定区域内,以旅游业为优势产业,通过对区域内经济社会资源尤其是旅游资源、相关产业、生态环境、公共服务、体制机制、政策法规、文明素质等进行全方位、系统化的优化提升,实现区域资源有机整合、产业融合发展、社会共建共享,以旅游业带动和促进当地经济社会协调发展的一种新的区域发展理念。

2015年8月19日,在全国旅游工作研讨班上,时任国家旅游局局长李金早提出推进全域旅游发展。随后,国家旅游局发布《关于开展"国家全域旅游示范区"创建工作的通知》,并于2016年1月全国旅游工作会议上全面提出从景点旅游走向全域旅游,开创中国"十三五"旅游发展新局面,将推进全域旅游作为新时期的旅游发展战略。

推进全域旅游是贯彻五大发展理念的重要途径,是经济社会协调发展的客观要求,是旅游业提质增效可持续发展的必然选择,是旅游业改善民生、提升幸福指数、服务人民群众的有效方式,符合世界旅游发展的共同规律和整体趋势,代表着现代旅游发展的方向。

4)"一带一路"旅游合作战略

国家主席习近平于2013年9月和10月先后提出共建丝绸之路经济带和21世纪海上丝绸之路(简称"一带一路")的理念和倡议,"一带一路"是国家共同繁荣之有益路径,是中国梦与世界梦的有机结合。

2015年3月28日下午,国家发展改革委、外交部、商务部在博鳌论坛期间如期发布了题为《推动共建丝绸之路经济带和海上丝绸之路的愿景与行动》的规划。规划中许多重磅内容将极大推动沿线国家及城市旅游业长足发展。对于中国旅游业来说,该规划是"牵一发而动全身"、"以线带面",会带来以下五大"利好":首先,基础设施联通将大幅提升旅游可达性;

其次,"一带一路"沿线各国签署合作备忘录,将简化人民往来的签证手续,极大地促进入境旅游和出境旅游;第三,合作重点中专门提出打造具有丝绸之路特色国际精品旅游线路和旅游产品,这将成为未来几年"一带一路"沿线地方政府和企业进行旅游策划、规划、设计、投资、建设和运营的一个重要方向;第四,推动21世纪海上丝绸之路邮轮旅游合作;第五,在地方开放态势方面,进一步加大海南国际旅游岛开发开放力度。

二、体育旅游的兴起与发展

体育旅游是体育与旅游相结合的产物,是通过体育资源与旅游资源的互补,将体育作为主要内容的一种旅游活动。体育旅游作为一种活动古已有之,无论从古希腊、古罗马的历史典籍中,还是中国古代社会的民俗活动中,都可以找到诸如探险、游历、角力等体育旅游的雏形。具有真正意义的体育旅游是从1857年由英国人成立的登山俱乐部开始的。1885年,英国又成立了野营俱乐部,主要向野外活动爱好者提供野外的食宿设施及相关服务。1883年,挪威、瑞士等国成立了滑雪俱乐部,为滑雪爱好者提供各种服务。1890年,法国、德国成立了休闲观光俱乐部,向游客提供相关的服务。

19世纪后半期,随着欧美国家人们生活水平的提高,闲暇时间的增多,以及新观念、新文化的发展和传播,消遣的概念开始出现,休闲、度假、健身、娱乐逐渐成为一种新的时尚。一大批集食、宿、游、娱于一体的休闲疗养胜地、度假中心快速地发展起来。开始出现投镖、台球、保龄球等室内消遣娱乐项目,户外开始流行垂钓、打猎、棒球、垒球、网球、高尔夫、射击等体育健身项目。

20世纪初,以体育健身和各种休闲娱乐为主体的产业在一些国家初步形成规模。例如,1929年时,美国休闲娱乐业占服务业国民收入的8%,占全国国民收入总额的0.93%。

二战后,随着旅游业的快速发展以及体育运动的普及,以体育运动为特色的旅游项目在欧美国家迅速发展。人们喜爱的高山滑雪、徒步登山、海边沐浴、帆船、冲浪,以及攀崖、漂流、探险等冒险刺激类项目,都是体育运动与旅游的结合。在德国,每年有3200万游客参与与体育旅游有关的活动,占德国旅游总人数的55%。法国和荷兰体育旅游的人数分别为300万和700万,分别占两国旅游人数的23%和52%。1997—1999年,德国体育旅游年平均增长17%,法国增长7%。据统计,瑞士仅滑雪旅游一项,每年接待国外游客达1500万人次。每年到澳大利亚的游客中,有约5%的游客是专程去打高尔夫球的,仅这一项体育旅游的创汇便很是可观。除登山、滑雪外,漂流也是欧美国家人们十分喜爱的户外体育旅游活动,仅在美国东部每年参加漂流活动的游客就超过100万人次。

在亚洲,利用和开发自然资源举办各种回归大自然的活动也越来越普及了。像日本的体育旅游就是以登山和水上项目等为主,这些接近大自然的体育运动项目在日本受到广大游客的喜爱,也产生了很大的经济效益。1990年日本体育旅游的市场产值为880亿日元,1992年达1.002兆日元,1993年达1.069兆日元,以后每年以2%的增长率增长。不仅如此,日本还拥有1926个高尔夫球场,每年约有150万高尔夫爱好者专为高尔夫运动而来。

除了参与性体育旅游外,观赏性体育旅游近年来也得到了蓬勃发展。利用大型赛事进行体育旅游开发,能为赛事带来稳定的商机和丰厚的经济利益。例如,1988年汉城奥运会吸引外国游客22万多人次,旅游收入达14亿美元。1992年巴塞罗那奥运会入境游客达到30多万人次,旅游收入30亿美元。1996年的亚特兰大奥运会入境游客达35万人次。2000年的悉尼奥运会更是前所未有的旅游盛会,在奥运会期间,有 25 万人次的外国游客前来观战,若将此前相关来访人员一并算上,人数则增加到 150 万人次,旅游直接经济效益高达 42.7 亿美元。

体育和旅游的结合已经有 100 多年的历史了,纵观体育旅游产生、发展的历程,主要有以下几点原因:(1)经济的发展和工作、生活条件的改善为人们提供了一定的经济基础和闲暇时间,使人们开展体育旅游活动有了一定的经济基础和时间支持;(2)生活质量的提高和消费结构的优化使人们对基本的旅行不再满足,人们的需要层次上升到精神需要和探索需要,从而激发了人们健身、娱乐、观光、度假和探险等刺激性旅游的需要,进而产生了体育旅游的需求动机;(3)随着社会发展和生活节奏的加快,使得人们健康和娱乐身心的意识增强,刺激着体育旅游的产生;(4)交通运输条件的改善极大缩短了旅游的空间距离,使得很多体育旅游活动的可行性大大提高,像球迷随主队到客场助威、到奥运会举办地观看比赛等都依赖于交通运输条件的改善;(5)体育场馆、设施的更新换代,提高了体育旅游的承载能力,同时体育旅游服务水平和产品质量的提高也促进了体育旅游的良性发展。

三、我国开展体育旅游的可行性分析

1.具有丰富的体育旅游自然资源,为发展体育旅游奠定了基础

(1)地貌风景类体育旅游资源

1)山地型体育旅游资源

我国是多山国家,有许多名山风景胜地,如山东泰山、安徽黄山、四川峨眉山、江西庐山、吉林长白山、陕西华山、福建武夷山、台湾玉山、山西五台山以及世界最高峰的珠穆朗玛峰等驰名中外。山地地形适宜登山、滑草、攀岩、滑翔、野外生存、定向越野等体育旅游项目。2015 年西藏自治区人民政府常务会议审议通过了《西藏自治区人民政府关于加快发展体育产业促进体育消费的实施意见》,提出坚持生态文明理念,把握国家实施"一带一路"倡议和把西藏建设成为重要的世界旅游目的地的契机,开发特色体育资源,构建体育产业服务体系,丰富市场供给,繁荣体育消费,打造喜马拉雅登山文化中心,建设全国户外运动大区,发展高原特色体育产业,不断满足人民群众日益增长的体育需求。

2)峡谷型体育旅游资源

我国的三峡(瞿塘峡、巫峡、西陵峡)、黄河壶口的龙门峡、雅鲁藏布江大峡谷等都是极为著名的峡谷,每年慕名而至的旅游者络绎不绝。峡谷地带适合开展探险、穿越、漂流、野外生存等体育旅游项目。

3)高原型体育旅游资源

我国的青藏高原(被称为世界屋脊)、内蒙古高原、云贵高原、帕米尔高原都是著名的高原地带。高原地区居住着众多的少数民族,具有丰厚的民族传统体育资源,近年来这些高原所接待的游客数量不断增多。高原适合骑马、骑自行车穿越运动及一些民族传统体育项目。

4)盆地型体育旅游资源

我国有许多著名的盆地,如塔里木盆地、柴达木盆地、四川盆地、吐鲁番盆地等。有的盆地已经成为我国的重要旅游区,如吐鲁番盆地、四川盆地。不同区域的盆地生态环境差异较大,因此,适宜开展的项目也有不同,如柴达木盆地适合开展徒步探险、驾车穿越、野外生存训练、滑沙等,而四川盆地具有良好的山水资源,适合开展山地型、湖泊型、河流型等多种体育旅游项目。

5）平原型体育旅游资源

平原地区一般都是经济比较发达的地区，相对而言也是旅游业发展较早、较快的地区，如东北平原，华北平原，还有陕西的关中平原等。平原地区较适合开展的体育旅游项目有赛车、赛马、风筝、热气球等。

6）沙漠型体育旅游资源

沙漠是指整个地表覆盖着大量流沙的荒漠。该地带气流下沉，大气稳定而少雨，空气相对湿度低。近年来，沙漠探险、沙漠科学考察带动了沙漠旅游的升温，但对多数参与者而言，只适宜参加短距离的沙漠观光活动，如徒步、沙浴、滑沙等。只有进行了预先强化准备、有一定后期保障的团队才适合进入沙漠腹地或进行穿越沙漠等极限体育活动。

（2）水体类体育旅游自然资源

水是自然界最活跃的因素之一，水体资源与体育旅游的关系十分密切，水可以单独构成旅游资源，也可以与其他资源叠加形成复合体育旅游资源，是最能满足游客参与要求的体育旅游资源之一。

1）河流型体育旅游资源

我国是多河流的国家，著名的河流有长江、黄河、松花江、金沙江、澜沧江、大渡河、乌江、湘江、汨罗江、雅鲁藏布江等。河流两岸大多生态情况较好，有着许多秀美奇特的景观，岸边及水上适宜开展的体育旅游项目有漂流、龙舟竞渡、垂钓、溜索、划船、潜水、游泳等。

2）湖泊型体育旅游资源

我国有大小湖泊 2 万多个，湖光山色相映成趣，是利用来发展体育旅游的极好资源。湖泊适合开展的体育旅游项目有游泳、潜水、垂钓、划船、赛艇等。

3）瀑布型体育旅游资源

我国有著名的黄果树瀑布、黄河壶口瀑布、民自山瀑布、庐山三叠泉瀑布等。在瀑布分布地区适合开展的体育旅游项目有溪降、溯溪等。

4）海洋与海滩型体育旅游资源

我国有漫长的海岸线，有众多的岛屿，海洋与海滩资源十分丰富，在大连、青岛、北戴河、厦门、北海、三亚等地都有广阔的海滩，也都是著名的旅游胜地。

5）冰雪型体育旅游资源

我国幅员辽阔，经纬跨度大，造成了我国气候资源的多样化，冬季以黑龙江、吉林为代表的冰雪天地，创造了滑冰、滑雪的自然条件。目前，黑龙江省已经建成像亚布力滑雪场、青云山雪场等 57 家滑雪场，各类滑雪道 70 多条，提供高山滑雪、越野滑雪、跳台滑雪、花样滑雪和单板滑雪等服务。

2. 大众体育消费的增加为我国体育旅游的发展提供了广阔的空间

大众体育作为国际体育的潮流，在世界各地迅速兴起，参加体育活动的人数不断增加，特别是发达国家体育人口迅速增长。据有关资料统计，在北欧、西欧、北美和日本等一些经济发达国家和地区，参加体育锻炼的人口已达到 70% 以上。随着人们收入的增加，大众体育消费支出已成为可能并逐渐变成必需。特别是从 1995 年我国开始实施了全民健身计划，倡导大众体育，群众体育的蓬勃兴起带来了以体育健身、娱乐、康复、探险、观赛和参与各类体育活动等各种形式旅游活动的普及和发展。推行大众体育的重要形式之一便是体育与旅游相结合，即体育旅游。

3.2008 年奥运会的成功举办,为我国体育旅游的发展提供了契机

(1)有效地促进我国入境游客的持续增长,大幅度增加了旅游业的外汇收入

奥运会的经济效益有正、负效应之分,但是,旅游收入毫无疑问是奥运会带给举办国的最可观、最丰厚、最绿色的收入之一。2008 年北京奥运会使北京额外增加境外游客 240 万人次,增加 39 亿美元的经济收入。

(2)迅速提升我国体育旅游的品牌形象

在奥运会筹备的 7 年时间里,我国成为全世界瞩目的焦点,奥运宣传产生了巨大的聚焦效应,成为我国政治、经济、文化发展的最佳传播载体。奥运会举办期间,超过 1 万名记者的大强度、高密度宣传报道活动,其规模无与伦比,价值难以估量,方式最为自然,影响极为深远。2008 年奥运会使我国体育旅游形象的品牌效益水平大大提高,极大提升了世界各国对我国体育旅游的热情和期望值,对我国的入境体育旅游市场产生了深远影响。

(3)改善与提高了我国体育旅游业的软、硬件水平

举办奥运会所带来的巨大投资规模效应,还极大地改善了我国体育旅游基础设施的建设,创造了一流的体育旅游环境,体育旅游服务质量显著提高,促进了体育旅游业的进一步成熟与发展。奥运会筹备期间,北京市对旧皇城、传统城区中轴线、30 片历史文化保护区、重点文物保护单位等都进行了重点保护;对旧皇城、朝阜路、国子监街、什刹海等地区进行了修缮;同时,规划建设了一大批国际一流的、集中体现城市形象的标志性建筑和设施。

北京申奥成功之后,青岛便提出"珍惜机遇,迎接挑战,加快建设,努力建设国际化旅游城市"的发展思路和"北京奥运,扬帆青岛"的旅游宣传促销口号,并据此制定了 7 年规划。计划总投资 780 亿元,全面改造和建设青岛市的旅游基础设施,即交通、环保、通信设施和比赛场馆。其中包括建设集海上运动、旅游、服务、海洋文化、娱乐休闲、购物为一体的亚洲一流的综合性奥林匹克水上运动中心;建设以国际会议、贸易、科技、信息、文化、旅游为核心的中央商务旅游区;建设多功能的奥运村;建设由地下综合管网和环保设施组成的基础设施和环境体系;建设环境舒适、配套设施完善的高档住宅区和教育创业园区。计划投资 12 亿元完成流亭机场扩建工程、新建地铁、轻轨和地面快速公共交通优质网络;建设青岛、黄岛跨海大桥;新建一批沿海豪华旅游码头和海岛旅游码头。投资 57.7 亿元兴建 20 座立交桥,新增高速公路 1660 公里;建设旅游网络系统和中央指示导游系统,实施绿色奥运"七大工程"。

我国具有发展体育旅游的资源优势、区位优势及巨大机遇,为体育旅游的发展提供了广阔的前景。随着经济收入和闲暇时间的不断增加,人们的消费需求方式也不断地发展和变化,他们寻求更加文明健康的消费方式,体育旅游正是适应这种需求的一种现代生活消费方式。由于体育旅游既具有旅游活动的娱乐休闲性,又具有体育活动的参与健身性,受到体育旅游消费者的广泛欢迎,从而形成相当规模的体育消费市场,这就为体育旅游市场的开拓提供了广阔的前景。

第三节　体育旅游资源

旅游资源是一个国家或地区发展旅游业的物质基础,一个国家或地区的旅游资源的丰富程度、利用程度和开发水平能直接影响本国或本地区的旅游经营规模和客流量等。体育旅游

作为旅游的一个分支,它对旅游者吸引力的大小当然也在很大程度上取决于体育旅游资源对旅游者的吸引程度。因此,研究体育旅游资源对促进体育旅游业的发展有重要的意义。

一、体育旅游资源的概念

体育旅游资源是诱导人们参与体育旅游活动的吸引源,是实现体育旅游活动的前提条件。体育旅游业就是借助体育旅游资源而建立和发展的,没有体育旅游资源就没有旅游者的旅游活动,没有旅游者的旅游活动,也就没有旅游业的服务对象。所以,我们常说体育旅游资源是体育旅游业赖以生存和发展的基础和凭借,没有体育旅游资源就没有体育旅游业。但是,体育旅游资源的概念却是随着体育旅游活动的兴起而出现的。

近年来,我国一些学者对体育旅游资源的概念进行了一定的研究,但尚未形成统一的定义,看法也存在分歧。常见的体育旅游资源概念有以下几种表述:

● 体育旅游资源是指在自然界或人类社会中能对体育旅游者产生吸引力,并能进行体育旅游活动,被旅游业利用且能产生经济、社会、生态效益的客体。

● 体育旅游资源是指以体育内涵为内容的旅游活动,被旅游业所利用,能够产生可持续体育旅游综合效益的客体。

● 体育旅游资源狭义上讲是指体育旅游的客体,即体育旅游的吸引物和景点景区;从广义上讲是在自然界或人类社会中能对体育旅游者产生效益的各种事与因素的总和。

● 体育旅游资源是一切为人们开展体育和健身活动所提供的身体活动场所、项目和物质环境,它具有多样性、历史性和地域性的特点。

上述体育旅游资源的几种定义虽然存在一定的不一致,侧重点也有所不同,但分析起来却基本囊括了以下几点客体范畴:

(1)能与旅游联合的体育资源系统,包括可以开展体育旅游的自然资源,如山、水、特殊地貌、气候等自然资源,也包括具有吸引力的体育比赛和具有观赏性的民族传统体育活动等人文资源。

(2)具有地方特色,能烘托体育旅游气氛的旅游接待设施和能吸引游客的旅游服务均可视为旅游资源。

(3)只要对游客有吸引力,旅游业开发和利用后能产生效益的体育系统均可视为体育旅游资源。这不仅指现已开发的体育旅游资源,同时也包含部分潜在的体育旅游资源,它是体育旅游者向往和探索的地方,将随着体育旅游者的不断涉足和开发而充实到旅游对象中来。

二、体育旅游资源的分类

随着社会的发展、科技的进步,体育旅游资源的内涵和外延也在不断延伸,体育旅游资源的种类与数量越来越多,但无论如何它必然是和旅游资源紧密联系在一起的,没有旅游资源也就无从开展体育旅游。体育旅游资源既是旅游资源的一部分,也是开展体育旅游活动的场所,所以体育旅游资源的分类也可建立在旅游资源分类的基础之上。

一般而言,旅游资源可以分为自然旅游资源和人文旅游资源两大类。自然旅游资源是指能使人们产生美感或兴趣的、由各种地理环境或生物构成的自然景观。人文旅游资源是指人类创造的、反映各时代、各民族政治、经济、文化和社会风俗民情状况,具有旅游功能的事物和因素。

1.按照旅游资源的组成要素分类

根据《旅游资源学》一书中旅游资源的分类方法对体育旅游资源进行分类,具体见表6-2。

表6-2　体育旅游资料分类表

类别		旅游资源	体育旅游项目
自然资源	地表类	地质类、山地、山峰、峡谷、峰林、洞穴、沙滩、火山、戈壁沙漠等	徒步旅行(如峡谷徒步、山地丛林徒步等) 登山(如登极高山峰和普通山峰等) 攀岩(如四川峨眉山金顶舍身崖) 探险(沙漠荒原、雪原冰川探险等) 野营(如洞穴、沙滩、山地) 滑沙(如敦煌鸣沙山等) 沙地排球、足球等
	水体类	河流、瀑布、湖泊、泉、海洋等	漂流(如贵州马岭河漂流、黑龙江响水河漂流等) 游泳(如横渡海峡、长江等) 航海(如沿海的海滨航船、摩托艇等) 潜水(如三亚大东海) 冲浪(如中国冲浪之都——海南万宁等) 垂钓(如海上垂钓等) 滑雪、滑冰、冰球(如吉林北大湖滑雪场、哈尔滨冰雕等)
	生物类	森林风光、草原风光、古树名木、珍稀动植物、典型的自然生态景观等	骑游(如自行车、马、骆驼等骑行) 驾车(如驾车环游全国、丝绸之路汽车旅游等) 狩猎(如承德木兰围场等) 徒步旅行、登山、野营等
	大气类	云海、雾海、冰雪、天象胜景等	登山(如登黄山看云海) 冰雪体育(如冰橇、冰杀、冰帆)
	宇宙类	太空、星体、天体观测、陨石等	
人文资源	历史类	古人类遗址、古建筑、古代伟大工程、古城镇、石窟岩画等	徒步旅行(如茶马古道徒步、新疆古城遗址探险、山西平遥古城游等) 骑游(如骑马游长城河西段等) 驾车
	民族民俗类	民族风情、民族建筑、社会风尚、传统节庆、起居服饰、特种工艺品等	摔跤(如蒙古族的摔跤、维吾尔族的马上角力等) 赛马(如藏族的赛马) 民族舞蹈(如藏族和羌族的锅庄等) 民族传统体育旅游(如朝鲜族与苗族的秋千、哈萨克族的"姑娘追"和"叼羊"等)
	宗教类	各地宗教圣地、建筑、文化现象等	登山(如中国四大佛教名山游等)
	园林类		苏杭园林游
	文化娱乐类	动物园、植物园、游乐场所、文化体育设施等	体育观光(如观世界杯足球赛、奥运会等) 潍坊国际风筝节

2. 根据体育旅游资源的空间分布分类

(1)陆地体育旅游资源

1)适合露营、野餐、骑游、驾车旅行、野外定向及徒步远足旅行的平原、草原、森林、沙漠、城镇、郊区等。

2)可以开展体育观光游的体育中心、体育场馆等体育文化设施。

3)可以开展狩猎活动的狩猎场。

4)可以开展登山、攀岩、速降的不同高度和坡度的山体。

5)可以开展滑沙、滑冰、滑草的体育旅游资源。

6)可以开展民族传统体育文化旅游的各少数民族聚居地。

(2)水上体育旅游资源

1)河道、湖泊体育旅游资源(船、皮艇、舟、筏、游、钓等)。

2)近海体育旅游资源(船、皮艇、舟、筏、游、钓、潜水、摩托艇、滑水、冲浪、帆船等)。

3)现代冰川体育旅游资源(滑雪、滑冰、攀冰等)。

(3)空中体育旅游资源

开展滑翔、热气球、航模、跳伞、牵引滑翔伞等活动的体育旅游资源。

3. 根据体育旅游资源的功能分类

(1)健身、休闲、娱乐等为主的体育旅游资源。

(2)以开展观光性体育活动为主的体育旅游资源。

(3)开展探险、溯源、寻秘、寻踪等较高运动难度、强度或极限运动等的刺激性旅游资源。

4. 根据体育旅游资源的开发程度分类

(1)未经开发的或潜在的资源

这类资源可以是自然资源、历史遗存或是独特的吸引物,往往具有较高的资源价值,但目前尚无能力进行开发利用的潜在资源。对体育旅游爱好者而言,这类资源更能满足其求险、求奇的需求,更刺激。

(2)已开发的或即将开发的资源

这类资源是客观存在的自然或历史文化赋予的旅游资源,有的利用时间较长,旅游设施较为完整,但也还是需要进一步调整、完善,还有的已列入规划,即将开发。

5. 根据体育旅游资源的现实存在情况分类

我们根据旅游资源的现实存在情况并结合我国的实际,将体育旅游资源分为有形体育旅游资源和无形体育旅游资源两大类,其中有形体育旅游资源又可分为人造体育旅游资源、以自然为依托的体育旅游资源、民间体育旅游资源;无形体育旅游资源主要是体育节事资源。

三、体育旅游资源的特点

不同性别、年龄、职业、文化程度和心理特征的旅游者具有千差万别的旅游需求。为了迎合各种需求,全球旅游业的发展已经出现向专项化发展的态势。虽然常规旅游项目也具有一定的健身、娱乐功能,但体育旅游的专项性发展将使体育旅游的内容更加具体和鲜明。

因此,从资源特征的角度看,体育旅游资源既包括一般性旅游资源的特征,也包括体育专项性资源的特征。

1.地理特征

体育旅游资源存在于特定的地理环境中,地理环境是其形成的基本条件,同时它也是地理环境中的重要构成要素,因此体育旅游资源具有明显的地理特征。

(1)广泛性和区域性

体育旅游资源依附于生态环境多样性,分布极为广泛。地球表层分为岩石圈、生物圈、水圈、大气圈。人类就生活在各个圈层内,而它们均可形成各类旅游资源。岩石圈表面形成地质类和地貌类旅游资源,如地球内力作用形成的火山地貌、地热资源、高山峡谷;外力作用形成的地貌景观,如流水侵蚀形成的岩溶峰林、风力侵蚀形成的雅丹地貌、风力堆积形成的沙丘、鸣沙山等。这些自然资源为登山、徒步旅行、探险、骑游等体育旅游活动创造了条件。水圈里的江河、湖泊、瀑布、海滨等资源,为漂流、游泳、潜水、冲浪等水域性体育旅游提供了场所。生物圈内形成的森林景观、自然保护区等,为探险、野营等提供了物质条件。大气圈形成气象和气候旅游资源,如南北方的气候差异形成迥然不同的自然景观和人文景观,海南的亚热带风光和低纬度地区的风情、黑龙江的冰雪景观和高纬的民俗,这些对体育旅游爱好者都有一定的吸引力。

任何体育旅游资源都是在一定的自然和社会文化环境中形成的具有与其他地方不同的地方性特征。不仅体育旅游自然资源存在区域差异性,人文资源也一样存在区域差异性。虽然地理环境的区域差异规律主要制约着自然地理环境,但人们是在适应自然、求得自身生存发展的过程中创造出灿烂文化的,这些文化当然就不可避免地带上了一定的地域色彩。正是由于不同地域体育旅游资源之间存在差异性,才构成吸引的真正动力,才会吸引不同地域旅游者跨地开展体育旅游活动,从而使不同地域的体育旅游业得以发展。

(2)季节性和变化性

体育旅游资源的季节性是指体育旅游资源在一年中随季节而变化的特征,这一特征决定了体育旅游活动的季节变化。冬季人们可以参与雪上和冰上活动,夏季人们可以参加以"水"为主题的活动。地势的高低变化也会影响季相的垂直变化,尤其是低纬度地区的高山峡谷,常会出现从山麓到山顶自然景观四季变化。事实上很多景点的命名就隐含了一定的气候变化,例如峨眉山的洪椿晓雨、大坪霁雪、白水秋风等。体育旅游资源的吸引力会随着季节与气候的变化出现周期性的变化,使某些体育项目无法开展,体育旅游业因此会出现淡季、旺季交替现象,但只要调整好体育旅游项目,同样的自然与人文旅游资源可开发出不同的适应季节变化的体育旅游。例如:夏季滑草,冬季滑雪;夏季游泳、划船,冬季滑冰、打冰球等。

体育旅游是以户外体育锻炼为主要功能的,且多数是以自然风光为背景展开活动。以山岳、水体、动植物为依托,许多自然旅游资源要素随时间变化表现出不同的组合关系。气象要素在一天里有时会发生很大的变化。如河流、湖泊在早晚与中午的水温差异较大;草原、沙漠、高原等地更是早穿棉袄午穿纱,昼夜温差较大;特别是探险寻秘的体育旅游活动,在行进的道路上,可能是泥泞小路,也可能是遍地荆棘,更可能有飞瀑流泉、江河流沙挡住去路;出发时可能一路顺利,返回时也许就大雪封山、江河涨水断道了。

2.体育特征

不同性别、年龄、职业、文化程度的旅游者具有千差万别的旅游需求,为了迎合各种需求,全球旅游业的发展呈现出专项化发展的态势。体育旅游的专项性发展将使体育旅游的内容更加具体、鲜明。因此,体育旅游资源既包含一般旅游资源的地理性特征,其专项性的体育特征亦是很突出的。

(1)健身性和可重复性

工业化、城市化的发展带来环境的污染,经济的发展带来生活节奏的加快和压力的增强,激烈的生存竞争在带来物质文明的同时让人身心疲惫。"2012年关爱职场白领、关注职场白领健康调查"显示:三分之二的受访者认为自己的身体状况处于亚健康,危害身体健康的主要因素中,工作压力、环境污染和缺乏锻炼位列前三。通过健身、娱乐、休闲等方式来调节身心健康已成为人们的共识。通过旅游者的参与,从体育旅游活动中促进参与者的身心健康、缓解和消除身心疲劳,防范"文明病"。健身性是体育活动本身固有的内涵本质,体育活动与自然景观和人文景观相结合的体育旅游活动给参与者带来了强烈的生理及心理感受。如登山、游泳、滑雪、漂流、攀岩等体育旅游方式,都有较强的健身性。

一般的旅游资源,人们观赏过后故地重游的现象并不普遍,而体育旅游资源则不同,体育旅游者在旅游过程中往往是以户外体育锻炼为主要目的,而体育锻炼在于持久,对于某一体育项目的参与需要不断地练习才能掌握要领,这就为旅游者再次前来旅游提供了动力。特别是以大众健身、娱乐为主的体育旅游资源,以及短程范围内的这种体育旅游资源更能吸引旅游者再次重游,如游乐场所、体育主题公园、登山景区等。

旅游者冬季来到滑雪场,不仅可以领略银装素裹的白雪世界,还可从打雪仗、堆雪人、拉雪犁、推雪橇等娱乐活动中获得乐趣。特别是在初次参加冬季滑雪体育旅游,掌握了滑雪的初步技术与基本要领后,会吸引和促使旅游者为更好地掌握技术而再次前来学习。旅游者在同一参与项目中每次可获得不同的刺激、感受与乐趣,同时增长自己的技能。

(2)观赏性和参与性

观赏性是指部分体育旅游资源具有很强的观赏性和视觉吸引力。在经济、体育发达的欧美,把重要的体育比赛活动作为体育旅游资源进行开发利用已收到很好的经济效果,越来越被人们重视。比如奥运会、世界杯和欧洲杯足球赛、美国NBA篮球体育赛事,会吸引大批异地球迷前往观看比赛。在我国,观看体育比赛而形成的旅游活动已初步成形,并具有良好的发展态势。

参与性是指体育旅游资源的利用与开发有别于传统的观光、购物、度假方式,体育旅游资源强调的是主动参与,将传统旅游项目的被动与约束降低到最低限度。

3.社会文化特征

体育是一种文化,也可以成为文化的表现形式。体育旅游资源在与大自然密切互动的基础上,同样与社会文化对接、互动。

(1)精神价值多样性

社会的发展提高了人们心理需求的层次,从而激发了人们参与那些为补偿未能满足需要而在心理上留下失衡的行为。旅游活动是一种超脱一般生理需要的高级需求形式,渗透于有形体育旅游资源内的无形精神价值,符合人类体育审美和旅游审美需求。传统的旅游大多停留在观光、观物和餐饮层面上,而体育旅游,特别是运动休闲、探险等旅游方式给参与者带来了愉悦、兴奋、刺激、竞争和挑战等不同的心理感受。

（2）独特的民族性

我国是一个多民族的国家,民族、民间体育活动包含着传统的健身娱乐方式、宗教信仰、民风民俗,赋予了体育旅游独特的内涵,能够给消费者带来健身娱乐、审美观赏、寻奇猎异的心理满足。民族、民间体育活动具备了与自然资源、民族文化资源、人文地理及民族体育资源良好的配置、互补结构,为旅游业奠定了物质和文化基础。如蒙古族的那达慕大会、少林武术节、潍坊风筝节以及民族传统的表演、竞赛等,都体现了较强的民族传统和民族文化特征,这些活动将民族传统体育和旅游及经贸洽谈有机地结合在一起,并起到相互推动的作用。

四、体育旅游资源的开发

旅游资源不管是自然旅游资源还是人文旅游资源,都可分为现实和潜在的两种可能存在的状态。所谓现实的旅游资源,通常是指那些本身具有吸引力,客观上也已经具备必要的接待条件,而且正在接待大批旅游者的旅游资源。所谓潜在的旅游资源则是指那些本身可能具有某种吸引力,但由于不具备接待条件或尚未被外人所知,目前还无法吸引大量旅游者的资源。它们必须经过有意识的人为开发,才能成为吸引旅游者的旅游环境,才能成为可供游客观赏并且可供旅游业利用的现实旅游资源。因此,潜在旅游资源和现实旅游资源都是旅游资源开发的对象。由于旅游资源生命周期的客观存在,即使是现实旅游资源,也需要根据情况的变化进行再生性开发。这种开发的直接目的就是为了巩固、改善和提高旅游资源的吸引力。

1. 体育旅游资源开发的内容

（1）景点或风景区的具体规划、设计

体育旅游不同于一般的旅游,区别在于体育旅游活动具有参与性的特征,因此大众化体育旅游资源的开发就需要考虑一般体育旅游者的能力,难度或危险性太大会使他们望而生畏的,这部分旅游者对旅游点的基础设施一般有较高的要求。极限探险、猎奇型体育旅游项目的参与者对体育旅游资源的要求是新、奇、险,要有挑战性、刺激性,这样才能满足他们对体育旅游的要求。而这部分旅游者一般对道路交通等基础设施要求不高,但是对野外生存、救护、通信联络等方面的要求较高。因此,在景点或风景区的具体规划、设计时应该根据该景区的自然、人文资源,选择合适的体育旅游项目,并结合不同性质项目旅游者的不同需求突出景点规划设计的重点。

（2）提高旅游地的可进入性

体育旅游资源的不可移动性形成体育旅游资源与潜在旅游市场之间的空间距离,这是影响资源可进入性的重要因素。因此,对旅游资源的开发首先要解决旅游地的可进入性,即解决旅游地和旅游市场之间的交通和通信问题,这也是旅游地与外界联系的先决条件。当然,也不能忽视旅游地内部交通运输的便利。只有当旅游者进得来,才有可能留得住。提高旅游地的可进入性包括改善交通、通信基础设施建设、交通运营安排等。

（3）建设和完善旅游基础设施

所谓旅游基础设施是指主要使用者为当地居民,但也必须向旅游者提供或旅游者必须依赖的有关设施,是发展旅游业不可缺少的物质基础。旅游基础设施包括:1）一般公用事业设施,如供水、供电系统,排污系统,交通运输系统等。2)现代生活所需的基本设施,如银行、超市、医院、宾馆等。3)各种文化娱乐设施,如博物馆、游乐中心等。一般情况下,被开发地区都存在这类基础设施,只是其数量、布局或接待能力大都是在决定发展旅游业前根据当地的人口规模设计和建造的。随着旅游业的发展,旅游者大量涌入,可能会出现接待、供应能力不足的现象,所以需要进行必要的整修、扩建。在建筑形式上要因地制宜,反映民族风格和地方特色,要和当地的景观相协调。

对于体育旅游地而言,则必须要配套相应的体育设施,这也是开展体育旅游活动的必要条件。体育旅游设施建设主要包括:1)购买开展体育旅游活动必需的设备和器材,如漂流要用到的皮艇、竹筏等船只设备,攀岩要用到的绳套、下降器等器材。2)加大体育旅游活动安全保障性建设,如密切关注漂流河段水位、流速变化,定期检查救生衣、救生人员的配备情况。3)运动场所的配套设施建设,如滑雪场不同坡度和长度的滑道建设以及相应的缆车、牵引车的配备等。

(4)培训旅游专业人才

旅游服务质量的高低会在一定程度上起到增加或减少旅游资源吸引力的作用,因此培养专业的旅游服务人员非常重要。特别是部分体育旅游产品危险性大,服务设施的科技含量高,对管理和服务人员的专业水平要求非常严格,旅游服务的提供者必须要经过一定的专业培训才能上岗工作。

2.体育旅游资源开发的原则

体育旅游资源的开发是一个长期的系统工程,既要考虑现实资源的再生性开发,也要善于挖掘体育旅游资源潜在的吸引力,通过科学、合理的开发使其具有市场吸引力和竞争力。具体而言,体育旅游资源的开发要注意以下几个原则。

(1)保护性开发原则

开发旅游资源的目的是利用。因此,体育旅游资源的开发必须注重旅游地的可持续发展,要把开发和环境保护结合起来,以保护生态环境和风景名胜资源为前提,合理开发建设和科学管理。

在建设内容上,体育旅游资源的保护性开发原则要求,一方面控制可能改变资源价值结构的旅游项目,尽可能在旅游地附属设施(如交通运输、通信、住宿等)上进行投资,以改善旅游地的可进入性,并且在这些设施的建设过程中,也不能破坏旅游资源的自身价值。另一方面,在开发体育旅游资源时,也要确保其与原有的自然、人文景观的和谐一致。特别要注意的是,保护性开发并不是一味地绝对化的保护,开发是目的,只是必须要以保护为前提。

(2)满足需求和安全性原则

体育旅游资源的开发主要是要满足旅游者的需求,以达到一定的满意度,应能长久地满足体育旅游者的愿望和体育旅游市场的需求。同时,根据市场的需求注重对原有产品的保护和对新产品的开发,以满足体育旅游者不断增长的旅游需求。

在满足旅游者和市场需求的同时,在旅游资源的开发上也必须要注意安全性。体育旅游开发的产品和项目,应以运动生理学的相关理论为基础,使旅游者在参与体育旅游活动的过程中促进健康,既能缓解甚至消除疲劳,又能防治疾病,从而提高人们的生活质量。

(3)独特性原则

体育旅游资源的开发必须要考虑其对体育旅游者的吸引力,而旅游资源贵在稀有,体育旅游资源只有突出体现"人无我有，人有我新，人新我优"，在市场中才具有吸引力和竞争力。体育旅游资源无论是源于自然资源还是源于人文资源，都要尽可能地保持其原始风貌，突出体育与自然、人文的结合，达到原始性与自然性、民族性与地方性特色和谐统一。只有这样，才会尽可能地满足体育旅游者在体育活动中同时获得审美享受和体验到异乡风情的需求。所以，在项目的选择和开发上，一定要反映区域的特色，突出自己的独特性。

（4）经济与效益原则

体育旅游资源的开发和利用，必须研究和预测其开发后的效益。这里不仅仅是经济效益，还包括社会效益和环境效益。体育旅游资源的开发必须服从当地社会经济发展的需要，并非所有拥有体育资源的地区都可以或应该发展体育旅游。当开发旅游资源所付出的成本高于它所带来的收益时，这种开发对当地全局而言显然是不经济的。就体育项目的投资来说，大众化的体育健身、娱乐旅游类投资较大，但因涉及面广，参与人数多，所以资金回收快。而极限、探险类项目参与人数少，投资回收相对就较慢。

3.体育旅游资源开发的影响

（1）体育旅游资源开发的正面影响

体育旅游是一项新兴产业，对其科学合理的开发，不仅能促进和推动体育产业的发展，增加国民经济收入，而且对社会发展也有着重大的影响作用。

1）经济效益

体育旅游是伴随着旅游的兴起而产生、发展的，它是高产出的新兴旅游项目，各个国家的旅游企业，无不大力扶持体育旅游以获得巨大的经济效益，同时，体育旅游也是体育产业新的增长点。体育旅游的大力发展可以带动相关产业的发展，并能创造大量的就业机会，促进当地经济发展，同时也有利于体育产业结构的调整，促进非贸易性创汇。合理地开发体育旅游资源，不仅能满足人们健身、娱乐、休闲的需要，还能招揽更多的异地游客以拉动区域经济的增长。

2）社会效益

体育旅游资源开发带来的社会效益具体表现在：

第一，通过体育旅游资源的开发和投入使用，可以为不同人群提供适宜的体育旅游产品，使其能积极参与体育旅游，缓解身心疲劳，防范"文明病"，从而提高我国的国民身体素质。

第二，通过对体育旅游资源的开发，可以更大程度地增加体育旅游产品的文化品位和精神内涵，吸引更多的国际游客，促进各国人民之间的文化交流，弘扬中华民族传统体育文化，促进民族传统体育的传承和发展。

第三，开发体育旅游资源、促进体育旅游发展不仅能带动体育咨询培训业、体育健美服务业、体育器材业及体育建筑业的发展，还带动商业的发展，能有效地拉动消费品市场，刺激制造业的发展。

（2）体育旅游资源开发的负面影响

体育旅游开发在带动区域经济发展的同时，不可避免地也带来了很多负面影响，具体有以下几个方面。

1）大气污染

体育旅游资源的开发对大气环境的负面影响主要是对大气环境的污染。观赏体育竞赛作为体育旅游的一种形式,无形中加重了大气的污染,如汽车拉力赛、摩托车拉力赛、卡丁车比赛等动力性比赛都是大功率、排污强的比赛。此类体育旅游项目的开展会不同程度地对大气环境造成污染。这种因体育旅游项目的开展带来的污染虽然不是大气污染的主要污染源,但其对当地的生态环境、体育旅游者和当地居民的身体健康都存在不利的影响。

2)水体污染

水上旅游项目,如摩托艇、水上飞机等排放的废弃物会对水资源产生污染,破坏整个水资源环境的生态平衡,在部分体育旅游资源的维护过程中也会对水资源产生污染。资料显示,一片高尔夫球场每天的用水量可以满足大约 1000 人的需要,而每年 2 吨以上的化学制品中,有 10%～20% 被草木吸收,30%～40% 进入大气,剩余的 40%～60% 则会进入河流污染水资源,更甚则造成饮用水污染。

3)对地质、地貌的破坏

尽管体育旅游资源的开发倡导开发与保护相结合,但是一些体育旅游设施的建设如旅馆、体育娱乐设施等的修建,往往会改变地表、地物。如一个天然标准滑雪场占地约 100 平方公里,它的开发建设会直接对森林植被产生破坏作用。这些破坏作用不仅影响了自然生态系统的稳定,而且还容易导致山体滑坡、泥石流等灾害的发生。

因此,我们要对体育旅游资源进行合理的开发,努力做到人与自然的和谐统一、生态与经济的共同繁荣,在开发的过程中最大限度地减少或消除负面影响,使体育旅游资源开发过程中的所有活动都有益于人类的健康和社会的进步。

思考练习

1. 什么是体育旅游,体育旅游可以分几类?
2. 体育旅游对环境的影响有哪些?
3. 联系实际分析我国开展体育旅游的可行性。
4. 简述体育旅游资源的分类和特点。
5. 体育旅游资源开发的内容有哪些?

阅读材料

9 天精品海钓线路

普陀区东极岛—普陀区白沙岛—象山县渔山岛—椒江区大陈岛—平阳县南麂岛

牵头单位:普陀区白沙乡政府

D1:舟山普陀区半升洞码头—东极镇东福山(夜住东福山)

海上航行时间 2 小时 30 分,春夏季主攻黑鲷和鲈鱼,夏冬季以黑鲷、真鲷、鲳鱼和鲈鱼为主,每年 6—8 月是海蜒鲈鱼旺发期,安全标准钓位一共 87 个,属于一级钓场。

D2:东福山—两兄弟屿(中国领海基点)—白沙岛(夜住白沙岛)

东福山—两兄弟屿海上航行时间约 1 小时,东福山—白沙岛海上航行时间约 2 小时 10 分,两兄弟屿(外甩)是四季钓场,鱼种丰富,历史上钓到的最大的真鲷为 9.5 千克,最为诱人的是石鲷,最重可达 2.5 千克以上,2 千克重的石鲷瞬间爆发力是 500 千克,足以让海钓人发狂。

D3:白沙岛—外(里)洋鞍—白沙岛(夜住白沙岛)

白沙岛—洋鞍海上航行时间 1 小时。白沙岛共有 25 个岛屿,白沙海域的鸡笼山、船礁和外(里)洋鞍岛,在国际海钓界盛名已久,2005 年的亚细亚海钓大赛,就是在白沙举行,中(含港澳台)日韩三国钓手历史上第一次在舟山白沙岛拉出了最强的阵容参加比赛,其中不乏世界名人小西和仁(日本)、春田基(日本)、田中钓心(日本)、高圆满(日本)、陈平南(中国台湾)、李世晚(韩国)、王者兴(中国)、王立浩(中国)等人参加,此后白沙岛的几届海钓大赛,一直高度地刺激着境内外钓手的参与情绪。白沙岛海域,最负盛名的是白鲷(白碇)和春秋季洄游的章跳鱼(四指马鲅),能在白沙海域钓上一条章跳鱼,足以给自己一生的海钓经历添上最精彩的一笔。晚上钓手交流,针对舟山海域的钓况,综合分析鱼情的特点并进行钓技交流,为下一阶段的游钓打下技巧性的基础。

D4:白沙岛—朱家尖—象山石浦—渔山列岛(夜住渔山)

白沙岛—朱家尖(海上航行时间 20 分钟)—象山石浦陆上交通大约 2 小时 30 分,石浦—渔山海上航行时间约 2 小时 30 分。渔山岛以真鲷出名,海洋资源保护尤为得力。五虎礁和平虎礁历来都是兵家必争之地。在灯塔下钓点,近几年曾有人一天拉上 130 条黑毛。高手和鱼的搏斗,这才是海钓者的风采。

D5:渔山列岛—石浦(夜住石浦)

D6:石浦—台州椒江—大陈岛(夜住上大陈)

石浦—台州椒江陆上交通约 3 小时,海上航行时间约 1 小时 30 分。大陈岛是浙江省第二大渔场,每年的春秋季是洄游鱼类的必经之地,最有特色的是活虾漂钓鲈鱼。

D7:大陈岛—台州椒江(夜住椒江)

D8:椒江—温州平阳鳌江镇—南麂岛(夜住南麂岛)

椒江—鳌江陆上交通约 2 小时 30 分,海上航行时间 1 小时 10 分。南麂岛是国家级海洋自然保护区之一,风景十分漂亮,在海钓的同时又能感受海上盆景的魅力。除了普通鲷类鱼之外,南麂岛最有特色的是拉力强劲的美国红鱼和黑毛,如果说台湾是黑毛的故乡,一条 1.5 千克重的黑毛足以上台湾报纸的头条,而在南麂岛,1.5 千克重的黑毛,只不过是渔家孩子放学后随便玩玩的收获。原生态的环境首先吸引的是各种鱼类聚集,对于钓手来说,所追求的已经不是数量,而是鱼的单尾重量。要打破个人的最高纪录,唯有在南麂岛。

D9:南麂岛—鳌江镇(散团)

9 天海钓线路,集中了浙江省最经典的钓场,不同的环境造就了海钓的不同风格。海钓的魅力,9 天之内全部领略!

(资料来源:相关科研材料)

第七章 体育旅游基础地理知识

体育旅游不仅要有充分的心理准备、体能准备和物质准备，知识、技术技能准备也是必不可少的，特别是旅行目的地的地形地貌、天气气候等相关地理知识及一定的野外求生技能。

第一节 体育旅游地形地貌相关常识

地貌指地表起伏的形态，也称为地形。具有旅游开发价值的各种地表形态，就是地貌旅游资源。地球表面71％的面积被海洋覆盖，只有29％的面积是陆地，因此地球表面的地貌分为陆地地貌和海底地貌两大类。

一、陆地地貌

1.陆地地貌的分类

（1）平原

平原一般指海拔在200米以下、内部相对高差在50米以下的地形区。平原给人以平阔畅达的美感，一些河流冲积平原又往往是人类从远古以来的主要栖息地，其不仅自然风光美丽，而且人文景观荟萃，城乡繁荣发展，因此多具较好的旅游价值。

（2）高原

通常把海拔超过500米（在我国通常超过1000米）、面积较大、地面起伏平坦的地区称为高原。高原以其高亢、辽远的空间美感以及特殊的高原气候、自然环境和民俗特征，给人带来特殊的体验和神秘感，由此具有观光、探险等多种体育旅游价值。

（3）山地

通常把海拔超过500米、坡度较陡的地形称为山地。山地是五大基本地貌中最富有多样性造型的自然景观资源。雄、奇、险、秀、幽及其组合变化是山地景观地貌的主要审美特征。

（4）丘陵

通常把海拔高度低于500米、相对高度小于200米、坡度较缓的地形称为丘陵。丘陵起伏比山地和缓，但两者难以截然分开。因此，丘陵部分地具有山地的旅游价值，同时又可能具有更丰富的人文景观。丘陵也容易被开发成果园和茶园，发展骑行运动的条件较好。例如,浙江省丽水市的大木山骑行茶园是浙江省优秀休闲运动旅游基地,也是中国最大的骑行茶园。景区茶园面积 8 万余亩,其中核心区块面积 3000 余亩,区内丘陵连绵,水库密布,茶香四溢,景色宜人,骑行车道贯穿其中。景区现建有休闲健身骑行环线 8.3 公里,专业骑行赛道 7 公里,且能为游客提供山地自行车租赁和电瓶观光车游览等服务,是集茶园观光、茶文化体验和运动休闲为一体的旅游景区。

(5)盆地

盆地为四周高、中间低、相对高差一般在 500 米以上的地貌类型。盆地往往是众水汇集之地,多具有与冲积平原相类似的旅游价值。四川盆地就是比较典型的例子。

2.陆地地貌识别

(1)地貌认识

1)凹地与山地

为了区别凹地与山地,表示山地的等高线呈小的闭合环圈,而表示凹地的环圈一般都要加绘示坡线。示坡线是指斜坡降落方向的短线,它与等高线垂直相交,与等高线不相接的一端指向下坡方向(见图 7-2、图 7-2)。

图 7-1　山地与山地等高线

图 7-1　凹地与凹地等高线

2)山背与山谷

山背是从山顶到山脚的凸起部分,就像动物的脊背。下雨时,雨水落在山背上向两边分流,所以最高突起的棱线又叫分水线。山谷是两山之间狭窄低凹的地方,由于山谷是集水的地方,所以最低凹部分的底线称为合水线(见图 7-3)。

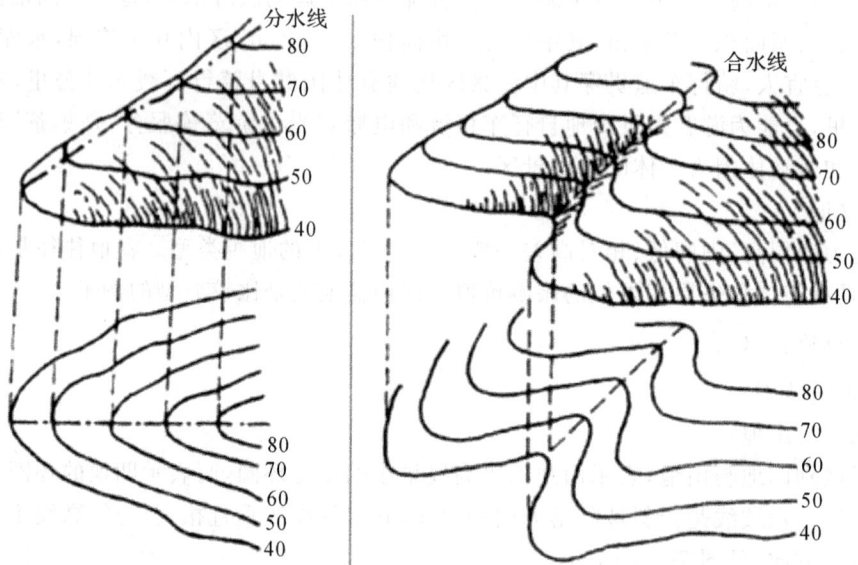

图 7-3 　山背与山谷

3）鞍部

鞍部指相连两山顶间的凹下部分,其形状如马鞍。在等高线地形图中,也比较容易识别（见图 7-4）。

4）陡崖

陡崖指坡度在 70°以上难以攀登的陡峭崖壁,在等高线地形图中等高线不断重合或者最为密集的地方,就可以断定为陡崖（见图 7-5）。

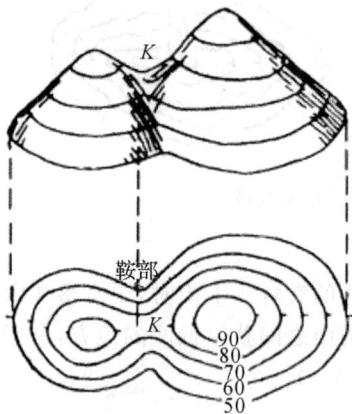

图 7-4 　鞍部

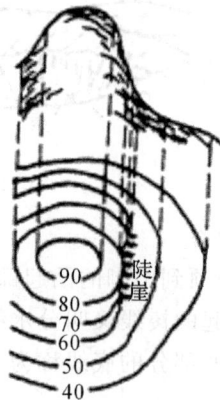

图 7-5 　陡崖

5）山脊

山脊是指由数个山顶、山背、鞍部相连所形成的凸棱部分,山脊的最高线叫山脊线。

6）洼地

洼地指近似封闭的比周围地面低洼的地形。洼地有两种情况:一种指陆地上的局部低洼部分。因排水不良,其中心部分常积水成湖泊、沼泽或盐沼。另一种指位于海平面以下的内陆盆地。

(2)地貌土质类型

1)沙地:干燥气候区形成的风积地貌。

2)沙砾地:沙和石分布的地段或地表几乎全为砾石覆盖的戈壁滩。

3)石块地:碎石分布的地段,一般呈现白色、草木很少。

4)小草丘地:在沼泽、草原和荒漠地区长有草类或灌木林的小丘成群分布的地段。

5)残丘地:由风蚀或其他原因形成的成群石质小丘。

二、海底地貌

海底地貌是海水覆盖下的固体地球表面形态的总称。海底有高耸的海山、起伏的海丘、绵延的海岭、深邃的海沟、坦荡的深海平原。纵贯大洋中部的大洋中脊,绵延 8 万公里,宽数百至数千公里,总面积堪与全球陆地相比。大洋最深点 11095 米,位于太平洋马里亚纳海沟,超过了陆上最高峰珠穆朗玛峰的海拔高度(8844.43 米)。整个海底可分为大陆边缘、大洋盆地和大洋中脊三大基本地貌单元,以及若干次一级的海底地貌单元(见图 7-6)。

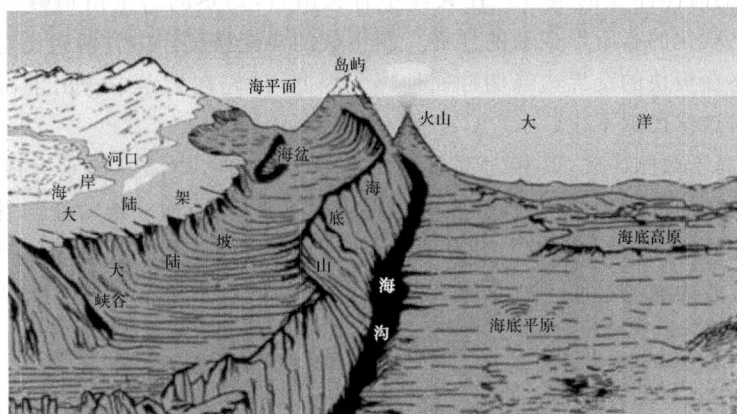

图 7-6 海底地貌

1. 大陆边缘

大陆边缘是指大陆与大洋盆地的边界地,约占海洋总面积的 22%,包括大陆架、大陆坡、大陆隆以及海沟等海底地貌构造单元。

(1)大陆架

大陆架是大陆沿岸土地在海面下向海洋的延伸,可以说是被海水所覆盖的大陆。在大陆架范围内海水深度一般不超出 200 米。在过去的冰川期,由于海平面下降,大陆架常常露出海面成为陆地、陆桥;在间冰期(冰川消退,如现在),则被上升的海水淹没,成为浅海。

(2)大陆坡

大陆坡介于大陆架和大洋底之间,大陆架是大陆的一部分,大洋底是真正的海底,因而大陆坡是联系海陆的桥梁,它一头连接着陆地的边缘,一头连接着海洋。大陆坡虽然分布在水深 200 米到 2000 米的海底,但是大陆坡地壳上层以花岗岩为主,通常归属于大陆型地壳,只有极少部分归属于过渡性地壳。

（3）大陆隆

大陆隆也称大陆裙，位于大陆坡和深海平原之间，靠近大陆坡的地方较陡，向深海减缓，平均坡度 0.5°～1°，水深 1500～5000 米，主要分布在大西洋、印度洋、北冰洋边缘和南极洲周围。在太平洋仅西部边缘海向陆一侧有大陆隆，在太平洋周围的海沟附近缺失大陆隆。大陆隆上的沉积物主要是来自大陆的黏土及沙砾，厚度约在 2000 米以上。

（4）海沟

海沟是位于海洋中的两壁较陡、狭长的、水深大于 5000 米的沟槽，是海底最深的地方，最大水深可达到 10000 米以上。地球上主要的海沟都分布在太平洋周围地区，环太平洋的地震带也都位于海沟附近。地球上最深，也是最知名的海沟是马里亚纳海沟，它位于西太平洋马里亚纳群岛东南侧，最深处为 11095 米。1951 年英国挑战者 Ⅱ 号在太平洋关岛附近发现了它。

2. 大洋中脊

大洋中脊又称为中央海岭，是海洋深处的巨大山脉。大洋中脊体系环球绵延数万公里，宽数百至数千公里，其面积约占世界大洋总面积的 33%，可与全球大陆面积相比。大洋中脊也是生成新的海洋洋壳的地方。在大洋中脊火山口，灼热的岩浆由地幔向上涌，逐渐冷却，结合周围已软化的岩石形成新的洋壳。新生成的洋壳挤压洋中脊两边已有的地壳，不断向外扩张，最终在板块的交界边缘俯冲回地幔。因此，洋壳在大洋中脊出生，在板块与板块的撞击中消亡，这样代谢不止。

大洋中脊高于两侧洋底，其相对高度为 2000～3000 米，局部露出水面成为岛屿（如冰岛）。脊顶上覆盖的沉积物极薄或缺失，其地形崎岖不平，常有次一级岭脊与谷地相间排列，翼部多由海山群和深海丘陵组成。自脊顶向两缘地带，随着沉积层逐渐增厚，地形起伏也逐渐平缓，向下过渡为深海平原。就总体来说，大西洋中脊和印度洋中脊的地形比较崎岖，东太平洋海隆则较宽缓。

3. 大洋盆地

大洋盆地是海洋的主体，约占海洋总面积的 45%，其中主要部分是水深在 4000～5000 米的开阔水域，称为深海盆地。深海盆地中最平坦的部分成为深海平原，其坡度一般小于 1/1000，甚至小于 1/10000，是地表最平坦的地区。大洋盆地内也有很多凹凸不平之处，凸起的部分构成海底高地、海岭、海峰、海山、平顶山等，凹下的洼地即为海盆。

（1）海底高地

大洋盆地中的一些比较开阔的隆起区，其高差不大，没有火山运动，构造活动比较宁静的地区，称为海底高地或海底高原，如大西洋中的百慕大海底高地。

（2）海山、海峰和平顶山

大洋盆地中分布范围不大、地形比较突出的孤立高地称为海山。如果海山呈锥形，比周围海底高出 1000 米以上，隐没于水下或露出海面者则叫海峰。如果海山顶部被海浪侵蚀削平，现今位于海面以下，则成为海底平顶山，其在太平洋中最常见。

第二节　体育旅游天气气候相关知识

"进门看脸色，出门看天色"，在外旅游了解当地的气候特点，掌握未来的天气变化非常重要。因为天气变化易受各种因素影响，所以必须要了解一些必要的地理知识。

一、主要气候类型

1.热带气候

(1)热带雨林气候

热带雨林主要分布于各洲的赤道两侧，向南、北延伸 5°～10° 左右，如南美洲的亚马孙平原、非洲的刚果盆地和几内亚湾沿岸、亚洲东部的一些群岛等。这些地区位于赤道低压带，全年受赤道低压控制，盛行上升气流，水汽凝结致雨的机会多，全年多雨，无干季，年降水量在 2000 毫米以上，最少月降水量也超过 60 毫米，且多雷阵雨，各月平均气温为 25～28℃，全年长夏，无季节变化。在这种终年高温多雨的气候条件下，植被类型以茂密的热带雨林为主，可以常年生长，树种繁多，动物主要有大象、猩猩、河马等。

(2)热带草原气候

热带草原主要分布在热带雨林气候区的两侧，即南、北纬 10°～15° 左右(有的伸达 25°)的中美、南美和非洲。其主要特点如下：由于赤道低压带和信风带的南北移动、交替影响，一年之中干、湿季分明；年降水量一般在 700～1000 毫米。当受赤道低压带控制时，盛行赤道海洋气团，且有辐射上升气流，形成湿季，潮湿多雨，遍地生长着稠密的蒿草和灌木，并杂有稀疏的乔木，即稀树草原景观。当受信风影响时，盛行热带大陆气团，干燥少雨，形成干季，土壤干裂，草丛枯黄。与热带雨林气候相比，热带草原气候一年至少有 1～2 个月的干季，但也是全年气温都较高，具有低纬度高温的特点，最冷月平均温度在 16～18℃ 以上。最热月出现在干季之后，雨季之前。因此，本区气候一般年分干、热、雨三个季节，气温年较差稍大于热带雨林气候区。

(3)热带季风气候

热带季风气候主要分布于北纬 10°～25° 的大陆东岸，具体分布在中国台湾南部、雷州半岛、海南岛以及中南半岛、菲律宾群岛、印度半岛的大部分地区。此外在澳大利亚大陆北部沿海地带也有分布。这里全年气温皆高，年平均气温在 20℃ 以上，最冷月一般也在 18℃ 以上。年降水量大且集中在夏季。这是由于夏季在赤道海洋气团控制下，多对流雨，再加上热带气旋过境带来大量降水，因此造成比热带草原气候更多的夏雨。在一些迎风海岸，因地形作用，夏季降水甚至超过热带雨林气候区，年降水量一般在 1500～2000 毫米以上。本区热带季风发达，有明显的干湿季，即在北半球冬吹东北风，形成干季；夏吹来自印度洋的西南风(南半球为西北风)，富含水汽，降水集中，形成湿季。植被以常绿阔叶林为主，主要粮食作物是水稻，动物主要有亚洲象、孔雀等。

(4)热带沙漠气候

热带沙漠气候主要分布于热带草原气候区以外，大致在南、北纬 15°～30°，以非洲北部、西南亚和澳大利亚中西部分布最广。热带沙漠气候区常年处在副热带高压和信风的控制下,盛行热带大陆气团,气流下沉,所以炎热、干燥成了这种气候的主要特征,有世界"热极"之称。降水极少且变率很大,甚至多年无雨,加上日照强烈,蒸发旺盛,更加剧了气候的干燥性。沙漠地带白天温度很高,而夜间则会降至零度以下。

2.亚热带气候

(1)亚热带季风气候

亚热带季风气候区主要分布在南北纬 30°~40°亚热带大陆东岸,是热带海洋气团和极地大陆气团交替控制和互相角逐交绥的地带。具体分布在中国秦岭—淮河以南、热带季风气候区以北以及日本南部和朝鲜半岛南部等地。这里冬季温暖,最冷月平均气温在 0℃ 以上;夏季炎热,最热月平均气温在 22℃ 以上,气温的季节变化显著,四季分明。年降水量达 1000~1500 毫米,夏季较多,但无明显干季。同温带季风气候相比,季节变化基本相似,只是冬温相对较高,年降水量增多。植物类型以亚热带常绿阔叶林为代表,农作物主要有水稻、柑橘、茶叶等。

(2)亚热带湿润气候

亚热带气候区主要分布在北美洲东南部、南美洲阿根廷东部地区及澳大利亚东南部。这些地区,由于冬季也有相当数量的降水,冬夏干湿差别不大,所以称之为亚热带湿润气候区。1月平均气温普遍在 0℃ 以上,夏季较热,7月平均气温一般为 25℃ 左右,冬夏风向有明显变化,年降水量一般在 1000 毫米以上,春夏多降水,秋冬降水相对较少。

(3)地中海气候

地中海气候区主要分布在纬度 30°~40°的大陆西岸,包括地中海沿岸、美国加利福尼亚沿海、南美智利中部沿海、南非的南端和澳大利亚的南端。这些地区受气压带季节移动影响显著,夏季受副热带高气压控制,气流下沉,因而除大陆西部沿海受寒流影响外,夏季十分炎热,下沉气流不利兴云致雨,所以气候干燥;冬季受西风影响,温和湿润。全年雨量适中,年降水量在 300~1000 毫米且主要集中在冬季。主要的植物类型是亚热带常绿硬叶林(葡萄、油橄榄等)。

(4)亚热带沙漠气候

亚热带沙漠主要分布在南北纬 25°~35°的大陆西部和内陆地区,其基本特点与热带沙漠气候相似,是热带沙漠气候向高纬度地区的延伸。具体分布于北非、约旦、叙利亚、伊拉克、美国西南部、墨西哥北部、澳大利亚南部、潘帕斯南部、巴塔哥尼亚和南非部分地区。与热带沙漠气候的共同点是少雨、少云、日照强、气温高、蒸发旺盛。不同点是凉季气温较低,气温年较差比热带沙漠气候大。原因在于盛夏时气温与热带沙漠气候相似,但凉季时因纬度较高获得太阳辐射少且有极地大陆气团侵入气温较热带沙漠低。

3.温带气候

(1)温带季风气候

温带季风气候主要分布在北纬 40°~60°的大陆东岸,包括中国的华北和东北、朝鲜的大部、日本的北部以及远东地区的一部分。冬季受来自高纬内陆偏北风的影响,盛行极地大陆气团,寒冷干燥;夏季受极地海洋气团或变性热带海洋气团影响,盛行东南风,高温多雨,雨热同期。年降水量 1000 毫米左右,约有三分之二集中于夏季。全年四季分明,天气多变,随着纬度的增高,冬、夏气温变幅相应增大,而降水逐渐减少。

（2）温带海洋性气候

温带海洋性气候主要分布在南、北纬 40°～60°的大陆两岸,除亚洲、非洲和南极洲没有分布外,其余各大洲都有,其中以欧洲西部最为典型。终年盛行西风,受海洋气团影响,终年湿润,冬雨较多。冬不冷夏不热,气温年较差较小,年降水量一般在 700～1000 毫米。植被以落叶阔叶林为主,农业主要有大牧场放牧业、商品谷物农业等。

（3）温带大陆性气候

温带大陆性气候主要分布在北纬 40°～60°的亚洲和北美大陆的中心部分。这里深居内陆或沿海,但有高山屏障,受不到海风影响,终年被极地大陆气团控制,冬寒夏热,气温年、日较差都大,降水量少,呈现大陆性气候特征。此外,在南美大陆的阿根廷中南部,因处于西风带的雨影地区,来自太平洋的气流越过安第斯山脉后下沉而绝热增温,加之沿海有寒流经过,空气稳定,所以全年干旱少雨,亦呈现温带大陆性干旱、半干旱气候特征。上述地区由于干旱程度不同,自然植被有明显差异。干旱地区年降水量一般在 250 毫米以下,植物很少,呈现荒漠景色;在干旱区外围,年降水量在 250～500 毫米,为半干旱地区。

4.亚寒带气候

亚寒带大陆性气候为亚寒带主要气候类型,又称亚寒带针叶林气候。这种气候出现在北纬 50°～65°,也称亚寒带针叶林气候,呈带状分布,横贯北美和亚欧大陆。这一带的气候主要受极地海洋气团和极地大陆气团影响,并为极地大陆气团的源地。在冬季,北极气团侵入机会很多;在夏季,热带大陆气团有时也能伸入。其主要特征是:冬季漫长而严寒,每年有 5～7 个月月平均气温在 0℃以下,并经常出现－50℃的严寒天气;夏季短暂而温暖,月平均气温在 10℃以上,高者可达 18～20℃,气温年较差特别大;年降水量一般为 300～600 毫米,以夏雨为主,但因蒸发微弱,相对湿度很高。

5.寒带气候

（1）极地冰原

极地冰原主要分布在极地及其附近地区,包括格陵兰岛、北冰洋的若干岛屿和南极大陆的冰原高原。这里是冰洋气团和南极气团的发源地,整个岛季处于永夜状态,夏半年虽是永昼,但阳光斜射,所得热量微弱,因而气候全年严寒,各月温度都在 0℃以下;南极大陆的年平均气温为－25℃,是世界上最寒冷的大陆,1967 年挪威人曾测得－94.5℃的绝对最低气温,堪称世界“寒极”。地面多被巨厚冰雪覆盖,又多凛冽风暴,植物难以生长。

（2）极地苔原

极地苔原主要分布在亚欧大陆和北美大陆北冰洋沿岸,因常年受冰洋气团和极地大陆气团影响,终年严寒。最热月平均气温 1～5℃,降水少,蒸发弱,云量较高,自然植被主要是苔原（苔藓、地衣类）。在北极苔原与温带主大陆之间有一条宽达 1300 公里的森林带,在俄罗斯泰加地区,森林纵向延伸达 1650 公里,向北沿着西伯利亚河直到北极圈内。但是,在加拿大的哈得逊湾地区,森林带平行于北极圈以南向东西方向延伸。冬季严寒且漫长,大部分时间都是大地封冻,夏季很短,一年中仅有 5 个月地层会解冻,雨水可以达到植被的根部。沿着流向北冰洋的江河两岸,草木尤其茂盛。这里生存着许多珍贵的动物,如麋鹿、熊、水獭、山猫、黑貂等。

夏季冰雪融化的积水存积在低洼地,就会形成沼泽,横卧的树木和密集的苔藓都使得在其中行走十分艰难,冬季穿着防寒衣物在这些地区穿行相对容易些,沿河旅行是比较理想的,河中生长着各种鱼类,味道鲜美。

6.高原山地气候

在中纬度的高原、高山地区,如青藏高原、安第斯山脉等地区,由于海拔较高,终年低温(对流层内自海平面起高度每上升 1000 米气温下降 6℃),形成了高原山地气候。高原山地气候的特点概括而言是海拔高、气温低。

二、天气预测

在野外活动最令人担心的情况之一就是天气变化,因此,在体育旅游出行前最好先了解最新的天气状况。但是天气预报通常是预报大范围内的天气变化趋势,对于局部地区的小气候变化无法预报,尤其是山区的小气候往往是一日多变。因此,外出旅游时最好能掌握通过观察自然界的各种变化判定未来天气的方法和技巧。通常人们可以通过观察天空中云的颜色、种类和风向等实现预测。

1.天气变化时常见的征兆

天气的未来走势并不是不可知,有时可以通过观察周围的自然环境变化来判断未来天气的状况。当我们出门在外,观察到以下自然现象时,说明天气正在变坏:白天山风从山顶吹向山谷,夜间从山谷吹向山顶;清晨雾满山谷,至晚仍不消散;早晨出现绢云,而后黑云增多,并徐徐下沉;云团行走很快,并有增多的趋势(这可能是暴风雨的前兆);风向突然变化,并愈吹愈大,同时还伴有乌云吹来;在干热或雾气弥漫过后,突然能见度转好;白天太阳周围出现大晕圈,夜间月亮周围出现小晕圈(大风的征兆);在黎明前星光闪烁不定;傍晚气温增高,夜间很暖,并有闷热感。还有一些比较明显的现象,如天气好的时候,因为云量相对少,昼夜温差大,所以晚上愈冷,第二天天气愈好。水蒸气遇到冷空气会变成小水滴或结成霜,所以晚上有露水,第二天天气也好。早晨若看见蜘蛛网上有水滴,则天将放晴。早晨若见到霜冻情况,则预示着又将是一个好天气。

此外,天气变化时还会在很多细微的地方出现征兆,如果你注意观察,也能预测出未来的天气状况。

(1)声音和气味

当空气湿度增加时,声音的传播距离会更远,气味也更易于辨别(饱和湿空气就如同放大器,是良好的传导体)。例如,在某些地方平时听不到火车行驶的声音,可在某日下雨前能清楚地听到火车声。

(2)身体变化

当天气变糟时,卷发者会感觉到头发变紧,更不易梳理。如果头发变得易于缠绕或者不再如通常那样挺直易于梳理,很可能将是一场暴风雨的来临。任何有风湿性关节炎、鸡眼或相关症状者,在空气湿度增加时都会感到疼痛和不舒服。

(3)观察篝火

如果烟火稳稳上升,表明天气不会有太大变化,依然会很好;如果烟火闪烁不定,或者升起又降下,可能会有暴风雨。

2.观察云层预测天气

观察云层预测天气的变化,既有一定的科学依据,也是长久以来人们在日常生活中形成的可靠经验,俗话说:"云是天气的招牌。"在我国民间有很多根据云层变化预测天气的谚语,如:"日落火烧云,明朝晒死人"是指日落时西边出现红云,第二天一定是大晴天;"早起乌云现东方,无雨也有风"是指在夏天的早晨,如果东方一大早就出现乌云,那么当天很可能会下雨,从科学层面解释是因为夏天白天热夜晚凉,早晨天空中一般不会有云层,如果太阳刚出来空中就有了许多乌云,则中午前后就很可能会有许多云团聚积在一起而导致降雨;"朝霞不出门,晚霞行千里"指早晨有彩霞最好不要出远门,因为天气可能会变坏,而傍晚出现彩霞,就可以大胆地外出了,因为天气不会有太大的变化;"红云变黑云,必是大雨淋"指随着太阳的升高,初升时的红云变成了黑云,一场大雨则很快就要来临了。这些谚语不仅朗朗上口、容易记忆,而且很有实用价值,可以用来作为旅游途中识别天气的重要常识。

旅行中利用云层来判断天气是一种简单可靠的方法,通常情况下云层越高,天气将会越好。如果按云层的不同种类去预测天气,主要有以下几种云。

(1)高空云

1)卷云

卷云(见图7-7)由微小的冰粒组成,是对流层中最高的云,平均高度超过6000米。清晨当太阳还没有升到地平线上或傍晚太阳已下山后,光线都会照到这种孤悬高空而无云影的卷云上,经过散射后,显现出漂亮的红色或橘红色的霞象,在夏日的晴空中十分常见。卷云的分散个体常呈丝缕状、马尾状、羽毛状、钩状、团簇状和片状等多种形态,又称"马尾云"。卷云往往预示着好天气,但是如果出现在寒冷的季节并伴有强劲的北风,它也可能预示着大风雪的来临。

图 7-7 卷云(图片来源:百度百科)

2）卷积云

卷积云（见图 7-8）的云块很小，白色无影，是由呈白色细波、鳞片或球状的细小云块组成的云片或云层，又称为"鱼鳞云"，常排列成行或成群，很像轻风吹过水面所引起的小波纹。它通常出现在海拔 5000～8000 米的高空，预示着晴朗的天气。

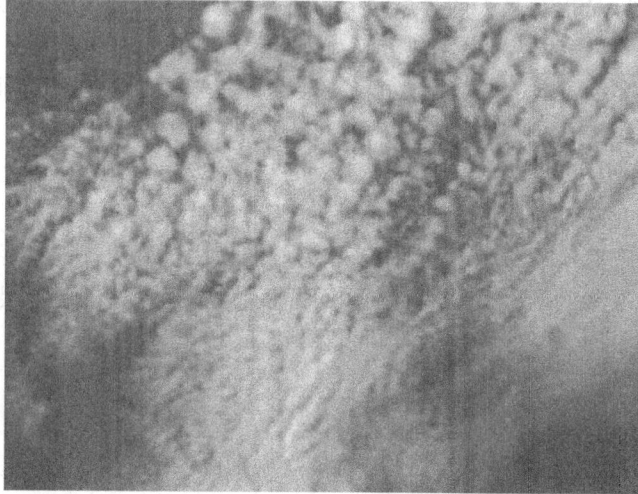

图 7-8　卷积云（图片来源：百度百科）

3）卷层云

卷层云为白色透明的云幕，日、月透过云幕时轮廓分明，地物有影，常有晕环。有时云的组织薄得几乎看不出来，只是使天空呈乳白色；有时丝缕结构隐约可辨，好像乱丝一般。卷层云出现时，在太阳和月亮的周围，有时会出现一种美丽的七彩光圈，里层是红色的，外层是紫色的，这种光圈叫作晕。民间有"日晕三更雨，月晕午时风"的说法，说明出现卷层云，并且伴有晕，天气会变坏。

（2）中层云

1）高积云

高积云（见图 7-9）分布在约 2500～4500 米的高空（夏季，在中国南方，有时可高达 8000 米左右），属中云族。高积云是由微小水滴或过冷水滴与冰晶混合组成。高积云类似于卷积云，但它的覆盖范围更广，云层更厚，白中带黑，通常出现在暴雨之后，预示着良好的天气。

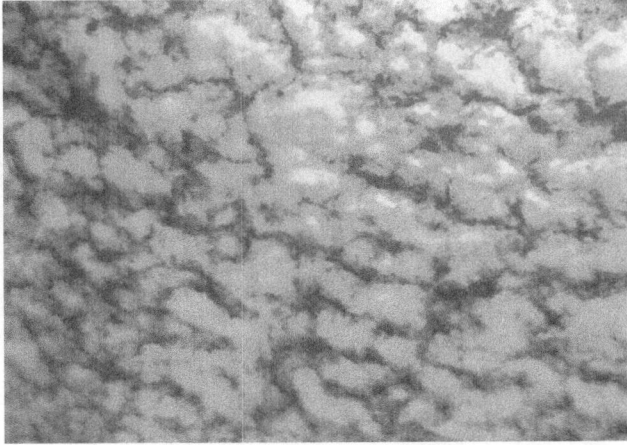

图 7-9　高积云(图片来源:百度百科)

2)高层云

高层云在阳光的照耀下看上去像灰色的幕幔,一般分布在 2500～4500 米的高度上,多在中纬度地区出现。在天气较冷的月份里,高层云的出现预示着移动的气旋会到达,将会形成长期固定的降雨或降雪。夏季,高层云与风暴或热带气旋有关。

(3)低空云

1)积雨云

积雨云(见图 7-10)云浓而厚,云体庞大如高耸的山岳,顶部开始冻结,轮廓模糊,有纤维结构,底部十分阴暗,常有雨幡及碎雨云。积雨云几乎总是形成降水,包括雷电、阵性降水、阵性大风及冰雹等天气现象,有时也伴有龙卷风。在特殊地区,甚至产生强烈的外旋气流,这是一种可以使飞机坠毁的气流。

图 7-10　积雨云(图片来源:百度百科)

2)积云

积云(见图 7-11)比较容易识别,它如同团团棉絮,距离地面较近,一般为海拔 2500 米以内。如果积云彼此分开,飘浮在空中,那么就预示着一个美好的晴天;如果积云发展得越来越大,前端越来越多,则很可能会带来一场暴风雨。

图 7-11　积云（图片来源：百度百科）

3）雨层云

雨层云云底离地面高度通常在 2000 米以下，属低云。云层厚而均匀，呈暗灰色，布满全天，完全遮蔽日月。雨层云笼罩在空中，意味着 4 小时之内会有降水且会持续几个小时。

4）层积云

层积云通常会覆盖在整个天空，云层较薄，覆瓦状，阳光可以从中透射下来。它可能会带来雷阵雨，但通常会在午后消失，留下一片晴朗的天空。

5）层云

层云由大量的水滴构成，从外表上看是一层一层的灰色云朵，刚开始出现时往往会被误认为是高山浓雾。它预示着未来的降雨或降雪。但它如果在夜间越来越厚，覆盖在清晨的天空中，通常会带来晴朗的一天。

3.观察动物预测天气

自然界的很多动物对天气变化都非常敏感，根据动物的行为可以判断天气即将发生的变化。例如农谚所云：燕子低飞蛇过道，大雨不久就来到。观察动物的反应，可以预测近一两天之内天气变化的情况。食虫的鸟类，在天气晴朗的时候就会在高空中捕食，在暴风雨来临之前就飞得相当低。如果兔子在白天意外出现，或者你见到松鼠在巢中贮存很多的食物，通常意味着天气要变糟了。

(1)蚂蚁垒窝，天气转坏

天气转坏时，蚂蚁显得非常忙碌，有的忙于往高处搬家，有些则来回运土垒窝。一般说，垒窝越高，降水也就越大。还有一种大黑蚂蚁垒的窝，往往会在次日风的来向部分垒得更高些。

(2)青蛙叫，大雨到

青蛙是两栖动物，它的皮肤与器官对水、土、空气的温度、湿度都有非常敏感的反应。如果气压突然下降、潮湿闷热，青蛙就会发出既大又密的叫声；如果雷阵雨即将来临，青蛙会叫得更明显；雨后，青蛙的叫声如果渐渐减少，表明天气将要转晴；如果青蛙突然在白天叫起来，那么天气不久就会变差。所以人们常说：上午青蛙叫，午后雨飘飘。青蛙白天叫得紧，下雨不用等时辰。

（3）蜜蜂出窝天放晴

早晨见到有大量蜜蜂争先恐后飞出蜂箱采蜜，就表明今天是晴天；假如傍晚蜜蜂回箱晚，表示明天天气继续晴朗；早晨如果蜜蜂不出箱、少出箱，或迟迟不离蜂箱，预示着将有阴雨天气。在白天，如果发现蜜蜂回巢突然异常踊跃，很多蜜蜂急急忙忙进巢，而且很少出巢或不出巢，有时发现有少数几个蜜蜂在巢门口探头探脑，凝视张望，这预示天气将会突变。如果在连续阴雨后，蜜蜂纷纷出巢在细雨中采蜜，这预示着阴雨将结束，天气要转晴。故有"蜜蜂出巢天气晴"、"蜜蜂不出工，大雨要降临"、"蜜蜂带雨采蜜天将晴"等谚语。蜜蜂之所以对天气的变化这么敏感，是因为其前后两对翅膀很轻薄，便于飞行，而且蜜蜂习惯在天气晴朗、气压较高的情况下飞行。在降雨之前，因大气中含水量增多，湿度大，气压低，蜜蜂易沾上细细的水珠，体重增加，翅膀变软变重，振翅频率减慢，飞行较困难，所以只好待在蜂巢里不出来。另外，从蜜蜂采蜜情况来看，也与天气有密切关系。晴暖无风的天气能使鲜花的蜜腺大量分泌甜汁，并散发出浓郁的花香，也会引诱蜜蜂前去采蜜。

（4）蜘蛛张网天将晴

蜘蛛靠织网捕捉小飞虫为生，如果看到蜘蛛忙忙碌碌地在网上添丝，就说明天气可能会转好。因为在雨天，蜘蛛织的网会因为天气变湿而受潮，黏度减小，很难捕捉到小虫。当天气要转好时，小飞虫也会活跃起来，蜘蛛就会加紧织网，捕捉飞虫。所以蜘蛛添丝，意味着天气要转好。

还有很多动物有知天事的本领。像猪、羊、鸡、龟等动物，也都可以预知天气变化。如果猪在上午叼草，预示36小时后有雨；过午叼草，预示20小时后有雨。夜幕渐落，羊却不想回家，只顾低头吃草，不但吃的时间很长，也不爱走动，这预示明天将要下雨。天近薄暮，鸡迟迟不肯上架，在地面上走动、觅食，还不时地抖动羽毛，这预示很快就要来雨了。乌龟也能较准确地预示夏天和春末秋初的雷雨。下雨前空气中水蒸气大大增加，会在散热快的龟甲表面凝成细小的水滴，所以龟背潮湿了，很可能一会就有雨。

4. 观察雾气预测天气

"十雾九晴"、"早上雾蒙蒙，中午晒得皮肉痛"、"早雾晴，夜雾阴"，这些都是通过雾来反映天气变化的谚语。通过观察雾来预测天气是有其科学道理的。一天之中最冷的时刻在日出前，这时空气中水蒸气容易遇冷凝结成雾。如果夜晚天上少云，大气的保温作用就偏弱，早上的气温就会偏低，水汽凝结成雾的可能性就比较大，而晚上少云或无云是天晴的象征。但如果雾出现在晚上情况就不一样了。晚上的雾多是由于地面稀薄的冷空气使空气中低层的暖湿空气发生凝结而形成的，而晚上的雾又会使云层增厚、增多，逐渐变为阴天。所以，晚上有雾一般预示着第二天天气不会太好。

阴天出现的雾一般都不容易消失，有时雾可能在原地不动，云向雾靠近，有时雾升高和云连起来，加厚了云层。出现这些情况都意味着坏天气即将来临，也就是人们常说的"雾收不起，大雨不止"、"日出雾难消，当日有雨"。天气长时间地保持晴朗，是因为空气比较干燥，气压高，云层和大雾不易形成，而一旦出现大雾，则说明低层大气中水蒸气增多，气压变低，这样就容易形成云层，就会由晴转阴。如果长时间地连续降雨，地面会有充足的水分，当高气压移来时，地面水分就会蒸发，夜晚气温降低，水蒸气遇冷凝结成大雾。这种雾本来就是在天气转晴的情况下形成的，因此在日出以后，雾气会被蒸发消失。久雨后的大雾，预示着晴好的天气。

当然,要准确判断天气的变化,既需要细心地观察身边的事物,也需要根据实际情况灵活判断。天气的变化是多种因素综合作用的结果,因此不能一看到某种现象,就认定天气肯定会发生相应的变化。

第三节 体育旅游野外求生技能

在参加体育旅游特别是参加自主参与型的户外休闲和户外探险项目时,常会因为天气、交通等诸多不确定性因素或意外,旅游者不得不吃住在野外,甚至在野外迷失方向。这个时候必须要具备一些基本的野外生存常识和技能,以保证最基本的安全底线。

一、野外方向判定

在野外活动中,如登山、徒步旅行、探险等,正确判定方向非常重要。在野外确定方向主要依靠经验和工具。

1.利用自然特征判别方向

(1)日影测向

大家都知道太阳东升西落,但据此判别方向在大部分地区都仅仅只能获得大致的方向,旅游者可以利用日影获得更为准确的方向。晴天时,在地上竖立一木棍,使其与地面垂直,以某一时刻的物影长度为半径画圆,此时影子的顶点记为 A。待物影再次落在所画圆上时,标绘这个交点为 B。然后把 A、B 两点相连取其中点,中点和圆心的连线指示南北方向,其中圆弧顶的方向为北方。

(2)北极星测向

我国位于北半球,如果夜空晴朗,在任何位置都可以看到北极星,北极星位于北半球的正北。要找北极星,先要找到 7 颗组成"勺子"形状的北斗星,用眼睛将勺顶的两颗星相连,并将连线的长度延长 4 倍左右就能找到那颗很亮的北极星。

(3)利用地物特征判定方位

"万物生长靠太阳",太阳的热能在自然界形成了许多间接判定方向的特征。掌握这些特征之后,即使在没有太阳的阴天仍可以依此判定方向。

1)植物测向

根据植物的趋光性确定方向:在北半球,植物大部分的花朵、叶子都朝向南方,根据这个特点,可以大致确定方向。如秋季果树朝南的一面枝叶茂密,结果多,以苹果、红枣、柿子、山楂、荔枝、柑橘等最为明显。果实在成熟时,朝南的一面也先染色。根据喜阴植物确定方向:地衣、苔藓等属于喜阴植物,在阳面叶子较小、较干燥、手感较硬,并且有发黄、棕、红的倾向,在阴面叶子较大、较湿润、容易折断、多呈绿色。根据植物外形确定方向:处于山嘴、岸边、风口处的孤立乔木往往可以指示方向。如山口的松树由于季节风的原因,树枝、叶都在南侧茂盛,北侧相对稀少,岸边的柳树枝条也会向南倾斜,这种情况在北方尤为显著。树皮一般南面比较光洁,北面则较为粗糙(树皮上有许多裂纹和高低不平的疙瘩),这种现象以白桦树最为明显。夏天松柏及杉树的树干上流出的胶脂,南面的比北面多,而且结块大。

2)残雪测向

无论天气多冷,只要白天有太阳,阳面的雪肯定要比阴面的雪硬。如果天气不是很冷(15℃左右),还能在阳面的雪上发现融化的痕迹。如果白天的最高温度能够达到5℃左右,还可以看到阳面的雪出现蜂巢状融痕。使用这个方法判定方向的前提为必须是残雪,至少为两天前的雪才有效。

在利用地物特征判定方向时,要注意多种方法综合运用,互相补充、验证。我国地域辽阔,各地区自然条件差异较大,在掌握共同规律的基础上,要注意各地区的特殊规律,以便得出正确的判断。

2.利用仪器判别方向

(1)罗盘测向

用罗盘辨别方向不受天气情况、白天黑夜的限制,只需把罗盘指北针尽量水平放置(不要离磁性物质太近),磁针总是指向南北方向。等磁针静止后,标有 N 的一端所指的便是北方。

罗盘不仅能指示方向,还可以配合地图确定自己的位置、测量距离、矫正前进方向。其使用方法如下:

1)先利用罗盘上的指南针找到正南北方向,并将地图按照上北下南的位置放好。

2)在地图上找到自己所在的位置和目的地的位置,并在两点间划一条直线。

3)将罗盘底座的边缘与直线重合,此时边缘刻度会量出地图上两点之间的距离,通过比例尺可以换算两点之间的实际垂直距离。

4)读出指针与直线之间的夹角度数,即前进的方向角。

5)行进过程中,不断修正自己的前进方向,遇到高山、河流需要绕行时,绕过障碍后,及时校正方向。

(2)指南针测向

打开指南针,水平放置,使气泡居中,此时磁针静止后,其标有 N 的黑色一端所指的便是北方。除了测出正北方向外,指南针还可以测出某一目标的具体方位。方法是打开指南针,将照准器对准目标,或将刻度盘上的 0 刻度对准目标,使目标、0 刻度和磁针中点在同一直线上,指南针水平静止后,N 端所指的刻度便是测量点至目标的方位。如磁针 N 端指向30°,则目标在测量位置的北偏东 30°。

利用指南针判别方向,简单便捷,但要注意以下几点:

1)尽量保持水平。

2)不要离磁性物质太近。

3)勿将磁针的 S 端误作北方,造成方向的相反性错误。

(3)手表测向

如果旅游者戴的是有指针的手表,且走时准确,可以利用手表确定方向。

方法一:"时数折半对太阳,12 指的是北方。"把手表水平放置,以当前时间(一天以 24 小时计点)一半的时针刻度位置对向太阳,则表面上"12 时刻度"指的方向就是北方(用 N 表示)。如在下午 2 时 40 分(即 14 时 40 分),则应以 7 时 20 分的位置对向太阳,此时"12"字的方向即为北方。由于地球公转和黄赤交角的原因,一般此法在上午 9 时到下午 4 时之间辨别出的方向较为准确,其他时间误差较大。

方法二：将手表平放，让时针对准太阳，时针和手表盘 12 点之间的夹角（小于 180°的夹角）的平分线所指的方向就是南方，反向延伸方向就是北方；或者将一根小棍垂直立在手表中央转动手表，使小棍的影子与时针重合，此时与 12 时刻度之间的平分线即是北方。

（4）卫星定位系统 GPS

GPS 是先进的定位仪器，按照说明书使用即可。

二、复杂地形区行进方法

野外迷路时，切勿惊慌失措，有条件的话应登高观察，判断该向什么方向走。通常应朝地势低的方向走，这样容易碰到水源，顺河而行最为保险，这一点在森林中尤为重要。因为道路、居民点常常是濒水临河而筑。山区选择走山脊，因为山脊坡度较缓视界开阔，易于观察道路情况，也容易确定所在位置。山脊还有一定的导向作用，只要沿山脊前进，通常可达到某个目标。

在山地行进，为避免迷失方向，节省体力，提高行进速度，应力求有道路就不穿林翻山，有大路就不走小路。如果没有道路，可选择在纵向的山梁、山脊、山腰、河流小溪边缘，以及树高林稀、空隙大、草丛低疏的地形上行进。要力求走梁不走沟，走纵不走横。

行进时，能大步走就不小步走。这样几十公里下来，可以少走许多步。疲劳时，应用放松的慢步来休息，而不是停下来。攀登岩石时，应对岩石进行细致的观察，慎重地识别岩石的质地和风化程度，确定攀登的方向和路线。

攀登岩石的基本方法是"三点固定"法，即两手一脚或两脚一手固定后再移动剩余的一脚或一手，使身体重心上移。手脚要很好地配合，避免两点同时移动，一定要稳、轻、快，根据自己的情况选择最合适的距离和最稳固的支点，千万不能跨大步或抓、蹬过远的点。

攀登 30°以下的山坡可沿直线上升。攀登时，身体稍向前倾，全脚掌着地，两膝弯曲，两脚呈外"八字形"，迈步不要过大过快。坡度大于 30°时，一般采取"之"字形攀登路线。攀登时，腿微曲，上体前倾，内侧脚尖向前，全脚掌着地，外侧脚尖稍向外撇。在行进中不小心滑倒时，应立即面向山坡，张开两臂伸直两腿，脚尖翘起，使身体尽量上移，以减低滑行的速度。这样就可设法在滑行中寻找攀引物和支撑物。千万不要面朝外坐，因为那样不但会滑得更快，而且在较陡的斜坡上还容易翻滚。

河流是山区和平原地区经常遇到的障碍。遇到河流不要草率入水，要仔细观察之后再确定渡河的地点和方法。山区河流通常水流湍急，水温低，河床坎坷不平，涉渡时，最好集体前进。集体涉渡时，可三人或四人一排，彼此环抱肩部，身体最强壮的位于上游方向。

三、获取饮用水的方法

生命离不开水，没有食物正常人可以活三周左右，但没有水三天都活不了，所以在迷失野外时获得可以饮用的水非常重要。

（1）找水源首选之地是山谷底部地区。高山地区寻水，应沿着岩石裂缝去找，干涸河床沙石地带往往会挖到泉眼。

（2）在海岸边，应在最高水线以上挖坑，很可能会有一层厚约 5 厘米的沉滤水浮在密度较大的海水层上。

（3）饮用凹地积水处的水时，必须做到消毒、沉淀后煮沸饮用。

（4）收集雨水：在地上挖个洞，铺上一层塑料，四周用黏土围住，可以有效地收集雨水。

（5）凝结水：在一段树叶浓密的嫩枝上套一只塑料袋，叶面蒸腾作用会产生凝结水。

（6）跟踪动物、鸟类、昆虫或人类踪迹或许可以找到水源。

（7）植物中取水：竹类等中空植物的节间常存有水，藤本植物往往有可饮用的汁液，棕榈类、仙人掌类植物的果实和茎干都含有丰富的水分。

（8）日光蒸馏器：在干旱沙漠地区利用下述方法能较好地收集到水。在相对潮湿的地面挖一约90厘米见方、深约45厘米的坑，底部中央放一集水器，坑面悬一条拉成弧形的塑料膜。太阳光能升高坑内潮湿土壤和空气的温度，蒸发而产生水汽，水汽与塑料膜接触遇冷凝结成水珠，下滑至器皿中。

在野外最好不要饮用从杂草中流出的水，而以从断崖或岩石中流出的清水为佳。饮用河流或湖泊中的水时，可在离水边1～2米的沙地上挖个小坑，坑里渗出的水较直接从河流或湖泊中提取的水清洁。在野外，可以用饮水消毒片、漂白粉精片以及明矾等药品净化水。在专家指导下，还可用一些含有黏液质的野生植物来净化水。切记，不论多么口渴，都不要饮用不洁净的水，万不得已时，也要把水煮开再喝。

思考练习

1. 陆地地貌有哪些？
2. 海底地貌包括哪些单元？
3. 简述世界气候的类型及其特点。
4. 联系实际谈谈如何利用云层预测天气。
5. 野外如何利用自然特征判别方向？

第八章　区域民族传统体育

第一节　概　述

中国是一个统一的多民族国家，在长期的生产和生活过程中，五十六个民族共同创造了具有浓郁民族风格和特色的民族传统体育文化。一种传统文化，承载着一个民族自我认同的凝聚力，它以悠久的历史、丰富的内容、多样的形式、古朴的风格以及独特的作用和巨大的影响力，成为中华民族文化宝库中的瑰宝。

一、基本概念界定

中国民族传统体育是中国古老文化的组成部分之一，在经历了岁月的沉淀和历史的洗礼后，更以其醇厚的文化底蕴和纷繁的项目种类在世界体育发展史上占据重要地位。两次工业革命之后，尤其是随着现代社会的交通、信息、工商等行业的迅猛发展，经济和文化全球化趋势日益激烈，各领域的理论研究在经济发展的基础之上开展得如火如荼，中国民族传统体育的研究也在中国体育理论研究的热潮中得到了前所未有的突破和发展。

尽管如此，民族传统体育的概念在理论界和学术界仍然是一个比较模糊的概念，迄今还没有一个权威的统一定义。众多的学者们分别从历史、民族文化等角度分析和理解民族传统体育，并进行概念的定义。因此，在体育理论的研究、实践工作过程中，就时常出现与民族传统体育相关的概念模糊不清、混淆使用的情况，如有传统体育、民族传统体育、民间体育、少数民族体育等。1989 年人民体育出版社出版的体育学院通用教材《体育史》一书，把民族传统体育界定为近代以前的体育竞技娱乐活动，后来又相继出现了其他对民族传统体育概念的不同界定。《体育人类学》和《民族体育》认为，民族传统体育是某一个或几个特定的民族在一定范围内开展的、还没有被现代化、至今还有影响的体育竞技娱乐活动。也有学者把民族传统体育界定为在中华大地上产生并流传至今的以及在古代由外族传入并生根发展且具有中华民族传统特色的体育活动。综合而言，民族传统体育是指生活在一定地域的一个或多个民族所独有的，在人民大众中广泛传承的，具有修身养性、健身娱乐、竞技表演、观赏游艺、趣味惊险、歌舞交融特色的体育活动形式，其通常包括传统导引、养生、健身、保健、医疗体育和民间体育等。

区域，是指地理上的某一范围的地区。区域体育可以认为是特定区域人群具有的、有所属地域特色的体育文化价值观念、活动形式、风俗习惯、道德规范等的综合。它具有趋同性、特殊性、系统性和整体性等特征。区域体育介于宏观的国家体育与微观体育之间，是一种中观层面的研究领域,国家体育所发生的各种关系和规范必然会在区域体育中反映出来。同时,区域体育又以自身的特点、地位、关系与规范,影响到具体而微观的体育。而区域体育文化就是按照地域界定而出现的体育文化类型,是某一地区囿于地理环境和民族发展所呈现出的体育文化形貌,它同时受环境和历史两大要素的影响。各民族的传统体育文化及其价值观念和审美情趣都存在区域性,它的产生在很大程度上受各民族所处地域的自然和人文环境影响。由若干相邻而条件相似的地区结合而成的区域体育文化区,能突破单个省或市在发展体育事业时的局限,促进优势互补。

二、民族传统体育的特点

中华民族传统体育在长期的发展历程中受到地理环境、社会生活方式以及宗教民俗等多方面影响,逐渐形成了鲜明的特征。在一定程度上,它从不同层面反映出中华民族的文化形态,其特点表现为民族性、交融性和多样性。

1.民族性

人类创造了文化,但在各种因素的影响和制约下人类难以创造同一格式的文化,而人类创造的不同类型文化又将自己塑造成为各具文化特色的群体——民族。一个民族总要强调一些有别于其他民族的风俗习惯和生活方式的特点,赋予其强烈的感情,并把它升华为这个民族的标志。人类的族别从特定的地域中产生。类聚于一定时空条件下的这些族别就创造出了一定的民族文化。它是某一民族或某一些民族所特有的,而非各民族共有的。

我国的民族传统体育内涵丰富,各民族都有各自风格独特、带有强烈民族文化气息的传统体育,它甚至在一定程度上成为一个民族或地区的象征。如藏族的赛牦牛、朝鲜族的顶水罐赛跑、纳西族的东巴舞等活动都是自己民族所特有的。此外,传统体育的民族性还表现在服饰、活动仪式、风俗和历史传承等方面。

民族传统体育文化是民族文化的有机组成部分。由于民族语言、民族性格、风俗习惯、宗教信仰等的差异,使得民族传统体育文化表现出一定的独立性。这种特性也决定了一个民族的传统体育文化和价值观念不会很快被其他民族所接受,甚至在一个民族被另一民族征服或同化的极端情况下,它原有的体育方式、体育文化也会在新民族共同体中表现出顽强的生命力,坚持着其原有的民族性。

2.交融性

民族传统体育在数千年的发展过程中,形成了独具风格的文化体系,它不是一种单一的文化,而是各种文化交融而构成的复合体。不同模式和类型的文化相互碰撞和交流,能促进民族体育文化的发展。人们在进行体育活动时将各民族的传统体育项目相互交融,共同学习,最终达成共识,就能实现文化的融合。

民族传统体育最初是在某一地区、某一民族中首先得到发展,然后随着民族间交流的增多,逐渐被具有相似自然条件的民族接受,在接受的过程中也进行了一定的改造,于是渐渐丰富并成熟起来。以龙舟比赛为例。据考证它最初源于古越一带,后来由于古越一带和长江中游地区往来的增多,逐渐扩展到我国南方大部分地区。

在民族传统体育融合和交流的过程中,也不断发展和创造出新的运动项目。如清乾隆年间满族就将足球和冰球相结合产生了名为"冰上蹴鞠"的运动。民族传统体育的融合还表现在体育运动和艺术的相互融合。我国很多少数民族都能歌善舞、能骑善射,产生了集技击性和艺术性于一体的体育运动项目。如黎族的"跳竹竿",击竿者跪、蹲交替,节奏越打越快,难度越来越大,跳竿者随竹竿的分合与高低变化灵巧地跳跃其间。跳竹竿能手一般都有较高的音乐素质和舞蹈技巧。

3.多样性

中国是一个多民族的国家,地域经纬度跨度大,各地区、各民族人民的生产、生活方式迥异,造就了丰富多彩的民族传统体育文化。据《中华民族传统体育志》统计:中国 55 个少数民族有传统体育项目 676 项,汉族有传统体育项目 301 项,共 977 项。每个民族都有自己的传统体育项目,分布之广,项目之多,在世界上也是绝无仅有的。

不同的传统体育项目,其起源也是不一样的。有的源于种族的繁衍,如哈萨克族的姑娘追、羌族的推杆、朝鲜族的跳板等;有的源于生产、生活习俗,如赫哲族的叉草球、草原的赛马和骑射、江南水乡的竞渡等;有的源于宗教习俗;有的则直接由军事技能转化而来,如各个民族的武术,这些构成了多姿多彩的民族传统体育文化。

三、民族传统体育的分类

1.按照民族传统体育的性质和作用进行分类

(1)娱乐类

娱乐类民族传统体育趣味性较强,其目的就是休闲娱乐。这类运动项目主要有棋艺、踢打、投掷、托举、舞蹈等。其中棋艺主要指各民族的棋类项目,以启迪智力为主,如象棋、围棋等;踢打有踢毽子、打飞棒、踢沙包等;投掷有抛绣球、投火把、丢花包、抛沙袋等;托举通常以托举器物或负重为主,如掷子、举皮袋、抱石头等;舞蹈有接舞龙、跳芦笙、耍火龙等。

(2)竞技类

竞技类民族传统体育是按照竞赛规则规定的比赛场地、器械以及其他特定的条件开展智力、体力、技术、战术等方面的竞赛。珍珠球、秋千、押加、木球、蹴球、抢花炮、毽球、龙舟、打陀螺、民族式摔跤、武术、马术、射弩、踩高跷等 14 项民族传统体育项目已被列为全国少数民族运动会的正式比赛项目。有单人和集体项目,可分为体能、竞速、命中、制胜、技艺等各种类型。

(3)健身养生类

健身养生类民族传统体育的目的是养生、健身、康复和预防疾病。其项目多样,如导引、太极拳、气功等,动作一般比较简单、轻缓,强度不大,如果长期坚持锻炼,可以达到预防疾病、增进健康的效果。

2.按地域进行分类

我国地域辽阔,各区域的地理环境、经济发展水平、历史文化、民族心理等方面存在差异,使得各区域传统民族体育也各具特色。综合考虑区域自然地理条件、区域体育文化特征等因素,可按我国地域空间布局情况划分为东北内蒙古地区、西北地区、西南地区及中东南地区四个民族传统体育区。区域的划分并不是完全基于自然和行政地理事实,例如东北冰雪体育运动地区,所指的并不是冰雪和东北地区的地理事实,而是具有相同特征的体育运动项目聚合在那样一个地理空间上,与其他地区产生了差异。再如对西北地区而言,该区域的少数民族主要信仰伊斯兰教,有共同的民族信仰,其体育活动也有一定的共性,可以划分为一个民族传统体育类型区。这种分类方法便于从整体上把握民族传统体育的概貌和地域性特征。

3.按运动项目的形式和特点进行分类

根据现代体育运动的形式和特点,可将民族传统体育项目分为跑跳投类、球类、水上项目、射击、骑术、武艺、舞蹈和游戏等。其中跑跳投项目有跑火把、雪地走、跳板、投沙袋、掷石、丢花包等;球类项目有木球、珍珠球、叉草球、毽球等;水上项目有龙舟竞渡、划竹排、赛皮艇等;射击项目有射弩、步射、射箭等;骑术项目有赛马、叼羊、姑娘追、赛牦牛等;武艺项目有打棍、顶杠、摔跤、斗力、各族武术等;舞蹈项目有跳竹竿、跳花鼓、跳火绳、东巴舞等;游戏项目有秋千、跳皮筋、踢毽子、跳房子、跳绳、斗鸡等。

四、民族传统体育的功能

民族传统体育作为一种文化形态,是一个民族经济、政治、教育、科学、文化相互作用、相互渗透、同步发展的产物。它在不同的历史时期有着不同的社会价值和功能。作为一项体育运动,它能够满足个体和社会的需要。随着社会的发展和民族文化的相互交融与渗透,其功能已向着多元化的方向发展,具备了多重社会功能和实用价值。

1.民族传统体育的文化功能

民族传统体育是一种具有丰富理性内涵和多元功能的文化特质行为,研究其在社会主义精神文明和物质文明建设中的价值功能,对促进民族体育事业的发展、弘扬民族文化、提高民族素质都具有十分重要的作用。

(1)健身功能

众所周知,任何体育运动都是以身体活动的形式进行的,它要求人体直接参与运动,在愉悦身心的运动中承受一定的生理负荷,并在人的体力和人的体内运动能量物质的"消耗—恢复—超量恢复"的不断循环中,促进个体的体能发展和体质增强。

我国各族人民在漫长的社会生活中早已发现了体育健身的方式,并形成体育健身意识。体育能给人以休息娱乐和充满活力的美的享受,人们在得到精神愉悦的同时,还受到美的教育。例如,早在公元8世纪前,藏族同胞就时常用洗冷水澡的方法来锻炼身体。彝族谚语有"脚勤脚先出,手勤手先动"、"跳歌要跳三跺脚,跳得黄灰做得药",苗族谚语有"勇敢靠培养,力量靠澄炼"等,这些都是各族人民在与大自然的长期斗争中积累下来的健身经验的总结。

(2)教育功能

体育作为人类教育的重要组成部分,源于漫长的原始社会。茫茫远古,人类的童年时期,处于萌芽状态的教育与体育是混沌一体的。据《中国古代教育史》载:氏族公社成员们除在生产实践中受教育外,又在政治、经济和文化活动中受教育,他们利用游戏、竞技、舞蹈、歌唱、记事符号等进行教育。在我国的许多少数民族体育活动中,有些运动技能本身也是生产、生活的技能,具有广泛的群众性,是进行民族文化教育的大课堂。民族传统体育项目,就其本质来看,具有增强体质、培养意志、增长知识、丰富文化生活、调节情感的作用。通过武术、赛马、射箭、摔跤等项目的表演和竞赛能培养人们机智、果断、勇敢、顽强的意志品质。这些少数民族体育项目荟萃了民族舞、民族艺术、民族风俗、民族工艺等多方面的精华于其中,人们耳濡目染,潜移默化,无形中受到了丰富而深刻的民族传统文化教育。这种教育植根于人们的意识之中,成为一种精神与风气,在各少数民族内部广泛流传,成为民族文化教育的重要组成部分。

在学校教育中,可以借助一些民族体育活动本身具备的审美价值、健身作用和思想教育意义,将民族体育活动引入到大、中、小学校。这样既可以弘扬民族体育文化,又丰富了教学内容,增强了学生身心健康,培养了学生良好的道德品质。

(3)竞技功能

竞技性是体育文化的精粹与魅力所在。竞争取胜,超越自我,战胜对手,"更快、更高、更强"是体育精神的本质。体育运动的观赏性、娱乐性主要是通过比赛双方的竞争形式来体现的,因此体育竞赛能成为全人类最易接受的"国际语言",能为不同的社会制度、意识形态、宗教信仰、文化传统、地域环境的世界各民族人民所接受、所关注,竞技水平的发展也成为衡量国家富强、民族强盛的重要标志。而我国的大多数民族传统体育活动本身就具有较强的竞技价值,它们所表现的运动形式特征和所要求的体能素质与现代竞技体育项目极为相似。事实上,近年来代表国家参加众多国际体育大赛并获得可喜成绩的摔跤、马术等选手不少是来自于少数民族地区。另外,从几届全国少数民族运动会的竞赛、表演项目看,如抢花炮、毽球、稳凳、珍珠球、木球、秋千等项目,只要加以改进、完善,完全可以成为全运会的正式竞赛项目。

(4)娱乐功能

体育运动本身就包含丰富的竞技性、艺术性、观赏性,有强烈的自娱自乐功能。正如奥运会创始人顾拜旦所言:"啊!体育,你就是乐趣,想起你内心充满欢喜……你可使忧伤的人散心解闷,你可使快乐的人更加甜蜜!"人们如果经常进行体育锻炼,就会精神饱满,情绪愉快,尽情地展现自己的形体美、运动美,满足心理上各种欲望,丰富社会文化生活。这种娱乐功能就构成民族体育得以产生和发展的基本功能源泉。

我国的少数民族大多能歌善舞,有着广泛的文化活动爱好,在长期的历史发展中,创造出许多丰富多彩的民族传统体育项目。有的显示了南国水乡的风情,有的散发着北国草原的芳香,有的带着高原的神奇,有的包含着本民族的奥秘。它们不仅有着高度的技巧性,而且还有精美的艺术性,伴以歌,载以舞,形成了各具特色的民族传统,为群众喜闻乐见。少数民族传统体育活动既是各民族灿烂文化的一部分,又是本民族生存发展的象征,亦是最富有民族特色、能反映少数民族个性气质的领域之一。

(5)社交功能

体育运动作为一种具有群众性特点的社会活动,可以使人们在一定体育规则和体育道德规范的约束下,拓宽人际交往的渠道,发展良好的人际关系。民族传统体育运动本身也是一种社会交往活动,它可以消除各民族人民因地理环境、生活方式、文化传统、宗教信仰等不同带来的障碍,为广大人民群众提供感情交流和文化交往的社会媒介环境。通过体育活动,有助于改善民族关系,增进民族地区的经济与文化交流。各民族的传统节日往往也是各族人民体育文艺活动的盛会,人们在快乐的文体活动中交流彼此间的技艺、文化、思想感情等。

(6)经济功能

民族传统体育能促进各民族、各地区的经济发展。随着各民族经济文化的发展繁荣,民族传统体育也将有一个很大的发展和提高。将各民族群众喜爱的具有浓郁民族特色和地方特色的民族传统体育项目融入经贸之中,同时进行物资交流,形成一个临时的市场,可刺激人们的消费欲望,实现购销两旺。近年来,有许多地方采取了"体育搭台,经济唱戏"的方式,吸引了周边众多群众的参与。开发与利用民族传统体育资源,对推广民族地区特色产品,促进民族地区经济发展和社会稳定,加强经贸往来,将会发挥非常重要的作用。

综上所述,民族传统体育是一项具有多元功能的社会文化现象,随着时代的变迁和社会文化科学的进步,民族传统体育功能的内涵将不断丰富,外延将日趋拓展。

2.民族传统体育的社会功能

民族传统体育是通过身体和脑力相结合的方式进行的,要求人体直接参与活动,这是民族传统体育的本质特征之一,它决定了民族传统体育具有促进人身心健康的功能。经常从事民族传统体育运动,可以改善人体各器官的功能,有利于骨骼的生长,促进人体形态和内脏器官的正常发育,还可以提高人体对外界的适应能力和对疾病的抵抗能力,从而提高人体的"防卫能力"。

众所周知,民族传统体育的宗旨是强身健体,但同时民族传统体育也具有文化特征,因此,通过练习可以陶冶情操、净化人的思想。民族传统体育与现代竞技体育的目的不同,前者追求强身健体、身心合一,后者追求超越自我、挑战极限。民族传统体育强度小,密度小,趣味性强,锻炼环境比较宽松。在市场经济条件下,人们精神高度集中、身心疲惫,因此大多数人希望通过一种较为轻松的方法来调整自己,而民族传统体育就是他们最佳的选择。

民族传统体育的参加形式不受人员、时间、地域的制约,社会各阶层的人员根据自己的兴趣爱好自发组成活动群体。在这个活动群体中,由于角色不同,能调整不同类型个体的心理状态,提高人们对环境的适应能力,使人朝气蓬勃、乐观向上、充满活力,从而提高人们的生活质量,促进社会发展。

体育产生于劳动,随着社会的发展而发展,为一定社会的政治和经济服务。由于自然地理环境、社会历史发展的不同和风俗习惯的差异,各少数民族已形成了众多的具有本民族特色的民族传统体育文化。从地域差异来看,南方少数民族传统体育多以集体活动为主,活动的内容多表现生活情趣,以多人形式出现,这充分反映出人们相互交往的协调配合和集体的力量。而北方少数民族传统体育多以个人活动为主,活动的内容来自日常的生产生活,充分体现出其独立的性格和自我表现意识。随着社会的进步和经济的发展,少数民族体育文化的功能也在不断地被认识、被开发,被科学地运用到各民族众多的精神文化和物质文化之中,展现出民族体育更为广泛的社会功能和鲜明的时代特点。

五、我国民族传统体育的发展

1.我国民族传统体育的发展现状

我国民族传统体育项目内容丰富、形式多样,既有体现中原文化、草原民族文化与南方水域民族文化特点的运动内容,又有盛行于历代民间节令和宫廷节庆的民俗体育形式,其项目种类繁多、设置复杂。据1987年开展的历时3年的全国民族传统体育挖掘整理工作统计,仅汉民族传统体育就有301项,少数民族传统体育共有676项。另外,我国少数民族"大分散,小聚居"的空间分布状态决定了我国传统体育文化的复杂和交融特征。

19世纪晚期,现代奥林匹克运动的传入对我国传统体育产生了巨大的冲击。中国当代体育的许多内容也由奥林匹克运动中的项目所组成,以奥运会为主的现代体育已形成了明显的全球化态势。奥运会的全球化,或者说西方体育的全球化,在现在和今后的一个很长时期内将不会受到遏制,体育全球化仍呈现出一个明显的特色——西方体育将持续保持体育全球化发展的主导地位。在大多数情况下,在第三世界国家,如东方国家,民族传统体育成了仅仅是用来映衬西方体育如何先进的他者,处于"沉默的大多数"的地位。在这种全球化趋势的冲击下,我国民族传统体育出现了逐渐衰颓的趋势,部分传统体育项目已经或正在走向消亡,如彝族的跳牛、满族的跳马、黎族的堆沙、新疆的赛骆驼等,一些通过口头和行为传承的技艺正面临着后继无人的尴尬境地。值得庆幸的是,我们国家已经意识到民族传统体育所面临的严峻局势,正在设法对其进行抢救和保护,相关政策法规的起草、专门机构的成立、民族传统体育赛事的开展、民族传统体育与教育和旅游业的联合等都在一定程度上起到了保护和发展的作用。但是在保护和发展工作中,我们依然存在着文化错位、心态失衡、价值分裂、认同丧失的精神迷茫,这些狭隘和分歧严重阻碍了我们的工作,必须引起高度重视。

2. 我国民族传统体育发展的影响因素

(1)体育全球化的冲击

20 世纪 60—80 年代,日本和韩国借奥运会东道主的优势将本国民族传统体育项目柔道和跆拳道推向了世界,使这两个项目得以在全世界广泛发展。但不可否认,这两个项目也是经过了"削足适履"般的整容才能顺利进入奥运会大家庭的。中国的武术也一直在致力于"入奥"的工作,为了迎合奥运会观赏性和竞技性的要求,有着上千套拳术套路和上百套器械套路的武术运动就必然要放弃各路门类的个性而将动作规范统一。但这种全球化的适应和改变可能会使奥运武术脱离传统武术的真义,误导中国乃至全世界人民。

(2)过分追求经济利益,走入发展误区

在民族传统体育盛行的地区,特别是少数民族居住区,正在由传统的自然经济迅速地向市场经济过渡,在自然经济基础上发展起来的民族传统体育必须适应这种经济的变革,在变异中求得生存与发展。不少民族传统体育项目在经济利益的驱动下,纷纷与旅游、影视、表演等行业联手,确实创造了不菲的收入,促进了当地经济的发展,对当地文化形象的树立起到了一定的作用。例如,昆明的石林风景区开发了摔跤、斗牛、斗羊三个表演项目,每天收入数万元,全年给石林县财政增加数百万元收入;湖南岳阳举办的国际龙舟节在"以舟为媒,以文促贸"口号的指引下,经贸成交额达 8 亿元;第 3 届中国宜昌长江三峡国际龙舟拉力赛,共接待海内外游客 49.22 万人次,签约投资总额达 18 亿元人民币。但是,有一部分民族传统体育项目,打着开发和发展的旗号,单纯追求经济利益,有的利用媒体对其进行过度商业包装和推广,有的为迎合商业需求,不顾其文化背景和地域特征而将一些项目在喧嚣的都市强行推广和表演,有的地区急功近利,却又缺乏规范、管理混乱。这些做法只是换取了短暂的经济效益,片面地维护了一个传统文化的外在形式,而其内在精神蕴含并没有得到有效的保护和发扬。

3. 我国民族传统体育发展的主要措施

(1)建立健全法律法规是民族传统体育正常发展的基本保证

我们要以中国《非物质文化遗产保护法》关于构建社会主义和谐社会、建设和谐文化等政策为基点,站在弘扬中华文化传统的高度来争取国家对民族传统体育保护和发展的财政投入、社会投入等方面的优惠政策,为民族传统体育的保护和发展创造良好的政策法规环境。另外,应用法律和行政手段加强对民族传统体育市场的规范、监督和管理,建立规范的秩序,是民族传统体育产业发展壮大的有力保证。

在亚洲,日本在传统文化遗产保护方面的很多做法值得我们学习,他们的有关法律法规也较为完备和系统。早在1871年,日本太政宫就颁布了《古器旧物保存法》,与民族传统体育保护和发展相关的条款在其传统文化遗产保护的法律法规中也一直都有体现。最权威的当数1950年颁布的旧版和1975年颁布的新版《文化财保护法》,将文化遗产分为有形和无形两种,并将民俗节庆、民间技艺等有关民族传统体育的内容划为无形文化财产加以重点保护,这对世界文化遗产保护工作产生了积极影响,甚至当今联合国在文化遗产划分上也通常采用这种做法。随着对民族传统体育保护和发展的重视,我们国家与之相关的政策法规已出台不少,如《中国民族民间文化保护工程实施方案》、《文物保护法》、《关于加强少数民族传统体育工作的意见》等。与此同时,《非物质文化遗产保护法》呼之欲出,这对我国民族传统体育的收集、挖掘、整理、调查、记录、建档、展示、培训等工作将起到规范和管理的作用。

(2)合理的运行机制是现阶段乃至将来较长时间内复兴民族传统体育的一个必要手段

尽管改革开放以来民族传统体育的保护和发展工作得到了我国政府前所未有的重视,但由于缺少系统的运行机制,使得管理力度不够,研究水平参差不齐,保护和发展工作的方法、手段单一,整个内容平淡琐碎,缺乏文化内涵,断裂现象也较为严重。中国民族传统体育项目众多,个别发展情况较好、影响较大的项目如武术、气功等,有专门的运动项目管理中心负责管理,有些项目如中国式摔跤归入国家体育总局重竞技管理中心,但大多数项目都没有直接的部门进行管理。在韩国,对于民族传统体育的保护和发展,不仅有文化厅等相关部门直接管理,而且设有许多国家性、地方性的民俗博物馆,还有许多民间组织与热爱民族传统体育的人士自觉、热心参与。

目前,我国对于民族传统体育的保护和发展由各级政府直接领导,各部门如国家民委、国家体委、文化部等联合协作,下设各单项联合会或协会,部分企业参与,这种机制难以保证集体利益和个人利益的双赢。因此,必须由上到下建立完备的保护和发展机制。首先应建立统一的组织领导机构,实施强有力的管理;其次,应明确各单项联合会或协会的责任,加强各项目挖掘、整理、保护、发展的系统化;再次,应协调好各层次、各单位的利益关系,并将创造利益与依靠道德和个人情感相结合;最后,应加强对传统文化的教育,对于民族传统体育及其继承人给予必需的尊重和支持。

(3)继承保护与改革创新是民族传统体育实现复兴的必经之路

正确处理好继承保护与改革创新的关系,实际上就是确立正确的价值观的问题。首先要确立对民族文化、非物质文化遗产保护和继承的重要位置,"民族的就是世界的",对于传统的保护和继承就是民族传统体育赖以生存的根本。其次,坚持可持续发展理念对于民族传统体育生命力的延续和影响力的扩大是不可或缺的。世界范围内的民族传统体育项目种类远远超过目前被承认的近百种竞技项目,要使民族传统体育不仅成为少数竞技天才和多数观众的世界,还要成为更多的身体力行者锻炼体魄的广阔天地,就应促使其与现代体育结合,妥善地继承和发展人类宝贵的体育文化财富,这才是民族传统体育发展的最佳途径。全球化发展趋势对民族传统体育的冲击既是压力,也是动力,要充分利用全球化为民族传统体育带来的更广阔的发展空间。通过从现代体育中吸取养分,对优秀的民族传统体育进行整合,并日益明确地赋予其现代竞争、健身、教育等意义,使民族传统体育得到适应新环境的演化变迁,既不完全丧失应有的民族特色,又具备现代体育的特点,成为现代体育的重要组成部分。

（4）保护民族传统体育"活态"资源是民族传统体育永葆活力的可行途径

民族传统体育属于非物质文化，主要是活态保护，关键是传承人。可以效仿我国文物保护法中的"多级保护"制度，除国家一级的杰出传承人，还要确定有省级、市级、县级的传承人，以全面和整体地保护民族传统体育文化的生态。因此，我国各级政府管理部门应当制定切实有效的民族传统体育"活态"资源保护措施，形成文化传承链条，这样才不至于把民族传统文化推入沉重的"哀怨"之中，才能保持民族民俗文化的流动特性。

民族传统体育的保护与发展，首先要真正理解保护与发展的概念及其之间的关系。保护不是闭关自守，发展也不是哗众取宠，保护和发展应该是相辅相成，相互促进的。民族传统体育应该在政府机构的领导和规范下，在民间组织的支持和维护下，在全体民众的尊重和传承下，在新旧文明的交汇、吸收、重组和碰撞中，以一种更优越的形式获得延续，继而走向美好的明天。

第二节　东北和内蒙古地区民族传统体育

东北和内蒙古地区包括辽宁、吉林、黑龙江三省以及内蒙古自治区，面积 189 万平方公里，约占我国领土面积的五分之一。这里不仅战略地位重要，自然资源丰富，而且是我国游牧文化和渔猎文化的主要发源地。这块区域除了汉族外还有满族、蒙古族、朝鲜族、达斡尔族、赫哲族、鄂温克族、鄂伦春族等 7 个少数民族，其中，满族人口高达 980 多万，在全国少数民族人口中仅次于壮族，居第二位。70％以上的满族分布在东北三省，辽宁最多；蒙古族主要分布在内蒙古自治区，占蒙古族人口的 60％；朝鲜族分布在吉林省，尤其以延边朝鲜族自治州为最多，占朝鲜族人口的 58％；赫哲族和鄂伦春族是全国少数民族中人口最少的民族之一，人口总数不到万人，主要分布在黑龙江省和内蒙古自治区。自古以来，生活在这片土地上的各族人民，在与大自然做斗争、求生存的过程中，创造了悠久的历史文化，其中比较突出的有民族文学、民族建筑、民族风俗、民族舞蹈、民族体育等，而民族传统体育就是点缀在民族文化光环上的一颗璀璨明珠。多姿多彩的传统体育活动养育了一代又一代体魄强健的东北和内蒙古人民。

一、东北和内蒙古地区民族传统体育形成的影响因素

东北地区地处我国松嫩平原，地域辽阔，河流纵横，沃野千里。内蒙古地区基本上是一个高原型的地貌区，高原上分布着辽阔的草原，是世界三大草原之一，也是我国著名的天然牧场。居住在这里的有蒙古族、满族、赫哲族、鄂温克族、鄂伦春族等民族，游猎是他们的主要生产生活方式。他们信奉自然崇拜、图腾崇拜、神仙崇拜和萨满教等原始宗教形式，具有粗犷豪放的性格，以勇武善战闻名于世。因而，东北和内蒙古地区民族传统体育的形成与这里特有的地理环境、生产生活方式、游猎文化特质、萨满教等原始宗教的祭祀礼仪以及具有民族风格的年节活动有密切的关系。

1. 林海雪原的生态环境和游牧渔猎的生产生活方式

东北地区的地形特点是三面环山，平原中开，是我国森林面积最大的区域。这里冻土广

泛,沼泽面积较广,属于温带湿润和半湿润大陆性季风气候。在人类社会的早期,人类利用和改造自然条件的能力有限,一般只能被动地适应自然环境。

满族视白山黑水为民族的发祥地,这里山上林木茂密,山间河流贯穿,山下沃野千里;达翰尔族主要聚居在富饶的嫩江两岸;鄂伦春族生息在内蒙古自治区和黑龙江省交接的大、小兴安岭中,这里地形以丘陵、高原为主,气候寒冷,终年积雪。民族聚居地的自然环境使狩猎和采集成为族人主要的生产方式。为了获得更多的猎物并训练下一代掌握谋生本领,人们往往模仿狩猎和日常生活中的劳动形式,学习技能和激发勇气。分布在黑龙江抚远、饶河县沿江地区的赫哲族是东北地区渔猎文化的典型代表,在赫哲族中广泛开展的叉草球,就是赫哲族人为了训练后代的捕鱼技能而设计的。射箭亦是满族、达翰尔、鄂温克、鄂伦春等民族从日常狩猎活动技能中演化而来的民族传统体育活动。顶罐走最早只是朝鲜族人自然生活中取水的手段之一,后逐步具有生活所需和竞赛娱乐双重功能。每逢节日,朝鲜族妇女身着各色彩衣,参加顶罐走比赛。这种活动可锻炼身体的平衡能力和腰部及下肢的力量。

东北地区冰期较长的气候特征,决定了满族、鄂温克、鄂伦春等民族一年中有半年的时间要在林海雪原中进行狩猎,于是聪明、勤劳的少数民族人民创造了狗车、爬犁、拖床、木马等适于雪地环境的交通工具。赫哲族先民长期以来生息在东北松花江、黑龙江、乌苏里江等流域,独特的地理环境使他们成为捕鱼能手。不仅如此,善于狩猎的赫哲族先民们还常常在寒风凛冽的冬日,穿上滑雪板,在冰天雪地里疾驰如飞,追击野兽。在劳动之余,他们还利用这些生产交通工具进行娱乐竞赛活动。

内蒙古自治区是我国蒙古族最大、最主要的聚居区,境内多山脉、草原、荒漠。丰富多样的草原生态环境,使草原畜牧业一直是蒙古族人民最主要的经济行为和生计选择。历史上,蒙古族过着逐水草迁移的游牧生活,我国的大部分草原都留下了蒙古族游牧民的足迹,因此他们也被誉为草原骄子。一大批与之相适应的传统体育运动项目应运而生,具有浓郁的草原民族特色。如马上技巧、乘马射箭、驯马、马球等都生动地再现了蒙古民族的传统,因此蒙古族素有马上民族的美称。

达翰尔族人民农牧兼营,马匹也是他们生产生活中不可缺少的工具,骑马技术和放牧本领是每个族人都要掌握的,否则就无法生存。因此,孩子从小就学习骑马,于是各种赛马以及马上的各类运动便诞生了,每逢节日或重大集会都要举行赛马。

总体来看,东北、内蒙古地区地势平缓开阔,四季分明,为人们生产和生活提供了宽广的活动空间,逐渐形成了崇尚勇武、豪爽奔放的精神。因此,摔跤、举重、滑雪、滑冰、赛马、马球等力量竞速类项目较为突出。

2.萨满教为主体的原始宗教信仰

宗教信仰是民族文化的一个重要组成部分,东北、内蒙古地区的诸民族,在漫漫的历史长河中,各自世代继承着自然崇拜、图腾崇拜、神仙崇拜和萨满教信仰的习俗。祭祀活动是原始宗教的重要内容。丰富多彩的祭祀活动孕育和滋养了各具特色的民族传统体育活动,像火祭、雪祭等具有民族代表性的体育项目,其风格和起源都与原始宗教活动有关。

火祭是久居山林的民族重要的祭礼活动之一。在火祭中,要穿插竞火活动,或称破火阵。火阵形如飞舞的长蛇巨蟒、奔腾的火马,或设在陡峭的悬崖上,或设在湍急的水流中。族人或骑马或徒步,三五成群穿越火阵,并在火中进行各种传统体育活动,如捉迷藏、射野鸭、抓嘎拉哈等。少女们荡秋千、钻火圈、踢天灯以及举行各种马上火技比赛。谁闯过的火阵多,谁就被敬为"巴图鲁"(英雄)。雪祭是信奉萨满教的东北各民族所特有的祭祀活动。女萨满脚穿木制冰鞋,从冰道飞滑而下,族中巴图鲁脚蹬冰滑子,身披黄飘带,紧随其下,意味着展翅飞翔在峭壁悬崖上的青雕女神教会了人类滑冰滑雪。祭海活动始于清代,据说清世宗雍正元年,清军在围剿青海蒙古亲王罗卜藏丹津的行动中,追至青海湖北岸时,苦无淡水,掘地得泉,军士饱饮,得以继续行军。此后,军士皆认为是青海湖神显灵,呈报朝廷后封青海湖神为"青海灵显大渎之尊神",规定每年秋季举行祭海神之典,会盟蒙藏各族。届时,各蒙藏王公、千户、百户全聚集于青海湖畔,祭礼过后,就开始进行声势浩大的赛马、摔跤、射箭、唱歌、舞蹈等活动。

3.骁勇善战的民族性格和重视军事训练的历史背景

在生产力低下的古代,东北、内蒙古地区游牧民族的生存条件比农业民族更为严酷,只能以迁徙和战斗来对付自然环境和异族的压力,因而善骑、善射是游牧人共同的特征。历史上的满族就十分重视军事体育训练,清朝武举制中,骑射是主要内容,在中央更是成立了善扑营,专门训练摔跤人才,举全国之力与素以摔跤著称的蒙古族相抗衡。蒙古族素有"马上民族"的美称,爱马和善骑是蒙古民族的优良传统。据文献资料记载,赛马已有近两千年的历史了,在古代战争中马匹占有极其重要的地位,它给军队提供了极强的应变能力,既可以急袭、速退,也可以代人之劳,负粮食、运设备。到了元代,由于蒙古王公贵族的推崇,马上运动与兵役结合成为当时的一项制度,赛马成为大型集会的必要活动内容。到了清代,不论男女老少,没有不能骑马的,这种历史背景使东北、内蒙古地区的很多民族体育项目与马匹、征战有关。譬如鄂温克族的套马、赛马,锡伯族的狩猎,达斡尔、蒙古等民族的射箭等体育活动都与军事征战有密切的关系。

此外,冰嬉也是清政府训练八旗子弟和将士的重要活动,有关它的文字记载,最早见于努尔哈赤执政时期。努尔哈赤是女真族的首领,在明朝年间被封为都督佥事、龙虎将军,之后他摆脱辖属关系,于1616年建立后金,制定了与政治、军事相结合的八旗制度。为了传承演武的习俗,他经常带领八旗的诸贝勒及其福晋,举行冰上运动会。后来慢慢演变为每年都要在太液池举行冰嬉比赛,内容包括速度滑冰、花样滑冰和冰上蹴鞠等。

4.丰富多彩的民族节日

各民族聚居的地方因为生活环境的不同逐渐形成了一些民族性的风俗习惯,经过长期的生产和生活,这些风俗习惯渐渐就变成节日流传下来。这些节日一般都带有强烈的人为因素,文化色彩浓郁,表现形式多样,除全民性的节日外,各地区、各民族中还流行着许多地域性、民族性的节日。东北和内蒙古地区各民族都有丰富多彩的传统节日,这些节日为传统体育的传承、发展提供了载体。

年节是人们欢乐、庆祝的日子,在这些日子里人们重娱乐、轻竞技,这对少数民族传统体育娱乐性的发展起到了无形的促进作用。蒙古族最盛大的传统节日是那达慕大会,其在每年七八月间牧草繁茂、牲畜肥壮的时节举行。据铭刻在石崖上的《成吉思汗石文》记载,那达慕起源于蒙古汗国建立初期。早在公元1206年,成吉思汗被推举为蒙古大汗时,他为了检阅自己的部队,维护和分配草场,每年7—8月举行"大忽力革台"(大聚会),将各个部落的首领召集在一起,为表示团结友谊和祈庆丰收,都要举行那达慕。起初只举行射箭、赛马或摔跤的某一项比赛,到元、明时,射箭、赛马、摔跤比赛结合一起,成为固定形式,后来蒙古族人亦简称此三项运动为那达慕。在元朝时,那达慕已经在蒙古草原地区广泛开展起来,并逐渐成为军事体育项目。元朝统治者规定,蒙古族男子必须具备摔跤、骑马、射箭这三项基本技能。到了清代,那达慕逐步变成了由官方定期召集的有组织、有目的的游艺活动,以苏木(相当于乡)、旗、盟为单位,半年、一年或三年举行一次。此俗沿袭至今,每年蒙古族人民都要举行那达慕。

过去那达慕期间要进行大规模祭祀活动,喇嘛们要焚香点灯,念经诵佛,祈求神灵保佑,消灾消难。现在,那达慕的内容主要有摔跤、赛马、射箭、赛布鲁、套马、下蒙古棋等民族传统项目,有的地方还有田径、拔河、排球、篮球等体育竞赛项目。此外,那达慕上还有武术、马球、骑马、射箭、乘马斩劈、马竞走、乘马技巧运动、摩托车等精彩表演。参加马竞走的马,必须受过特殊训练,四脚不能同时离地,只能走得快,不能跑得快。当夜幕降临时,草原上飘荡着悠扬激昂的马头琴声,篝火旁男女青年轻歌曼舞,人们沉浸在节日的欢乐之中。

乌日贡是赫哲族的传统节日,在当地语里那是喜庆吉日的意思。在遥远的年代里,赫哲族先民为祈求出猎吉祥,狩猎丰收,一般在每年的三月三、九月九举行隆重的萨满鹿神舞节,用这种原始宗教仪式为山民消灾祈福。现在,从 1985 年起每隔三年召开一届,时间在农历五月中旬,节期 2~3 天,届时由赫哲族乡或村举办。过节期间,白天进行的体育竞技项目有游戏、划船、撒网、拔河、叉草球、射草靶、射箭等;晚上在江边燃起篝火,举行群众性的歌舞晚会。

二、东北和内蒙古地区特色民族传统体育项目

据统计,东北和内蒙古地区民族传统体育项目共有 103 项,代表性的项目约 35 项,主要包括满族的赛马、马术、骑射、射箭、跳马、跳骆驼、打瓦、采珍珠、冰嬉;蒙古族的打布鲁、马球;朝鲜族的顶水罐走、跳板、铁连级、转瓢;鄂温克族的打棍;鄂伦春族的打靶、滑雪以及赫哲族的叉草球、顶杠等。下面,选择几项具有代表性的东北和内蒙古地区民族传统体育项目进行简单介绍。

1.采珍珠

采珍珠,满语称"尼楚赫",是一种球类比赛项目。它最初是满族古老的生产活动之一。远在清太祖努尔哈赤时代,居白山黑水之间的男女青年,在采珠之余或欢庆收获的时候在陆地上用"绣球"比作大颗珍珠,竞相往鱼篓里投,投中者预示着将来能采到更多的珍珠。还有为了表示与风浪搏斗的艰险,把蛤蚌神化,"蛤蚌精"启闭贝壳,防卫珍珠不被夺走,于是一种攻防兼备的民族球类项目出现了。

2.打布鲁

打布鲁即蒙语投掷的意思。布鲁的发展历史悠久,早在 1300 多年前就已经出现了。不过那时的布鲁还只是作为打猎和歼敌的武器,渐渐地它才成了一项锻炼身体、活跃群众文化生活的体育运动。现在布鲁不但是每年那达慕大会不可少的比赛项目,还被列入自治区民族体育教材中。

布鲁比赛分投远和投准两种,两种比赛的场地和设备都比较简单。投远的场地和标枪的场地大致相仿,规则和投手榴弹一样以投得最远者为胜。投准的场地则为一块 750 平方米的长方形平地,一端划一掷线,距线 30 米处设三根圆形木柱为投准目标,桩高 50 厘米,间隔 7 厘米,选手轮流投掷布鲁,按击中木桩的数量判定胜负。

3.叉草球

叉草球(见图 8-1)是赫哲族的一项传统体育项目,源于原始的渔猎生产生活,通过比赛可以训练赫哲人准确叉鱼的本领。该活动原是将一个草球扔到水里,一个人用长杆在水中拨打草球,使其在水中游动。叉鱼者用叉来叉水中的草球,叉着即为得胜。后来是让草球在草地上向前滚动,参加者掷叉将其叉住,以叉中多少定胜负。还有一种方法为射准,在地面竖一草靶,参加者站在 5～10 米外,用鱼叉射靶,每人投 5 次,以投中靶多者为胜。

现在这项体育活动已成为有标准场地、器材和一整套规则的赫哲族体育竞赛项目。叉草球比赛是在一块六个相连(每个长 9 米、宽 8 米)的标准场区和两端无限延长的狭长空地上进行。空地由一条中线将其划为两边各有三个长 9 米、宽 8 米和一个无限延长的场区。中线和另外 6 条场区横线上与地面垂直设置 7 道栏网,网长 8 米、宽 0.5 米,拦网垂直高度 2.2 米。竞赛时,参赛人数不限,可多可少。分成两个队,人数相当,每个队选出一个指挥者,参赛选手每人手拿一把叉。比赛开始时,双方队员在场地中线两侧的场区站好后,由先获发球权一方的一名队员将草球掷向对方,对方叉不中来球,要向后一场区后退,掷球一方向前推进拾球再掷,对方叉不中再退。若叉中来球,双方交替互叉,如此反复,直至一方将草球掷落于对方无限延长的决胜区内。草球落于哪方无限延长区,哪方即为负队。比赛采用三局两胜制。

图 8-1　叉草球(图片来源:百度百科)

4.骑射

骑射是射箭运动中的一种,就是坐在马上射箭,也叫跑马射箭,最早用于狩猎和原始作战。后来随着人类的进化和文明的进步,骑射逐渐脱离原始行为,成为娱乐行为和文化象征。在东北,满族先辈女真人生活在狩猎、采集、捕鱼的生活生产方式之中,使他们依靠天然的自然物为衣食之源。宁古塔的满族先人在"耕作之余,尤爱射猎";吉林地区的满族人"年幼即骑射佃鱼,壮者兼事耕牧";黑龙江地区的满族人"勤于骑射、弋崐猎,兼习礼让,农务敦本"。满族人入关统一中国后,康熙皇帝于 1683 年设置了木兰围场,从此每年率王公大臣去狩猎,并使王公大臣、宗室子弟都养成了骑射习惯。统治者在强大的汉文化包围中,为了保留和突出民族特征,将骑射列入必修课程,并定为国策,这使骑射逐渐成为民族文化的象征。

在古代,骑射作为军事体育项目,包括骑术和射艺。参赛人员不分男女老少,自备马匹弓箭,每人九支箭,分三轮射完,即每人每轮射三支箭,有时也称"一马三箭"。比赛时需背弓,把三支箭插在背后箭袋里。裁判员发令后,开始起跑,同时取弓、抽箭、搭箭发射。以中靶的箭数多少来评定成绩,并给予奖励,每轮跑完全程而没射完三支箭者被认为是很不光彩的。

5. 赛骆驼

素有"沙漠之舟"之称的骆驼,在古代蒙古民族的经济生活和军事行动中有着重要的作用,被草原上以牧养骆驼为主的牧民尊为"万牲之王"。据文献资料记载,在骆驼被人类驯化后,与骆驼有关的比赛也相继产生。每逢重大节庆,居住在草原、沙漠戈壁的蒙古族牧民都把骆驼比赛作为一项重要的活动来开展,它与赛马一样成为蒙古族牧民生活中十分受欢迎的传统体育活动。骆驼体型庞大魁梧,行走稳健,具有耐寒暑饥渴、能负重、善于沙漠行走等优点。骑乘骆驼者可日行百余里,奋蹄奔驰时可与飞奔的快马媲美,而且比马匹更有耐力。

草原、沙漠戈壁的骆驼比赛分为速度比赛和骑骆驼射击比赛等。骆驼速度比赛赛程为5～40公里,以先到达终点者为胜。骑骆驼射击比赛则在沿途设靶,以中靶数量定胜负,男女老少皆可参加比赛。近年来,参照现代体育比赛的方法和手段,规范了赛骆驼比赛,突出其竞技性和技术性,采取了更具吸引力的场地赛、团体赛和接力赛等形式。赛骆驼在1985年被内蒙古自治区列为那达慕和少数民族传统体育运动会的正式比赛项目,参加表演比赛的骑手就是基层牧民,而坐骑就是自家养的骆驼。

6. 安代舞

安代舞(见图8-2)是源自内蒙古东部科尔沁大草原(原哲里木盟)的一种集体舞蹈,是蒙古族民间的传统舞蹈艺术之一,由演唱与舞蹈两个部分组合而成。据库伦史料记载,安代舞约形成于明末清初。关于其起源有三十余种说法,其中最有代表性的说法认为安代舞是用来求神治病的宗教性舞蹈,后来逐渐演变为以歌伴舞的自娱性舞蹈,是古代"踏歌顿足"、"连臂而舞"、"绕树而舞"等集体舞形式的演变和发展。2006年5月20日,蒙古族的安代舞经国务院批准列入第一批国家级非物质文化遗产名录。

图 8-2 安代舞(图片来源:百度百科)

早期的安代舞表演场地,中间立一断轴车轮或木杆(意为镇妖避邪之物),参加者不分男女老幼,在场院里几十、上百人不等,自然围圈站立,圈里由两名歌舞能手对歌对舞,众人呼应踩脚、手握绸布或提衣襟下摆,边随声附和边按逆时针方向踏动起舞。动作以原地踏脚摆绸或向旁轻移、前倾身甩绸立起后向前"小踢步"迈动、边绕圈奔跑边甩绸、连续做"吸腿跳"并用力向两旁甩绸等为主,舞姿奔放,爽朗明快。科尔沁草原上曾流行的安代舞有很多种,有"阿达安代"(劝解相思病妇女的)、"乌如嘎安代(劝慰因婚后不育致病的妇女)"、"大安代(在野外举行)"、"小安代(在室内举行)"、"祈雨安代"等。新中国成立后,广大舞蹈工作者通过搜集、整理、改编、创新,使古老的安代舞发展为反映生活、表现时代的新的艺术形式。

7. 踢形头

"形头"是用野兽皮缝制的圆形球状物,内装兽毛,大小与现在的足球相似。一般在冬季的时候在旷野、河冰上踢,是满族人民每年春节必须举行的一项体育活动。在空地上划三道横线为界,设三名裁判员,每人各执一根木棍,站立线上,参赛双方的任何一方将形头踢入线内,裁判员手中木棍即刻落下,判为胜者。开赛时,参赛双方列队线上,一方开球,另一方则横立于线上阻挡,其情形如同现在足球比赛中罚点球时的人墙(见图 8-3)。清代踢形头一直比较流行,清末满族诗人缪润绂曾作诗对踢形头运动作过形象的描述:"蹴鞠装成月样圆,青蛙忙煞舞风前。足飞手舞东风喜,赢得当年美少年。"

图 8-3　踢形头(图片来源:百度百科)

8. 嘎拉哈

嘎拉哈是一种流传在中国东北妇女和儿童人群中的传统游戏,因使用"嘎拉哈"(猪、羊、狍子等动物后腿中间接大腿骨的那块骨头)作为道具而得名,现在也有使用合成材料制作的。把骨头蒸煮刮净之后,或者涂上颜色(通常为大红),或是保持原色。狍子骨的嘎拉哈比较小而方正,好看,四面也比较平整,所以是上等的嘎拉哈,但狍子的嘎拉哈比较少,所以与狍子骨相近的羊骨更加流行。相比起来,牛骨太大,很难能一手抓四个,而猫骨太小,很难控制特定的面,所以玩牛骨和猫骨的人很少。现代有用塑料制嘎拉哈的,就不受这些限制了。传说努尔哈赤小时候师傅曾给过他任务去取熊和鹿的嘎拉哈,人们因此让孩子玩以鼓励他们变得更勇敢。满族男女老少都喜欢嘎拉哈,其玩法也很多,其中以弹嘎拉哈、抓嘎拉哈和掷嘎拉哈流传最为广泛。

第三节 西北地区民族传统体育

西北地区包括陕西省、甘肃省、青海省、宁夏回族自治区和新疆维吾尔自治区,总面积达310万平方公里,约占全国陆地面积的三分之一。

西北很早就是羌、月氏、党项、突厥、吐蕃等古老民族的活动区域。由于不同的地理环境、意识形态、宗教信仰、传统观念及情感等多方面因素的影响,使已有的民族分化,成为我国许多民族的共同祖先。有些民族异源同流,成为新的民族共同体;有些民族迁徙他方,又有些民族从他方迁徙而来,从而使西北成为少数民族众多的地区之一。伴随几千年的沧桑流变,西北少数民族的构成几经变化,至目前西北地区共有近45个民族成分,少数民族人口约占总人口的17%,占全国少数民族总人口的20%。按现有的分布来看,新疆共有40多个民族成分,人口占全区总人口的62.4%,其中维吾尔、哈萨克、塔吉克、乌兹别克、柯尔克孜、俄罗斯、锡伯、塔塔尔、达斡尔等民族均为新疆特有的民族;宁夏回族自治区共有35个民族成分,占全区总人口的33.3%,其中占全西北41%的回族分布于此;青海省共有42个少数民族成分,占全省总人口的42.1%,其中藏族、回族为主要民族,土族、撒拉族为青海省特有的民族;甘肃省共有41个民族成分,占全省总人口的8.3%,占西北29%的回、藏两个民族构成了主体。其中,东乡、保安、裕固3个民族为甘肃省特有的少数民族,人口都在万人以上。西北地区民族成分的多样性决定了该地区文化的多样性,而多姿多彩的民族文化同时也为符合时代潮流并具有西北特色的体育文化形态培植了土壤。

西北地区深居内陆,四周多高山,地形以高原盆地为主,既有雄伟的青藏高原、吐鲁番盆地,也有浩瀚的大漠戈壁,还有陕西关中的800里平原。由于西北地区独特的地理环境和人文环境,因此形成了多元的、具有丰富内涵和特色的西北少数民族体育文化。

一、西北地区民族传统体育形成的影响因素

1. 高原大漠为主的地理环境和游牧为主的生产生活方式

西北少数民族地区地域辽阔,全区土地资源可依海拔、气温等条件划分为4个区:黄土高原区,大部分地区位于海拔1000~1500米;甘新区,境内多沙漠、戈壁;青藏区(这里主要指青海省),其中海拔3000米以下多为牧农交错区、3000~4300米为高寒区,草木难以生长;宁夏部分地区,处于东部平原向蒙古高原过渡地带。整个西北地区西跨帕米尔高原,南有昆仑山,北有阿尔泰山,南北分别有塔里木和准噶尔两大盆地,与高山、大川、荒漠、边陲等自然和社会条件联系在一起。地理与生态环境的特点,形成了相对独立的区域文化,这些不同要素的文化系统和不同区域的文化汇集、融合在一起,孕育出丰富多彩的民族传统体育项目。

居住在甘肃、新疆、青海等地的藏、裕固、土、撒拉、蒙古等民族,地处蒙新、青藏和黄土三大高原交汇地带,地形复杂,加之终年积雪,气温低,降水量少,因而在这片地处内陆的高原大地上,各民族逐水草而居,畜牧业是其主要生活来源,马匹自然就成了不可缺少的交通工具。因此,马上运动就成为少数民族日常生活和生产中必须掌握的生存技能。马上运动如

哈萨克族的赛马、叼羊、姑娘追等项目就演变成为少数民族在劳动生产之外的闲暇娱乐活动和男女交流情感的方式。同时也因为这种特殊的地理位置和生态环境特点,这些民族传统体育项目趋向于体力积蓄和自然较量的文化内涵,使大象拔河、套马、拉棍、拔腰、压走马等项目得以产生,并具有独特的地域特征。

回、东乡、保安、撒拉、土族等,主要集中居住在黄河上游或中上游流域的沿河两岸地带,逐渐形成了黄河固有的风情,创造了西北仅有的牛羊皮筏竞渡、游渡黄河、骑木划水、夹木过河、人牛泅渡等水上项目。

塔克拉玛干、古尔班通古特、腾格里沙漠绵长无穷,成为沙漠海洋,为蒙古、维吾尔、哈萨克、柯尔克孜、塔吉克等少数民族开展沙漠体育项目创造了条件,如赛马、赛骆驼、赛驴、赛走骡等就是在这些地域产生的体育项目。

另外,叼羊、驯鹰是草原上开展得比较广泛的体育活动,主要是为了狩猎的需要,还有掼牛、打木球(它是由回族青少年放牧时的"打篮子"、"赶毛球"等活动演变而来的)、堆人山、皮条、杠子等项目。新疆柯尔克孜族的赛马、飞马拾银,维吾尔族、哈萨克族的摔跤、射箭、马上角力、叼羊,都是为了生存和放牧劳动的需要而发展起来的体育运动。这些运动在其漫长的发展演变过程中,渐渐地从生产活动中脱离出来,并逐渐形成了一系列的比赛规则,成为人们劳动之余的一种特殊的体育活动。

2. 伊斯兰教与藏传佛教为主的宗教崇拜

我国少数民族传统体育的起源和宗教信仰有着极大的关联性,许多体育项目都源于宗教活动,可以说宗教活动促成了一部分少数民族体育项目的形成。西北是我国多种民族文化、宗教文化的荟萃地区之一,形成了不同的经济类型和风格迥异的物质文化,其中伊斯兰教与藏传佛教是西北少数民族主要的两大宗教文化,其他还有东亚教、萨满教等。

维吾尔族的萨满舞就是来源于萨满教的祭祀活动。萨满教最主要的活动就是跳神,通过跳神来祈求生产的丰收,乞求人们生活的平安和富足,通过跳神,人们驱邪治病,使民众健康,攘灾避祸。由此,萨满舞便成了萨满教表现形式中最为重要的组成部分。维吾尔族的民间舞蹈中保存有不少萨满文化的遗存,最典型的则是"巴赫希"舞蹈,其舞是"有病者,毛拉攘之,屠羊于前,击鼓足答舞,谓鬼附羊身以灭,盖三苗巫教之遗也"。

贺兰山下是我国最大的回族聚居区,全民信仰伊斯兰教,清真寺是回族群众进行宗教活动的中心,膜拜健身、西夏拳术,尤以武术著称,表现出民族传统体育沉着稳健、刚柔相济的内涵。开斋节是伊斯兰教的三大节日之一,西北地区回、维吾尔、柯尔克孜、锡伯、塔吉克、乌孜别克、东乡、保安及撒拉等民族均有欢庆开斋节的习俗。节日期间,大家相互祝贺问候、唱歌跳舞、聚会言欢,有的民族还举行叼羊、赛马、射箭等活动。节日时的马也与平日不同,马身上扎满红色布标,马鬃和马尾上用红绸束上几团野鸡毛,马鞍和套头的皮带上,系满各种花饰。伊斯兰教的圣纪节,除向寺院捐"公德"(钱和物)外,有些地方还进行"耍狮子、舞龙灯"的活动;古尔邦节,在节日期间维吾尔、哈萨克、乌兹别克等族男子聚集清真寺广场,拉手成圈,共跳舞蹈,妇女则在家中庭院里,在热瓦甫和手鼓伴奏下跳起轻快的民族舞。维吾尔、哈萨克等民族还举行赛马、叼羊等体育活动。

青海的藏族居民信仰的主要是藏传佛教,而且几乎到了全民信教的程度,在藏族中开展的较为普遍和流行的传统体育活动大都与宗教活动有着密切的关系,有的直接起源于宗教。

3.尚武的民风和多年的战事纷争

西北地区人民生活在边远的山区、黄土高原或雪域草原,生活环境恶劣。寒冷的气候,恶劣的自然条件以及游牧业的脆弱性、流动性使得生活在大草原上的农牧民们性格豪爽、粗犷,崇尚气力,崇尚习武。同时,生活在其间的人民必须具有强健的体魄以及过硬的搏斗技能,才能战胜自然和周边的敌对民族。

民族传统体育活动中印刻着很深的历史痕迹,它的发展也反映了各民族的发展与壮大过程。西北的回族,历史上为了求生存、图温饱、抗凌辱,与其他民族一起抗击外来侵略者。他们历来十分重视武术练习,养成了尚武、团结的精神。在习武过程中,把中华武术与伊斯兰文化相结合,形成了独立的武术流派——昆仑派。在当时与少林、武当、峨眉并称为中华武术四大流派。

在西北各民族不断抵抗外来民族侵扰的过程中,也培育出了许多杰出的英雄人物和爱国名将。而名将辈出及产生的名将效应,又使西北地区的尚武之风更加盛行、持久。也正是在名将效应促动下的尚武民风使西北民族孕育了多彩的民族体育文化并不断得到完善。如骑马射箭、摔跤角力等战争时必备的技能,也以民族文化的形式保存下来并被不断地丰富完善,当然还有许多内容丰富的民族体育在各个民族内都得到了很好的发展。

4.节日及休闲娱乐需要

我国的西北,地处亚洲大陆腹地,地理和气候条件的复杂性以及生态环境的多样性,使长期生活在此的各族人民创造了适应当地地域环境的各种风尚习俗。其中,节日就是一个民族特有的传统庆典活动,构成了一种寓意深刻的独特的文化表达方式,作为一种文化传递起着重要的作用,并从节庆活动中透视出古老而丰富的民族体育文化。

在各种喜庆节日中,少数民族地区多数用体育运动来烘托节日气氛、增加节日愉快感,如蒙古族的那达慕大会、马奶节、洗儿节和祭成陵的节日里举行摔跤、射箭、赛马、赛骆驼、布鲁、马球、挥杆套马、绳索套马、象棋、鹿棋、赛驴等,近些年又增加了一些田径、球类、马术、射击、武术等项目。回族在每年的开斋节、莲花山转山会的喜庆节日中要进行掼牛、打木球、武术、堆人山、排打功、摔跤、皮条、扛子、石担、耍中幡、爬山城、赶木球、滚灯等民族传统体育活动,其中木球是全国少数民族传统体育运动会的正式项目。哈萨克、维吾尔、柯尔克孜族的摔跤、马上摔跤、马上拔河、马上拾银、二人秋、赛马、打皇宫、叼羊等民族体育活动,多在古尔邦节和肉孜节举行。

西北地区也有很多将民族体育和娱乐、游戏活动融为一体的项目,这些活动的开展更多的是以闲暇消遣、健身娱乐为目的。这类活动较为常见的有棋艺、踢打、投掷、托举等,棋艺主要有蒙古族的象棋、鲍格棋、藏棋等。踢打是指人们运用各种器具踢打各种目标的一种嬉戏项目,蒙古族有击石球、布木格,回族有打柳球、打抛、打梭儿、打石头、踢毛毽、打砖,藏族有吉韧,满族有踢石头、打牛毛球等。投掷项目大都是由狩猎生产演变而来,主要有裕固族的尔畏、保安族的甩抛、柯尔克孜族的昂克尔代克等。托举通常都以"戏耍"所举的器具为主,主要有满族的举重石,藏族的朵架、举皮袋等。

二、西北地区特色民族传统体育项目

1.达瓦孜

达瓦孜是维吾尔族一种古老的民族传统体育运动(见图 8-4),这种高空走绳的运动在新疆已有两千多年的历史了。达瓦孜一词是借用了波斯语达尔巴里,意思是高空走大绳表演,古时称为走索、高原祭、踏软索等。关于达瓦孜的起源,有一个美丽的传说。古时候在维吾尔人民居住的一个地方出现了一个妖魔,它在空中来去,呼风唤雨,残害百姓,黎民叫苦不迭。这时,有一位英武少年,见义勇为,他在平地竖起一根 30 米高的木杆,用一根长约 60 米的绳索从木杆顶端连接地面,然后踩升而上,与妖魔搏斗,终于将其杀死,为百姓除了大害。从此,高空走绳就流传并发展起来,成为维吾尔民族的娱乐形式。

图 8-4　达瓦孜(图片来源:百度百科)

达瓦孜表演多在露天进行,其特点是把多种多样的杂耍技艺搬到数十米高空的绳索或钢丝上演练。演员表演时手持长约 6 米的平衡杆,不系任何保险带,在绳索上表演前后走动、盘腿端坐、蒙眼行走、脚踩碟子行走、飞身跳跃等一系列惊心动魄的技艺。在维吾尔族民间乐曲的伴奏下,高空走索演员踏着节拍跳舞歌唱,表演幽默,场面热闹非凡,极富特色。今天的达瓦孜表演通过地面动作到高空走绳和空中吊杠的组合技巧,展现达瓦孜的全过程,经过不断实践和发展,获得了极大的成功。

2.沙哈尔地

沙哈尔地(见图 8-5)具有悠久的历史,一般在庆祝节日或婚嫁喜事时展开,是维吾尔族人民最喜爱的民族传统体育游戏之一。沙哈尔地由主轴、木轮和轮杆以绳索联结而成。主轴是一高 15 至 20 米的粗木柱,垂直埋立于地面,顶端穿套马车轮子,木轮上方绑一对护木,将木轮和主轴固定成一体,不使木轮转动时脱出,供游戏者牵附的秋千索也栓结在这对护木上。轮杆套于主轴底部,左右两端各有一条绳索与木轮相连,轮杆两侧各 4 人同向同速推动轮杆,即可带动主轴机端的木轮转动。木轮的旋转加速度可使手握秋千索的两名"飞行者"身离地面。随木轮的渐旋渐快,"飞行者"身体离地面越来越远,终至在空中旋转飞行。当停止推动轮杆后,空中飞行者造成的惯力仍可使木轮旋转很久。

图 8-5　沙哈尔地(图片来源:百度百科)

3.打五枪

打五枪是保安族人民主要的传统体育活动之一,体现了保安族男子机智、敏捷的雄姿,保安族聚居的保安三庄几乎每年都要举行打五枪比赛。打五枪活动一般在冬闲时举行,届时所有保安族群众都前来观看。比赛前,三庄各自推举的骑手们先把引火帽装进缠于额头上的花布火药带内,内有 5 只拇指粗的牛角管,管内装有火药。骑手们在起跑线前持枪上马,号令一下,只见他们在奔驰的马背上左手持枪,右手装火药、装引火帽、射击等。在到达终点之前,谁先连续射完 5 枪谁就是第一名,获胜者为本村争光,人们都会表示祝贺。

4.咕咕杜

咕咕杜是东乡族青少年的一项主要活动,在冬季和初春农闲时期尤为活跃。所谓咕咕杜实际上是用树枝削制的像鸡蛋大小的椭圆木球。活动时人们各持 50 厘米长的木棒击打,因此又称打咕咕杜。比赛中按参加的人数分攻方和守方,场地多在打麦场或靠墙、靠山崖的平坦地方。其规则是:守方在划定的方框内将球击出,攻方则从得球之地,无论远近,尽力将球击入方框内,入则交换发球权。

5.打毛蛋

打毛蛋是两人对打或两组对打的游戏,谁先打的确定办法是把毛蛋打在地面弹起后,先触手背再打下地面,反复进行,叫"拼"头家,谁"拼"得次数多,谁家为头,先打。毛蛋相当于现在的橡皮球、塑料球,是在过去艰苦条件下大人为孩子们自制的一种拍打玩具。用羊毛或牛毛或驴毛加热水揉制成球,或用毛线、棉线缠绕成球。为了美观耐玩,有的还用花布缝裹上五颜六色的面子,总之以弹性强者为最佳。

比赛中的打法有三种:一是打"双数",用手掌直接拍打毛蛋,以"双"计数。二是打"跨腿"。毛蛋落地弹起后,腿先跨过,再用手掌拍打,连打连跨。三是打"转儿"。用劲把毛蛋打下地面,借高弹之机,快速转身360°,紧接着用手掌将毛蛋再用劲打下地面,连打连转。比赛之前,双方议定打多少"双",打多少"跨腿",打多少"转儿",先打满者为胜。

6. 掼牛

掼牛(见图8-6)是回族的一项传统竞技运动,也可称之为回族斗牛。回族的掼牛与西班牙的斗牛不大一样,西班牙斗牛要用剑把牛刺伤,而回族的掼牛,不用任何武器,完全靠个人的勇敢与身体的力量把牛摔倒。掼牛活动在回族聚居区比较受重视,这主要与回族爱吃牛肉、经常宰牛有密切关系。传说很久以前有一个回营,居住着近千户人家,他们每年过宰牲节时,都要宰上百头牛。每次宰牛都要把牛赶在一起,然后由四五个年轻力壮的小伙子拿着绳子和木棍,互相配合把牛捆住摔倒。有一次在捆一头大公牛时,一个小伙子被牛抵伤,不久"无常"了,乡亲们为此很伤心。

第二年过宰牲节时,有一个勇敢聪明的年轻人,他眼尖手快,不用别人帮忙,一个人用敏捷的动作把牛掼倒了。乡亲们赞不绝口,广泛传说。在他的影响下,以后每年到了宰牲节,有不少精明能干的小伙子一个个来掼牛。从此以后,掼牛成了回族群众喜爱的一项传统体育活动,每年宰牲节都专门进行表演。

图 8-6 掼牛(图片来源:百度百科)

7. 羊皮筏子比赛

撒拉族地区,重峦叠嶂,交通闭塞,特别是新中国成立前,一些地区桥梁失修,木船很少,人们主要靠羊皮筏子摆渡(见图8-7)。如今,在滚滚的黄河上,皮筏子已不再是主要的交通工具,但是羊皮筏子比赛却延续了下来。久居黄河沿岸的撒拉族每年夏季都要在黄河上举行羊皮筏子比赛,参加者多为小伙子,也有年轻女子坐在皮筏上欢快地敲锣助兴。他们穿上漂亮的民族服装,比赛号令一下,皮筏子便如离弦之箭冲向激流。参赛者要靠机智绕过漩涡,避开恶浪,方能安全地到达对岸。另外,还有单人骑羊皮袋或牛皮袋渡河比赛的项目。

图 8-7　羊皮筏子(图片来源:百度百科)

第四节　西南地区民族传统体育

　　西南地区主要包括四川、云南、贵州、西藏、重庆四省一市,是我国少数民族分布最集中的地区之一,世代居住这里的少数民族有景颇族、布朗族、阿昌族、彝族、藏族、门巴族、拉祜族、普米族、怒族、珞巴族、哈尼族、佤族、德昂族、独龙族、纳西族、布依族、水族、基诺族、壮族、土家族、苗族、羌族、回族、满族、傣族、傈僳族、蒙古族、白族、瑶族、仡佬族等多个少数民族。西南地区的少数民族人口达 4300 多万,占全国少数民族总人口数的 52％,具有族群多、人口密集、各族群间交叉度大等特点。因其特殊的历史及地域特点所造成的西南地区经济、交通条件的限制,致使民族体育对外交流和发展存在一定的难度,其丰富多彩的内容形式及几千年代代相传、不断延续的强大生命力都难以向外膨胀与扩张,因此形成了一股向心力,转而加速了本体内部各子系统间的碰撞和交汇。经过历史的自然淘汰、文化潮流的过滤和凝聚,最终锻造出种类繁多的以西南地区民族文化为背景的民族传统体育项目。

一、西南地区民族传统体育形成的影响因素

　　1.多山地高原、地形复杂险峻的地理环境

　　西南为内陆地区,处于世界屋脊青藏高原下降到低海拔的华中丘陵平原之间的过渡地带。全区可依据海拔、气温等条件划分为几个不同地理单元,即秦巴山地、四川盆地、贵州高原、云南高原、青藏高原。西南地区在地势上以青藏高原为顶点,海拔由西往其他方向不断下降,跨越我国地势划分的三级阶梯,呈现出立体分布上的多样性。西南地区复杂的地理状况造就了多样的地理环境,为西南地区特色民族体育项目的产生提供了土壤。

　　西藏是祖国西南边陲的重要门户,平均海拔 4000 余米,西藏特殊的地理环境和民俗风

情使其传统体育主要以马上项目为主,具有粗犷、勇敢、娱乐的特点。其中,主要的民族体育运动项目有马术、抱石头、北嘎、吉韧、碧秀、射弩、押加、拔河、赛牦牛、谷朵、掷股子、踢毽子、赛跑等。

重庆地处亚热带,雨水丰富,以山地丘陵和岩溶地貌为主,其民族传统体育具有明显的水乡和山地特点。由于河流众多,其传统体育文化与水结下了不解之缘,各民族具有多项与水有关的传统体育项目,如苗族、白族、侗族、布依族的龙舟,瑶族的踩独木划水、游泳,土家族的潜水游泳,侗族的能达(踢水比赛)、潜水摸鱼等。由于山地、丘陵面积大,其体育项目还表现出浓厚的山地风味,例如苗族爬花竿、爬坡杆,土家族的攀藤,白族的跳山羊、登山、老虎跳等。

四川是一个集山地、丘陵、河谷、平原于一体的地形复杂的省份,多变的地形特征使得这一区域民族体育项目集空中运动、马上运动、水上运动和陆上运动四大运动种类于一体。同时,由于这一区域少数民族族群多且多以杂居形式存在,各民族的传统体育项目不仅体现着本民族的文化特色,也具有明显的地缘融合性。其中,主要的民族体育运动项目有射弩、民族式摔跤、蹴球、押加、马上项目等。如居住在四川阿坝州境内的羌族,他们在进行劳动或负重行走时,身体重心往往向一侧倾斜,该侧的脚尤为吃力,该侧的手也就随着摆向"一侧边"。因为其生活在高山峡谷、河川纵横地区,山势陡峭,水流湍急,来往不便,这种走路体态最省力,同时又能减少危险,于是就成为日常生活的基本步态,并逐步升华为"一顺边"舞蹈美。

2.农事和狩猎为主的经济和生产生活方式

西南地区疆域辽阔,地理条件和生态环境复杂,形成了类型多样、风格各异的经济文化特征,总体上可分为农耕经济、畜牧经济和采集狩猎经济三大类型。在以自然经济为主的农业社会中,人们满足生存需要的唯一手段是通过生产劳动向自然界索取生活资料,由此产生了与生产方式有关的民族传统体育,也使得民族传统体育表现出鲜明的劳动特点。

由山地、河谷、平原、湖盆构成的西南部分地区拥有大片的耕地,这里气候温和,土壤肥沃,易于农耕。这些地方的民族传统体育项目中具有大量的农耕经济生产劳动因素,因此具有深刻的农耕文化烙印。像壮族的"打扁担",因器具用扁担,故名"打扁担"。西南地区的佤、德昂、布朗、独龙等民族以狩猎和农事为主要生产活动方式,其民族传统体育以马上项目为主,围绕狩猎而开展的体育项目主要有跑、跳、投、攀、射、骑等。如世居青藏高原的藏族主要以养殖牦牛的畜牧业为经济基础,他们将游牧作为一种生产和生活方式,游牧经济也成为高原主要的经济类型,因此当地的民族传统体育项目就具有浓郁的草原游牧文化特色。生长在青藏高原的牦牛,体大毛长,头顶犄角,极为雄壮,耐高寒,能吃苦,善于在险峻陡滑的雪坡上长途跋涉,是藏族人民生活中不可或缺的交通工具,有"高原之舟"之称。藏族的传统体育项目"赛牦牛"就是藏族人民利用牦牛在生产生活中做交通工具时,因地制宜发展而来的一项体育活动。

生活生产方式的变化对民族传统体育也有一定的影响。迁移到岷江上游高山峡谷地区的羌族先民,因为生活环境的变化而引起了生产方式的变异——从草原游牧型转为山地农牧型。体育活动也由未南迁前的豪健型转向了灵巧、精悍的技、力对抗型,一些传统体育运动也顺应农耕生产方式而生。如"抱蛋"就是许多年前羌族人民在田间劳作空闲时发明的一种奇特的体育游戏,后来成为转山会上的庆祝活动。

3.民族宗教祭祀礼仪

西南地区民族众多,宗教信仰各具特色,在少数民族群众的精神生活中占有重要地位,对民族心理也有重要影响。在自然地理环境恶劣、生产力水平低下、人们感到自己渺小无力时,往往幻想通过与神对话来求得一种神的强大力量的帮助。与神对话,需要一定的形式来表达自己的宗教幻想,在这个过程中体育就以一种重要的人神交流形式登上了历史舞台。西南各少数民族的很多传统体育项目与其宗教习俗和祭祀礼仪都有密切的联系,许多传统少数民族体育项目往往源于某一宗教活动或是对某一人物的纪念。

最初的宗教形态表现为人类对赖以生存的自然界的崇拜,如山神崇拜、鸟崇拜、牦牛崇拜、白石崇拜、祖先崇拜等。牦牛崇拜、祖先崇拜和精灵崇拜就是今天我们所看到的斗剑、摔跤、射箭、赛牦牛等竞技体育的雏形。彝族人民的荡秋千与彝族人民对星神的崇拜有关,跳火绳原也是驱魔除邪、祈得五谷丰登、六畜兴旺的仪式。白族的本主崇拜是其宗教信仰的主要形式,凡是为本民族立过功、作过贡献的人,均视为民族的保护神,得到族人的崇拜。为了祭奠保护神,白族每年都要开展"绕山林"、"火把节"、"蝴蝶会"等传统体育活动。

4.重视军事训练的民族传统

西南地区先民们在原始群居时代,为了求食和攻防出现了原始战争,因为战争的需要从部落首领到民间百姓都崇尚习武,渐渐使得民间体育活动有了军事的内涵。古代藏族部落普遍通过寓练于乐的竞技活动来提高士卒的战斗力,藏族的骑马、摔跤、射箭、举重物等原来都是专门的军事训练活动。羌族的传统体育项目"哈日"就是源于出征前誓师的军事舞蹈,哈日在羌语中的意思是我们要进行练兵演习。舞者执兵器,唱出征之歌,在领舞者的率领下,先列单行,发出浑厚的吼叫,晃动兵器,走各种队形,羌族称"走花花"。农闲时节,羌民常相聚习武以强身健体、提高防卫能力,武艺高强者会得到羌族人民的敬重。现在在一些村寨仍存有石墩、石锁等习武器械,习武之风仍很兴盛。

二、西南地区特色民族传统体育项目

1.押加

押加(见图8-8)又称大象拔河,藏语叫"浪波聂孜",意为大象颈部技能。在藏区这一项目很普及。押加的基本技术、比赛规则和场地设备比较简单,也不受年龄的限制,甚至男女老少都可以参与,是一项较易开展的民族传统体育项目。平日农牧闲暇时,在牧场上或田间,人们相互把两条背带或腰带连在一起,以游戏的形式练习和比赛。现在,藏区的押加已被列为全国少数民族运动会表演项目。比赛前,选一块平地,先在地上划两条平行线作为河界,中央又划一条中界,准备一条长约4米的绳子或布带并两端打结。比赛由两人进行,双方各自把绳子套在脖子上,两人相背,将赛绳经过腹胸部从裆下穿过,然后趴下,双手着地,赛绳拉直,绳子中间系一红布为标志,垂直于中界。听到比赛开始的口令后,两人用力互拉前爬(爬拉动作模拟大象)。用腿、腰、肩颈的力量拖动绳子奋力向前爬,以将红布标志拉过河界者为胜。

图 8-8　押加(图片来源:百度百科)

2.丢花包

丢花包是居住在贵州的布依族青年男女最喜爱的一种娱乐活动,也是一种独特的社交方式。通过丢花包,他们可以各自选择自己满意的对象来谈恋爱,称为"浪哨"。在浪哨中如果双方情意相投,便可结成终身伴侣。每年农历新春佳节,从正月初一到三十的一个月里,各寨的年轻人都要走村串寨,寻找姑娘丢花包。在丢花包的日子,布依族姑娘们会打扮得格外漂亮,小伙子们也身穿新衣裳,吹着树笛,弹着月琴,高高兴兴地来到花场上,举行别具风趣的丢花包活动。开始丢花包时,青年男女各站一排,相距十余米,互相向异性投掷,只见空中彩袋飞舞,场面热闹。渐渐地,花包不再随意抛玩,而是只向自己爱慕的对象投去。花包过肩时可以不接,如果不过肩而没有接住,必须给对方一件礼品,银簪、项圈、手镯、戒指等均可,这些礼物便是爱情的信物。丢花包后可以相邀会面,借以互相了解,加深感情。

3.爬花杆

爬花杆流行于贵州西部和云南部分地区的苗族中,以仁怀县一带的表演最惊险。在两三丈高的木柱顶端置一张作奖金的钞票,由一男子双足夹花杆而上,头朝下再翻身头朝上,如此循环,到顶端用脚趾夹住钞票,再伸足亮相,然后蛇行而下。如果钞票掉落,则仍置杆顶,待后人领奖。

4.锅庄舞

锅庄舞是一种无伴奏的集体舞(见图 8-9),藏语称为"卓"。人们这样赞誉锅庄舞内容之丰富,"天上有多少颗星,卓就有多少调;山上有多少棵树,卓就有多少词;牦牛身上有多少毛,卓就有多少舞姿"。

图 8-9 锅庄舞

在迪庆香格里拉，有的地方称锅庄舞为"擦拉"（意为玩艺）。锅庄舞是随着藏民生产生活的发展变化而产生变化的，因此，锅庄舞有了打青稞、捻羊毛、喂牲口、酿酒等劳动歌舞，有颂扬英雄的歌舞，有表现藏族风俗习惯、男婚女嫁、新屋落成、迎宾待客等的歌舞。锅庄舞分为用于大型宗教祭祀活动的"大锅庄"、用于民间传统节日的"中锅庄"和用于亲朋聚会的"小锅庄"等几种，规模和功能各有不同。也有将之区分成"群众锅庄"和"喇嘛锅庄"、城镇锅庄和农牧区锅庄的。

5. 臭楼沙

臭楼沙是四川九寨沟藏民的体育活动。游戏方法趣味横生：选择一平坦地面，上挖若干坑，坑的多少根据参加人数而定，场地中心挖一中心坑（九寨沟地区藏语称"锣锅"），即牛圈。其余的坑挖在距中心坑约 2 米的周围区域，以寄生在松、杉树上的寄生包为牛（即球）。参加者手持一根一端带弯拐的木棍，在规定的距离内轮流将寄生包击入中心坑（即驱牛入圈）。以击球的棍数决定胜负，多者负，少者胜。击球次数最多者担任"赶牛者"，其余分别守住一个坑，用木棍设法阻击"赶牛者"将"牛"赶入中心坑。其余打牛者在击中后须用其棍守好门，否则，"赶牛者"首先杵其坑，则应由失去坑者替代继续"赶牛"，而"赶牛者"乘机抢占任何一坑，最后一个失去坑者则该"赶牛"。若两人同时抢占一坑，以猜拳定先后。拳式是拇指为"土帝"，食指为"鸡"，小指为"蚂蚁"。蚂蚁蛀土帝、土帝吃鸡、鸡吃蚂蚁，如此循环。

6. 吉韧

据史料记载，西藏的吉韧运动大约已有 300 多年的历史，因其浓厚的趣味性、较强的技巧性、简明易学和老少皆宜的特点，深受广大藏族群众的喜爱。如今，这项古老的运动依然具有旺盛的生命力，并被列为全国少数民族传统体育运动会的比赛项目。西藏每年都要举行高水平的吉韧比赛。吉韧的游戏规则类似于斯诺克台球。吉韧桌面的形状像围棋盘，长、宽均约一米，四边嵌有木板条，四角各有一个洞口。吉韧的母球称为"安则"，其粉球分黑白两种，各有 9 个。此外，还有一个"多玛布"（红石头或红球），"多玛布"必须在打进了一个以上的粉球后才能打击。吉韧的摆球方式也很讲究。先将 6 个白粉球以人字形摆放于吉韧桌面中心，9 个黑粉球呈正三角形紧贴白粉球，余下的 3 颗白粉球紧靠黑粉球。

吉韧与台球最大的不同就在于击球不用球杆，而是用手指（一般用食指）弹击母球，使其借力击打黑、白粉球或红球，并弹入桌上四脚任何一个洞口。吉韧比赛分 2 人单打或 4 人双打，比赛采取三局两胜制。比赛一开始，双方就力争用手指将自己的球弹入桌洞中，并利用弹击机会，将对方的球打乱，巧妙地阻止其进入桌洞，从而达到进攻与防守的"双赢"，这也是吉韧运动的魅力所在。

7. 抢花炮

抢花炮是流行在侗族、壮族等民族中的一项具有浓郁民族特色的民间传统体育活动，已有五百余年的历史。由于有强烈的对抗性、娱乐性和独特的民族风格，抢花炮活动在重庆、贵州等省边境地区有着雄厚的群众基础，深受该地区少数民族同胞的喜欢。

抢花炮在农历三月三或秋收以后最为踊跃。侗乡流行这样的诗句："侗乡三月风光好，天结良缘抢花炮；要得侗家姑娘爱，花炮场中称英豪。"在抢花炮的日子里，远近侗寨的男女老少，穿上节日的盛装，天刚亮就争先恐后地涌向岩坪，有的是为了给本村寨的花炮选手呼喊助威，有的是为了寻找意中人，但大多数侗胞还是去看热闹的。凡是主持抢花炮的村寨，事先请编织手艺高的人用青细竹篾或藤条编织三至五个茶杯口大小的圆圈，外面缠以红布，再以红绿丝线扎牢。主持人宣布抢花炮开始时，将红炮圈放在铁炮的筒口上，然后点上火药放炮，红炮圈被射上高空中，各村寨的选手争先抢夺，顿时全场欢声雷动。红炮圈有时落地，有时也可能落到水塘里或悬崖上、屋顶上、树枝上……不论落在哪里，大家总是争先恐后地跳到塘里，爬到悬崖、屋顶、树枝上……去寻找，个个奋不顾身，人人勇往直前。抢到红炮圈之后，还必须在人人争抢中"过关斩将"，将其送到庙里的裁判台上才算获胜，因此，抢一炮一般都要争夺两个小时左右。当选手把红炮圈送到庙里的裁判台上后，庙里顿时便钟鼓声齐鸣，并鸣炮三响，以表示"头炮"胜利结束，接着还要进行二炮、三炮的争抢。一般是抢三炮结束比赛，但有的地方抢到四炮、五炮后，钟鼓齐鸣，鞭炮不绝。最后放三炮宣告抢花炮活动结束。凡是抢得"头炮"者，来年的抢花炮活动便由其所在村寨主办。当年他们还能得到一头染红的大肥猪和其他奖品。当然，次年他得准备这些奖品，这叫作"还色"。

8. 磨秋

我国西南少数民族地区把秋千叫作磨秋。磨秋活动可以分成两种，一种叫转磨秋，另一种叫磨担秋。前者由四人抱环旋跃为戏，状如推磨，故曰转磨秋。磨担秋以云南、贵州等地区的傣、景颇、苗、壮、哈尼、布依、仡佬族为盛，其中哈尼族最为典型。

图 8-10　磨秋（图片来源：百度百科）

哈尼人打磨秋主要在农历的5月或6月。5月份在戌日或亥日举行,称"五月年";6月份选其中间的3～5日举行,称"六月年",哈尼人叫"苦扎扎"节。"五月年""六月年"均为磨秋节。打磨秋时,取一根长1～2米的硬木竖于场地中央,顶端稍尖,作为轴心;另以一根长约6米的木杆,中部凿一圆洞,横置于立柱顶上(见图8-10)。转动时状似推磨,又如秋千上下升降,故名磨秋。游乐时,横杆两头人数相同,双方推动横杆助跑几步后,迅速骑上或匍匐杆头,随杆旋转起伏,落地一方用脚蹬地,使杆弹起,并借助蹬力使横杆两端交替上下,旋转不止。

第五节　中东南地区民族传统体育

中东南地区包括广西、广东、福建、浙江、湖南、湖北、江西、安徽、海南及台湾地区,除汉族外这块区域还有土家、壮、苗、毛南、瑶、布依、侗、畲、水、仡佬、仫佬、黎、高山、京等14个少数民族。这些少数民族中人口在百万以上的有壮、苗、土家、布依、瑶、侗、黎等7个民族,其中壮族是我国少数民族中人口最多的一个,其87.8%分布在广西壮族自治区,占自治区人口的32.3%。

中东南地区以丘陵为主,土地肥沃,气候温和,雨量充沛,且雨热同期,这样的自然条件非常有利于农作物的生长。因此,该地区的先民们主要从事农业兼营林业和渔猎,男耕女织、自给自足,属于以犁耕农业为主的经济文化类型。如壮、仡佬、黎、布依、水、毛南等民族主要从事水稻种植,素有"水稻民族"之称;京族和台湾高山族先民以渔业为主,农业为辅。大分散、小聚集是这块区域民族分布的特点,并在历史的发展中创造了许多独特的文化和风俗习惯,其中独树一帜的当数丰富多彩、形式多样的民族传统体育活动。

一、中东南地区民族传统体育形成的影响因素

1. 自然地理环境和生产生活方式

中东南地区地处温带、亚热带地区,年降水量平均在1000～2000毫米,境内河流大都东西走向,流入大海。在南岭山脉以北的河流主要有长江及其支流汉江、湘江、沅江等,南岭山脉以南的有珠江及东江、西江、郁江等。该地区以其独有的地理环境创造了形式多样的民族传统体育活动,各民族都有多项与水有关的传统体育项目,如苗族、白族、侗族、布依族的龙舟,瑶族的踩独木划水、游泳,侗族的潜水摸鱼等。而且,为了适应该区域中部绵延的南岭山脉,其民族传统体育文化表现出浓厚的山地风格,苗族的爬花杆,土家族的攀藤,白族的条山羊、登山、老虎跳等民族传统体育活动油然而生。

中东南地区有很多民族传统体育具有鲜明的生产方式特点,因为它们是直接从生产劳动中演变而来的。农事与狩猎是该地区少数民族最重要的生产方式,所以中东南地区的民族传统体育文化带有深刻的农耕狩猎烙印。富有特色的"打扁担"就是源于生产劳动的娱乐健身项目,壮语称之为"谷榔",意思是舂米,据说始于宋代。活动参与者两两相围在长凳或舂米木槽旁,用自己手中的扁担敲击各处,打出和谐的音响和复杂的节奏。每逢新春佳节为祈祝五谷丰登,壮族人民全寨聚集于庭院之中,扁担声声分外响亮,数里外都能听见。侗族的"哆毽"也是在生产劳动过程中演变而来的。插秧季节侗族成年男子站在水田里,朝站在

田埂上的姑娘扔出一把把稻秧。在休息时,精力充沛的青年们就把野草扎成把,相互抛接不让落地,"哆毽"就这样伴随着劳动诞生了。源于生产劳动的项目还有湘西土家族的"打飞棒",黔南瑶族的"猎棍操",云南普米族的"飞石索",川西羌族的"打靶"和佤族的"打弩"等。

2. 多神信仰与祖先崇拜的原始宗教

原始宗教和中东南民族传统体育也有一定的联系,该地区的一些传统体育活动就是直接从宗教活动演变而来的,它表达了先民们对祖先和神灵的崇拜。

"毛古斯",土语为"拔步长",是老公公的意思。它是土家族纪念和歌颂祖先开拓荒野、捕鱼狩猎等创业事迹的一种古老舞蹈。跳"毛古斯"要十五六人,为首的是祖辈,其余的都是小辈儿孙。无论辈分高低,浑身都要用稻草、茅草、树叶包扎,甚至脸面也要用稻草等遮住,头上还有扎五条大棕叶辫子,四根稍弯,分向四面下垂。跳"毛古斯"还要求男性要用稻草扎住自己的生殖器,夹在两腿之间。"毛古斯"从动作到内容都别具一格,整个过程都是讲土话、唱土歌,形态滑稽,诙谐有趣。碎步进退,屈膝抖身,左跳右摆,浑身颤抖,摇头耸肩,茅草刷刷作响,全是模仿古人粗犷的仪态。这一形式的活动在其他民族比较少见,目前已经引起国内外戏剧舞蹈家的关注,被称为古老文化艺术的"活化石"。

在中东南土家族聚居的地区有"牵火焰"的习俗。土家族农民在每年五、六月间,久晴不雨、田间害虫滋生之时,编草把龙在田间习舞,并配以锣鼓,放三连炮,以求神灵驱旱、降雨、保丰收。而今天的舞龙已经演变成一种文化娱乐活动,在一些节庆、店庆之时常有舞龙活动。

3. 丰富多彩的民族节日

中东南各民族由于所处的自然环境、经济发展水平等方面的差异以及社会历史发展进程的不同,各民族的风俗习惯也有所不同,节日就是不同风俗习惯的典型表现形式。自古以来,土生土长的中东南各民族人民就以各种形式来庆祝自己民族的节日,经过时间的积淀,某些仪式和活动渐渐成为有浓厚文化底蕴的传统体育项目得以流传。

侗族的"三月三"节,节期为五天。每逢农历三月初一,家家户户便开始准备。初二,姑娘们相邀到河边捞鱼抓虾,并与小伙子们在坡上备办野餐。初三清晨,姑娘们精心打扮后,提上精巧的竹篮,到菜园采来满篮葱蒜,在泉边用水洗净。她们排成一字长龙,站在水边小路上,羞涩地挥动篮子,悄悄地向山坡上张望,等待情郎讨取。此时山坡上早已站满了人,里边有姑娘的家人,要看看到底是哪家后生讨走了篮子。一群穿着整洁青布对襟上衣的小伙子,在人们善意的哄笑中,一个跟一个地走上水边小路。这时,小伙子们当众向意中人讨篮,得到者会迎来一阵"噢噢"的赞叹声,小伙子可与姑娘悄声约定还篮时间。讨不到篮子的小伙子会招来围观者"嘘嘘"的嘲讽声。然后人们在寨旁山坡上对歌,以歌声继续寻觅知音,一直唱到天亮。这天中午,人们还集中在寨中心的场地上欢歌狂舞。三月初四还要举行盛大的化装舞会。初五下午要为前来观看的邻近村寨的客人举行欢送仪式。

"五年祭"是台湾高山族支系排湾人的传统祭祀节日,排湾语称"玛勒乌克",又称迎神祭。每隔五年举行一次,在农历九月择日举行。传说,排湾人的祖灵每五年来探访子孙一次。为了感谢祖先保佑他们幸福生活,每隔五年要举行一次祭祀活动。节日之前,部落男子要刻画神牌,制作长矛;女子则要酿酒、制神衣。祭祀这天,人们都要穿上民族盛装,去祭场参加奉送神灵的仪式,祭后,集体饮酒歌舞。最后,各家还要送神牌、长矛等到部落首领家里,祭司作祭以后,选取其中精美的祭品,将它们丢弃到村外,以示送神。节日期间有两项大活动:一为刺球赛;二为舞会。刺球赛之前部落中的青年人要进山砍竹,在家门口插竹行祭,以驱除恶臭。然后要在广场上搭一座平台,准备刺球赛用的球。最早以柚子为球,后来演变为藤编的球,用麻线与藤皮编成,大小如篮球,中心系有一根绳子。刺球赛在平台前的广场举行,届时部落全体青年男子都要盛装参加。他们手持长约六米、头顶很尖的竹竿,列队站在台前,由为首的长老将球抛掷于空中,众青年用竹枪向球刺去,每刺中一只球,围观的人们都要热烈欢呼,以刺中次数最多者为优胜。刺球赛意在效仿祖先刺杀敌人的英雄事迹。

二、中东南地区特色民族传统体育项目

中东南地区的文化是楚巫文化、苗瑶文化以及其他文化互相交融而构成的一个独特的民族文化圈,在这个独特的系统内,孕育了各种与其他地域有着迥异风格的传统体育。这些活动多在劳动之余举行,不仅使人们身体上获得了休息,而且还能陶冶性情、愉悦身心,同时也具有一定的观赏性。

1. 芦笙舞

关于芦笙舞的起源,苗族有一个美妙的传说。相传盘古开天地之时,大地一片荒凉。那时,苗族祖先是靠狩猎飞禽走兽作衣食的。为了解决捕获鸟兽的困难,当时一个心灵手巧的小伙子,在林中砍下树木和竹子,做了支芦笙,模仿鸟兽的鸣叫和动作,以引诱各类鸟兽。从此,人们每出猎均有所获,于是芦笙就成了生活的必需而世代相传。这类传说与现今仍流传着众多模拟鸟兽鸣叫和形态的芦笙曲调及舞蹈动作的现象虽相吻合,但要弄清它的起源,仍有待从史料方面进行研讨。

在苗族,人们从儿童时代起就开始学吹芦笙和跳芦笙舞。凡是在演奏和舞技上出众的芦笙手和芦笙队,都深受群众的尊敬和爱戴。在过去,青年男子会不会吹芦笙,能不能跳芦笙舞甚至都成为姑娘们择偶的重要条件之一。

2. 背篓球

背篓球又称背篓会,是高山族男女青年连情的一种形式,流传于台东、花莲一带,参加者一般为未婚男女青年。背篓会开始,头人将红布一晃,未婚男女就迅速散开,小伙子每人选中一棵槟榔树向上攀登,采摘槟榔。头人又一晃红布,背背篓的未婚女青年就跑到树下,于是小伙子便开始向自己心爱姑娘的背篓里投槟榔。头人再晃红布,姑娘们开始奔跑,小伙子们从树上跳下在后面追赶,按规定需和姑娘保持四五米的距离,并不断地投掷槟榔。姑娘若中意小伙子,便徐步不前,若不中意则把投中的槟榔倒出来,继续向前跑。

有的地方发展成背篓球比赛项目。比赛时,分男女两队,人数相等。女方背背篓站成一排,男方持规定数量的球列队站于女方之后,相距四五米远。裁判员发令后,女方边歌边跑,男方紧追其后,在规定的三五米距离外,将球投进篓内,以投中多者为胜。现在在台湾高山族的学校里也举行这项活动,但已淡化了男女连情恋爱的含意,成为一种纯娱乐性的民间体育活动。

3. 八人秋

八人秋即八人秋千,流行于湘西苗族地区。每年立秋这天是苗族的赶秋节(也叫调秋会),而八人秋是赶秋节的一项传统体育活动。

八人秋由一根长 4 米的圆木为主轴,并将其划分为 5 等分,依次凿 4 个两相对穿的孔眼,插入长 3 米的杂木棒,形成 4 个对称的十字架,并在各十字架顶端以 90 厘米长的杂木相接固紧,作为横轴,再在横轴上系以蒈或藤条制作的粗绳,绳下端按上踏板即成。使用时,用两个三脚架将八人秋主轴支撑起来,待 8 人各站上踏板后,由旁人推动秋千架旋转。8 人一般男女各半。秋千架旋转产生惯性后,男女双方盘歌对唱,借以交流感情、寻找配偶。

4. 跳竹竿

跳竹竿也叫"打柴"或"跳柴",黎语为"转涉"或"卡咯",是黎族人民喜闻乐见的一种传统体育活动,有着浓郁的乡土气息。相传黎族先民在建茅屋的时候,竹竿不断从屋顶滑下。人们为了避免竹竿打脚碰头刺脸,就不停地跳跃,时间一长,人们逐渐对此产生兴趣,不断模仿、改进,在此基础上形成后来的"跳柴舞"。每当重大节日或新谷丰收,人们都要举行跳竹竿,而且常常通宵达旦。跳舞的地点一般选在晒谷场或山坡地坪等开阔的地方,在平地上摆开两根小腿般粗细的木棍,上面横架若干手腕般粗细的圆木条或竹竿,青年男女相对着双手各执一根圆木条的尾部,按一致的节拍将圆木条和木棍、圆木条与圆木条相互叩击,这叫"打柴"。在有规律、有节奏的叩击声中,另一些青年男女于圆木条分合的瞬间空隙里,不但要敏捷地进退,还要自然地做出各种表演动作,这叫"跳柴"。

5. 操石磉

操石磉是流传于浙江景宁大均一代的民族传统体育项目。"操"即推,"石磉"即石块。石块可选用扁或圆的、底面光滑的,重有几百公斤,轻则几公斤至几十公斤,以大力、小力而定。操石磉一般是在石铺的街道上进行,少年多为 2 人一组,由 1 人在另 1 人背后挽其臂,挽其胸,让其双脚稳踩石磉,斜挺腰杆,然后合力推进石磉前进。脚踩石磉的人称为"健杆"。青壮年操石磉为 3~4 人一组,1 人为"健杆",另外 2 人或 3 人手抬杠子平胸,让"健杆"仰面斜挺,双脚踩石,伸腿挺腰,把稳方向,将几百公斤的石磉飞快地向前推进。也有不用杠的,就由 2 人分别握着"健杆"的左右手往前拉,四臂成了一根曲杠子。操着石磉快速前进的称为"炒豆",慢慢游动的叫"熬油"。还有两阵势均力敌,相向而动,让石磉猛烈碰撞的叫"对磉"。对磉的一方,如果石磉被推到街道的一边,就认输了。

6. 打尺寸

打尺寸,相传是为了纪念畲族英雄蓝奉高(凤高),由以断弓(尺)将敌箭(寸)拨击的技艺演变而成。该运动在平坦宽广的场地进行,参加者至少两人,多则五六人。在活动场地一端画一个直径约一至两米的圆圈,圈内站一人,称"主攻"。他右手持一根一尺多长的木棍,叫作"尺",左手持一根筷子长短的小竹条,叫作"寸",参加运动的其他人站在圈外。比赛开始时,"主攻"挥尺击寸的一端,使寸旋转着飞出去,圈外的人一起上去抢接"寸"。率先接到"寸"的人就算赢了一定的"尺寸",可以顶替"主攻"。如果圈外没有人接住,其落点经丈量后,根据距离远近"主攻"赢得一定的"尺寸",继续保持"主攻"的地位。未接住的竹条,圈外的人马上拣起向圈内投去,圈内人可以用手接住,也可以用木棍再将竹条击出去。若竹条未被圈内人接住或击出,则投者得胜,替换"主攻"。如此反复,在规定的时间内谁先得到规定的"尺寸"或所获的"尺寸"最多,便是这次"打尺寸"的胜者。

7. 斗马

斗马是苗族喜爱的一项民间竞技娱乐活动,每年农历六月初六或正月十六,苗民都会组织斗马活动以预祝五谷丰登。斗马时,姑娘们穿着绣花衣裙,佩戴银圈、手镯,欢快地走来观看;小伙子肩背鸟枪,头裹花巾,手牵骏马,雄姿英发地迈入会场参加比赛;老年人则手提鸟笼,喜笑颜开地前来助兴。中午时分斗马开始,两个小伙子各自将手中的缰绳除下,放马入场,两匹马狭路相逢,立即开战。比赛结束后,获胜的马匹披红挂彩,大会也给马主人一定的奖励。

8.打篾球

打篾球又叫打篾蛋,是双方隔网对打一种用竹子编成、形似鸡蛋的彩球的游戏,流行于贵州遵义、怀仁、织金等地,是仫佬族村寨中独具风格的传统体育项目。每逢农闲或节假日,打篾球活动便在寨内的空地上开展。打篾球需要机智、灵巧、速度和耐力,运动量大,技巧性高,多为青年男女参加。相传,仫佬族的祖先们曾以打篾球作为练兵的一种手段。

打篾球分两种形式,一种是比赛双方人数相等,由寨与寨、同姓氏或同家庭之间组队进行。在场地中心画线或横置一竹竿为"河"界,篾球可以用手拍、推、托、扣等,也可用脚踢或足勾过"河"界。比赛规定,运送球时不能触及除手、足外的其他身体部位,篾球不过"河"者也算输。若球在本界内落地,对方则可过"河"占领落点之内的地盘,重新画"河"为界,最后以一方被赶出自己的场地为止。另一种比赛方式是累计记分,即比赛开始时,由上次优胜者开球,不分组也不限定人数,球一出手,人们便朝球落点奔去,由先抢到篾球者发球,以此方式循环进行,发球次数多者获胜。

9.摆手

摆手,土家语称"社巴巴",是土家族独有的一种舞蹈。很早以前,跳摆手舞的地点不固定,凡有喜庆的事情,就地跳之。在清顺治年间,土家族有了聚居的地方,才有了专门跳摆手舞的"廊场",土家人叫"摆手堂"。摆手舞分为"单摆"和"双摆",舞蹈者随领舞人的示意变换队形和动作,在摆动规律上,绝大部分是顺摆,即摆右手时就出右脚,摆左手是就出左脚,俗称"甩同边手",因此很多土家人都有种甩同边手的习惯。

摆手舞的舞蹈动作多是土家生产、生活、征战场面的再现。有表现打猎生活的"赶野猪"、"拖野鸡尾巴"、"岩鹰展翅"等;有表现农活的"挖土"、"撒种"、"种苞谷"等;有表现日常生活的"打蚊子"、"打糍粑"、"擦背"等;有表现出征打仗的"开弓射箭"、"骑马挥刀"等。还有一种在野外举行的大摆手舞,它是一种军功战舞,规模宏大,气势不凡,少则几人,多则上万人,历时七八天不息。而现在,一般情况下都不会有几天几夜的情况,除非是举行大摆手舞,小摆手舞是不会有如此大的场面的。大摆手舞每三年举行一次,是军事战争场面的重演。

思考练习

1.中华民族体育的特点有哪些?
2.我国民族传统体育发展的影响因素主要有哪些?
3.联系实际谈谈我国民族传统体育发展的主要措施。
4.简述东北和内蒙古地区民族传统体育形成的影响因素。
5.西北和西南地区代表性的民族传统体育项目主要有哪些?
6.简述中东南地区民族传统体育形成的影响因素及其代表性项目。

参考文献

[1] 史兵.体育地理学理论体系构建研究[J].体育科学,2007,27(8):3—7.

[2] 史兵.体育地理学理论研究[J].天津体育学院学报,2005,20(5):84—85.

[3] 王东旭.体育地理学理论研究综述[J].体育研究与教育学院学报,2011(26):18—20.

[4] 彭国强,舒盛芳.地理学视域下的体育空间探骊[J].南京体育学院学报,2015,29(4):56—58.

[5] 史兵.体育文化空间传播类型研究[J].成都体育学院学报,2007,33(2):5—8.

[6] 彭国强,舒盛芳,闫杰.体育空间研究[J].体育文化导刊,2014(11):195—197.

[7] 陈磊.论体育与政治的关系[D].西安:西北工业大学,2006:6—13.

[8] 熊茂湘.体育环境导论[M].北京:北京体育大学出版社,2003.

[9] 周全.论体育环境的组成、结构与特征[J].南京体育学院学报,2006,20(3):26—28.

[10] 熊茂湘.论体育环境构建的系统观[J].体育与科学,2003,24(6):24—26.

[11] 谢雪峰,唐宏贵,张江南.体育生态论纲[M].北京:北京体育大学出版社,2011.

[12] 何劲鹏,柴娇,姜立嘉.体育社会学导论[M].北京:中国社会出版社,2009.

[13] 郝勤.论体育与体育文化[J].上海体育学院学报,2012,36(3):3—5.

[14] 陈晓东.多维视角下体育文化的内涵、价值与建设[J].上海体育学院学报,2012,34(2):64—66.

[15] 黄莉,孙义良.从中西文化的深层结构审视中国体育文化[J].体育科学,2008,21(3):73—76.

[16] 王俊奇.中西方民俗体育文化[M].北京:北京体育大学出版社,2008.

[17] 黄益苏,李义君,鲁梅.大学体育人文素质教程[M].北京:高等教育出版社,2007.

[18] 陆小聪,赵文杰.现代体育社会学[M].上海:上海大学出版社,2009.

[19] 易剑东.体育文化学[M].北京:北京体育大学出版社,2006.

[20] 杨戈,姜付高.中西方体育文化比较[M].北京:社会科学文献出版社,2008.

[21] 卢元镇.体育社会学[M].北京:高等教育出版社,2006.

[22] 卢元镇.体育人文社会科学概论[M].北京:高等教育出版社,2004.

[23] 童昭岗.人文体育——体育演艺的文化[M].北京:中国海关出版社,2002.

[24] 曹展,陈亚平,丁俭.我国体育人口缺失的原因及对策[J].湖南农业大学学报,2008,9(3):56—58.

[25] 张志坚,刘成.改革开放以来我国体育人口发展状况述评[J].山西师大体育学院学报,2007,22(1):56—58.

[26] 赵丙军.我国体育人口及质量综合评判标准建立的构想[J].聊城大学学报,2009,22(4):21—23.

[27] 姚任均,李林.体育经历中断研究评述[J].四川体育科技,2011,12(4):56—58.

[28] 代永胜,刘建华,张玉华.现阶段影响我国体育人口增长的因素及对策研究[J].湖北体育科技,2002,21(3):56—58.

[29] 程蕾,庞元宁.体育人口判定标准新论[J].河南师范大学学报,2008,35(5):56—58.

[30] 李文勇,李秋玲.当前我国体育人口流动模式及发展研究[J].山东体育学院学报,2005,21(3):16—17.

[31] 杨秀丽.社会主义市场经济条件下体育旅游业经济效益的思考[J].沈阳体育学院学报,1999,22(5):19—21.

[32] 韩丁.我国体育旅游专业人才培养模式及课程体系设计[J].天津体育学院学报,2000,30(5):29—32.

[33] 张杰.论我国西部体育旅游资源的开发[J].安徽体育科技,2002,26(3):35—37.

[34] 陆元兆.广西少数民族地区体育旅游资源开发的思考[J].广西体育科技,2000(26):68—71.

[35] 王天军.发展民族体育旅游业的前景与对策[J].广州体育学院学报,2000,22(5):78—81.

[36] 柳伯力,陶宇平.体育旅游导论[M].北京:人民体育出版社,2003.

[37] 鲍明晓,赵承磊.我国体育旅游发展的现状、趋势和对策[J].体育科研,2011,33(6):48—52.

[38] 朱红香.体育旅游资源相关概念及开发原则初探[J].山东体育学院学报,2008,23(5):102—104.

[39] 王志明.体育旅游资源特征探析[J].广州体育学院学报,2006,31(3):55—58.

[40] 陶宇平.体育旅游学概论[M].北京:人民体育出版社,2012.

[41] 周伟良.中华民族传统体育概论高级教程[M].北京:高等教育出版社,2003.

[42] 刘伟,文烨,陈兴亮.少数民族传统体育教程[M].成都:西南交通大学出版社,2010.

[43] 张选惠.民族传统体育概论[M].北京:人民体育出版社,2004.

[44] 李志强,姜伟平.我国民族传统体育发展的现状及对策研究[J].湖南科技学院学报,2013,34(4):92—95.

[45] 朴刚.东北少数民族传统体育项目及其对体育的促进作用[J].上海体育学院学报,2005,29(3):43—45.

[46] 齐宝.清代内蒙古区域体育文化研究[D].西安:陕西师范大学,2009.

[47] 郭永东.西南地区少数民族体育项目分布及其文化特征[J].西南民族大学学报,2013(26):78—81.

[48] 聂东方,何洁.西南地区少数民族传统体育发展现状及对策[J].重庆科技学院学报,2011(18):70—72.

[49] 闫艺.西北少数民族传统体育的特征与发展趋势研究[J].辽宁体育科技,2011,33(4):63—65.

[50] 芦平生,杨兰生.西北少数民族传统体育的项群分类及其特征[J].中国体育科技,2001,37(9):33—36.

[51] 庞元宁,蒋仕延.西南地区少数民族传统体育文化基征考[J].北京体育大学学报,2002,25(6):81—83.